THE SHADOW OF DRAGON:
CHINESE CULTURE IN RUSSIA

Series of
International
Studies on
Chinese
Culture

新世纪优秀人才支持计划（NCET）资助
四川大学「985工程」经费资助出版

刘亚丁 / 著

龙影朦胧
中国文化在俄罗斯

北京大学出版社
PEKING UNIVERSITY PRESS

图书在版编目(CIP)数据

龙影朦胧：中国文化在俄罗斯 / 刘亚丁著 . —北京：北京大学出版社，2018.5

（国际中国文化研究丛书）

ISBN 978-7-301-29187-0

Ⅰ. ①龙… Ⅱ. ①刘… Ⅲ. ①中华文化—文化传播—研究—俄罗斯 Ⅳ. ①G125

中国版本图书馆CIP数据核字(2018)第020588号

书　　名	龙影朦胧——中国文化在俄罗斯
	LONGYING MENGLONG——ZHONGGUO WENHUA ZAI ELUOSI
著作责任者	刘亚丁　著
责任编辑	朱房煦
标准书号	ISBN 978-7-301-29187-0
出版发行	北京大学出版社
地　　址	北京市海淀区成府路205号　100871
网　　址	http://www.pup.cn　新浪微博：@北京大学出版社
电子信箱	zhufangxu@pup.cn
电　　话	邮购部 62752015　发行部 62750672　编辑部 62754382
印 刷 者	三河市博文印刷有限公司
经 销 者	新华书店
	650毫米×980毫米　16开本　18.75印张　237千字
	2018年5月第1版　2018年5月第1次印刷
定　　价	56.00元

未经许可，不得以任何方式复制或抄袭本书之部分或全部内容。
版权所有，翻版必究
举报电话：010-62752024　电子信箱：fd@pup.pku.edu.cn
图书如有印装质量问题，请与出版部联系，电话：010-62756370

总　序

中华文明是人类历史上最古老的文明之一,并且是唯一流传至今仍生机勃勃的文明。中华文化不仅始终保持着独立的、一以贯之的发展系统,而且长期以来以其高度的文化发展影响着周边的文化。从秦至清两千年间,中国始终是亚洲历史舞台上的主角,中华文明强烈地影响着东亚国家。在19世纪以前,以中国文化为中心,形成了包括中国、日本、朝鲜、越南在内的中华文化圈。由此,中华文化圈成为与基督教文化圈、东正教文化圈、伊斯兰教文化圈和印度文化圈共存的世界五大文化圈之一。

"国际中国文化研究丛书"的主旨就是探索中国文化在世界各国的传播与影响,对在世界范围内展开的中国文化研究给予学术的观照:在中外文化交流史的背景下追踪中国文化典籍外传的历史与轨迹,梳理中国文化典籍外译的历史、人物和各种译本,研究各国汉学(中国学)发展与变迁的历史,并通过对各国重要的汉学家、汉学名著的翻译和研究,勾勒出世界主要国家汉学(中国学)的发展史。

严绍璗先生在谈到近三十年来的海外汉学(中国学)研究的意义时说:"对中国学术界来说,国际中国学(汉学)正在成为一门引人注目的学术。它意味着我国学术界对中国文化所具有的世界历史性意义的认识愈来愈深入;也意味着我国学术界愈来愈多的人士开始认识到,中国文化作为世界人类的共同精神财富,对它的研究,事实上具有世界性。——或许可以说,这是二十年来我国人文科学的学术观念的最重要的转变与最重大的提升的标志。"[①]就是说,对中国人

[①] 任继愈主编:《国际汉学》第5期,郑州:大象出版社,2000年,第6页。

文的研究已经不仅仅局限在中国本土,而应在世界范围内展开。对在世界范围内展开的中国文化研究给予观照,打通中外,揭示中国文化的普世性价值和意义,这是本丛书的思想追求。

从知识论上来说,各国的汉学家在许多具体学科的研究上颇有建树,我们只要提一下以伯希和所代表的欧洲汉学家对西域和敦煌的研究就可以知道他们的研究成果对推进中国文化研究的价值,这样的例子我们还可以举出许多。因此,对域外汉学家所做的中国文化研究的成果,应予以一种实事求是的尊重。中国文化已经成为一门世界性的学问,因此,在不少中国文化研究的具体门类和学科上,在知识论的研究方面,最好的学者并不一定在中国,他们可能是日本人、法国人、德国人等等。因此,系统地梳理各国的中国文化研究历史,如上面所讲的展开对域外中国文化研究的重要著作、流派、人物的研究,是本丛书的基本学术追求。

但域外的中国文化研究毕竟发生在域外,对其的把握仅仅从知识论的角度加以认识仍显不够,我们应注意把握这些发生在海外的中国文化研究所采取的方法论,注意从跨文化的角度,从比较文学的角度来加以把握和理解。注意其方法论,注意其新的学术视角,运用比较文化的研究方法,揭示出隐藏在其"客观知识"背后的方法论,这正是我们展开国际中国文化研究者的基本任务。

同时,注意"影响史"的研究。中国文化在域外的传播和影响是两个相互关联而又有所区别的领域。一般而论,传播史侧重于汉学(中国学),即他们对中国文化的翻译、介绍和研究,域外的中国形象首先是通过他们的研究和介绍才初步建立的;影响史或者说接受史则已经突破学术的侧面,因为国外的中国文化研究在许多国家仍是一个很偏僻的学科,它基本处在主流学术之外,或者处于学术的边缘,中国文化在域外的影响和接受主要表现在主流的思想和文化界。但二者也很难截然分开,因为一旦中国文化的典籍被翻译成不同语言的文本,所在国的思想家和艺术家就可以阅读,就可以研究,他们不一定是汉学家，但同样可以做汉学（中国学）的研究，他们对中国的兴趣可能不低于汉学家，特别是在创造自己的理论时。接受史和影响史也应成为我们从事国际中国文化研究的一个重要的方面。

在这个意义上比较文学和比较文化研究是我们对国际中国文化展开研究时的基本方法。

实际上汉学（中国学）的引入具有双向的意义，它不仅使学术转型中的中国本土学术界有了一个参考系，并为我们从旧的学术"范式"中走出，达到一种新的学术创新提供了一个思路，同时也对国外的中国文化研究者们，对那些在京都、巴黎、哈佛的汉学家（中国学家）们提出了挑战，正像中国的学者必须认真地面对海外汉学（中国学）家的研究一样，他们也应该开始听听中国同行的意见。任继愈先生在世主编《国际汉学》时曾提出过，要通过正常的批评，纠正那种仿佛只要洋人讲的就没错的"殖民思想"，把对汉学（中国学）的引进和学术的批评统一起来，在一种平等的对话中商讨和研究，这才是一种正确的学术态度。对国外中国文化的研究成果也不可盲从，正像对待所有的学术成果都不应盲从一样。这样讲，并不是否认这些汉学家在学术上的贡献，而是现在海外的汉学家们必须考虑到他们的著作如何面对中国读者，因为一旦他们的书被翻译成中文，他们的书就会成为中国本土学者的阅读、审视和批评的对象。对于那些做中国的学问而又站在"西方中心主义"立场上的汉学家来说，现在已经到了他们开始反思自己学术立场的时候了。而那些居高临下，对中国的学术指东道西，以教师爷身份出现的汉学家则可以退场了。

当我们面对大量涌进的国外中国文化研究的成果，一方面，我们应有一种开放的心态，有一种多元的学术态度，不能有那种"画地为牢"，对汉学家研究的成果视而不见的态度。同时，也应考虑到这是在另一种学术传统中的"学问"，它有特有的文化和学术背景，不能拿来就用，要做比较文化的批判性研究。随着汉学（中国学）的不断引入，对汉学著作做一种批判性研究和介绍日益成为一个重要的问题，因为在不同学术传统中的概念和方法的转化和使用必须经过严格的学术批判和反思才行。如何立足中国本土的学问，借鉴汉学的域外成果，从我们悠久的文化传统中创造出新的理论，这才是我们真正的追求所在。

中国是汉学的故乡，对中国文化的学术研究中国学者自然有着国外学者不可替代的优势。在世界范围展开中国文化的研究开阔了我们的学术和文化视野，促进了我们观念和学术的发展，引进域外中国文化研究的成果是为了我们自身学术和文化的变革与发展，万不可在介绍西方汉学（中国学）走马灯似的各类新理论、新方法时，我们自己看花了眼，真成了西方的东方主义的一个陪衬，失去了自己的话语和反思的能力。因此，立足中国文化的立场，会通中外，打通古今，通过对域外的中国文化研究做建设性的学术对话，推动中国学术的发展和文化的重建，这不仅成为本丛书的主要内容，也成为我们展开这一学术活动的根本目的。

改革开放三十多年来，我们对海外汉学的研究已经取得了长足的进展，但在对域外中国文化研究的称谓上仍无法完全统一，"汉学"或"中国学"都有其自身的逻辑和思路。为兼顾各方的学术立场，本丛书定名为"国际中国文化研究丛书"。我们将海纳百川，欢迎海内外的中国文化研究者为我们撰稿，或译，或著，我们都衷心地欢迎。

张西平

2017年5月27日

目 录

绪论

第一章　俄罗斯观照中国的自我意识……………………… 3
第二章　深层结构与阶段转喻……………………………… 18

上篇　圣哲新识

第三章　孔子形象在俄罗斯的流变………………………… 35
第四章　中国智者与俄罗斯文学…………………………… 56
第五章　俄罗斯的中国哲学研究…………………………… 74
第六章　禅宗文化在俄罗斯………………………………… 85

中篇　文艺蠡测

第七章　《诗经》的俄文翻译……………………………… 115
第八章　中俄民间故事比较………………………………… 126
第九章　俄罗斯当代作家与中国传统文化………………… 140
第十章　普京文学形象上的"中国"油彩………………… 159
第十一章　中国年画收藏和解读…………………………… 164

下篇　汉学远眺

第十二章　敦煌文献的入藏和研究 …………………… 177
第十三章　李福清院士的研究方法 …………………… 189
第十四章　《中国精神文化大典》的价值评议 ………… 207
第十五章　《中国精神文化大典》的翻译方法 ………… 227

附录

附录一　ПОНИМАНИЕ И ДИАЛОГИЧНОСТЬ：ЗНАЧЕНИЕ ЭНЦИКЛОПЕДИИ《ДУХОВНАЯ КУЛЬТУРА КИТАЯ》…………………………………………… 237
附录二　"我钟爱中国民间故事" ……………………… 251
附录三　儒学具有很大的机遇 ………………………… 282

跋 ………………………………………………………… 292

绪 论

第一章 俄罗斯观照中国的自我意识

展开中国文化在俄罗斯这样一个大的学术问题,应该考虑俄罗斯接受中国文化的"前结构"。

一、引 言

在研究俄罗斯对中国形象的建构的著作中,亚历山大·卢金的英文版的《熊看龙——18世纪以来俄罗斯的中国理念和俄中关系演变》,应该是最全面、最扎实的研究著作。该书以分历史阶段和分主题的方式,展开了俄罗斯的中国形象的发展概貌,如帝俄时代、苏联时代、苏联解体以后的俄罗斯的中国形象,以及俄罗斯边境地区的中国形象和俄罗斯的中国台湾形象、20世纪90年代俄罗斯外交政策中的中国形象。卢金长期供职于外交研究机构,研究方法灵活多样,大量使用第一手俄文资料和英文资料。在俄罗斯建构中国形象的历史时期(指20世纪90年代以前),卢金更多地使用历史学家、哲学家和文学家的材料,为该书提供了真实可信的基础;在苏联解体以后的部分,他更多地借助大众传媒资讯和社会民调机构的调查分析展开自己的观点,因而其叙述鲜活而且富有视觉冲击力。它还展示了一般研究俄罗斯的中国形象的著作的盲区,即被多数研究者忽略的一些层面,如俄罗斯的19世纪西欧主义和斯拉夫主义者对中国的认知、20世纪末俄罗斯边境的中国形象和俄罗斯人对中国台湾的想象等。

该书的第四章尤其值得我们注意,因为它的时间段直接连接到现今。第四章的题目是"朋友,敌人,抑或效法的榜样——苏联解体后莫斯科的中国形象",指出了俄罗斯公众对中国、对中国的经济改革的复杂态度,有的赞赏,有的有保留地肯定,共产党人等主张同中国建立紧密的盟友关系,而另一些人则主张在国际上持平衡政策,而包括日里诺夫斯基等在内的人士则把中国看成是俄罗斯的敌对者。① 卢金的主要研究方法是大众传媒研究,他认为,"总的来说,作为与俄罗斯拥有共同边界的最大的邻国,中国在俄罗斯的媒体中是被相当地低估的。"②在出现国际关注的公共事件的时候,如 1996 年围绕台湾地区领导人选举中美出现冲突、1997 年香港回归时,"在有双边的重要访问时,作为传达接触和双方合作的正面的信息,通常会出现介绍中国的经济改革、文化和艺术的评论和文章出现在新闻专栏和节目中。其他关于中国的信息是相当零碎的"③。卢金也用了社会学研究的方法,通过介绍俄罗斯科学院远东研究所所长季塔连科(Михаил Леонтьевич Титаренко) 1997 年主持的调查《中国改革:对俄罗斯是挑战,还是威胁》和其他资料,来梳理俄罗斯民众对中国的态度。虽然卢金用了"中国形象"(Image of China)的概念,但是卢金所采用的是国际关系研究、媒体研究和社会学研究的方法,其实质是要厘清俄罗斯与中国的外交关系和国际地缘政治关系,他基本没有顾及形象学的基本学

---

① Alexander Lukin, *The Bear Watches the Dragon: Russia's Perceptions of China and the Evolution of Russian-Chinese Relations Since the Eighteenth Century*, London: M. E. Sharpe 2002, pp. 194 – 250. 参见 Лукин А. В. Медведь наблюдает за дроконом. Образ Китая в России в XVII – XXI века. М.:"Восток – запад", 2005;[俄]亚·弗·卢金:《俄国熊看中国龙:17—20 世纪中国在俄罗斯的形象》,刘卓星译,重庆:重庆出版社,2007 年。英文版和俄文版的内容相当,中文本有所压缩。

② Ibid., p. 195.

③ Ibid., p. 196.

第一章 俄罗斯观照中国的自我意识

术思路,即异国形象是如何在注视者的集体想象中生成的,他没有考察生成中国形象的历史文化背景,当然更没有考虑注视者自我意识对形成异国形象的干预作用。我们在下文中会讨论由于卢金不考虑这种自我意识而造成的偏差。

美国的 B. W. 马格斯的《十八世纪俄国文学中的中国》也是一部很有参考价值的著作。作者认为:"要研究对一个国家的印象问题,当然不能全靠信史,而是要从文学,或是反映历史的文学作品中去看。"①该书从俄国传教士到中国的游历、到俄国的中国旅行者、俄罗斯政府派到中国的官方代表和文学作品中传播的中国等方面,研究 18 世纪俄罗斯的中国形象。该书的一个鲜明的特点是,将当时俄罗斯的翻译的欧洲作家写的有关中国的作品纳入了研究视野。与前一本书相似,《十八世纪俄国文学中的中国》也没有考虑俄罗斯人想象中国的前提。

所有这些研究的成绩是毋庸置疑的。但它们都未曾注意将俄罗斯的中国形象建构放在俄罗斯的自我意识中来加以观照,尽管《熊看龙》在序言中约略提到西方和东方的"二分法"是欧洲人的假设,它决定了中国在俄罗斯人的认知中属于东方,但作者没有进一步深入讨论此问题。② 镜子的比喻已被用得太多,但我不得不再用一次。注视国的自我意识是其建构被注视国的形象的一面镜子,但它非但不是一面明如止水、平如砥石的镜子,相反这镜面是凹凸不平、参差错落的。不研究这面镜子,不考察这种自我意识,就可能对注视国对他国的形象建构的解释出现偏差。因此本章拟将被忽视的俄罗斯的自我认知作为重要问题展开来加以讨论,就教于

---

① [美]B. W. Maggs:《十八世纪俄国文学中的中国》,李约翰译,台北:成文出版社,1977 年,第 X—XI 页。
② Alexander Lukin, *The Bear Watches the Dragon: Russia's Perceptions of China and the Evolution of Russian-Chinese Relations Since the Eighteenth Century*, London: M. E. Sharpe 2002, pp. 3 – 6.

方家和读者同好。因注视国的自我意识是一个比较新的概念,我们在下文中会用数学演算中的等价代换的方法,以若干等价物来代换它,以加深讨论,得出更有方法论意义的结果。

二、俄罗斯自我意识的构成和关系

法国学者达利埃尔-亨利·巴柔指出:"所有的形象都源自一种自我意识(不管这种意识多么微不足道),它是一个与他者相比的我,一个与彼此相比的此在意识。"①这里强调的是在建构他者形象的时候同时存在的自我形象会发生作用。如果把问题置于历史的语境中,这个论断就应该加以延伸,俄罗斯关于中国形象的建构实际上是历史上的俄罗斯自我认知的演化形式,作为国家民族体的俄罗斯对中国形象的建构有一个史前史,就是说它有一个前认识结构,用瑞士心理学家的话来表述就是:"在发生学上清楚的就是,主体所完成的一切建构都是以先前已有的内部条件为前提的。"②他还提出了以"同化"概念来解决认识问题:"同化概念则是指把给定的东西整合到一个早先就存在的结构中,或者甚至是按照基本的格局形成一个新的结构。"③要对俄罗斯建构中国形象的发生机制做出令人信服的研究,首先要研究俄罗斯的前认识结构,即俄罗斯民族在什么样的社会认识结构前提下接受有关中国的信息,并经过什么样同化和顺应机制建构中国形象。本章的这一部分主要展开前认识结构,就是说研究俄罗斯民族建构对包括中国在内的其他民族的形象的前提,即研究俄罗斯民族关于世界和自己在世界之中的位置和使命的想象,关于中国形象建构的前认识结构在后现代的知识背景下

---

① 孟华主编:《比较文学形象学》,北京:北京大学出版社,2001年,第121页。
② [瑞士]皮亚杰:《发生认识学原理》,王宪钿译,北京:商务印书馆,1981年,第103—104页。
③ 同上书,第25页。

第一章　俄罗斯观照中国的自我意识

还可以转化为俄罗斯民族想象共同体。

一个民族对他民族的形象的建构是以该民族认同的一个想象共同体为基础的。美国学者本·安德森指出:"民族被想象为一个共同体,因为尽管在每个民族内部可能存在普遍的不平等与剥削,民族总是被设想为一种深刻且平等的同志爱。"①他认为,民族的想象共同体应该包括宗教信仰的领土化、古老王朝家族的衰微、民族"传记"的叙述、民族语言的认同和民族地域的相对固定的空间的想象。我们认为,正是这些内容的某些方面,构成了俄罗斯民族想象他国形象的前结构(或称"自我意识")。俄罗斯人是以宗教观念想象的自己民族起源的,他们对莫斯科是第三罗马的想象和斯拉夫大帝国的想象等因素综合作用,建构了俄罗斯对世界的想象以及对自己民族国家在该世界中的位置的认定。这就是俄罗斯人想象他国形象的自我意识的主要因素。②

(一)俄罗斯民族起源的想象

古露西人民对俄罗斯民族的来源的想象,是与从君士坦丁堡传来的希腊东正教相联系的。11世纪末12世纪初问世的基辅洞穴修道院修士涅斯托尔撰写的《往年纪事》,被认为是俄罗斯最古老的历史文献,因为它离俄罗斯文字初创的10世纪末在时间上最接近。在该书中,想象中的俄罗斯民族的家谱一直追溯到《旧约·创世纪》中的挪亚那里。编年史的作者用毋庸置疑的全知全能的语气记述道:

---

① [美]本·安德森:《想象的共同体:民族主义的起源与散布》,吴叡人译,上海:上海世纪出版集团,2005年,第7页。

② 关于这个问题的研究可以参看:亨利·R.赫坦巴哈《俄罗斯帝国主义的起源》、塔雷斯·亨扎克《泛斯拉夫主义或大俄罗斯主义——从伊凡大帝到革命前》,两文均载[美]亨利·R.赫坦巴哈等:《俄罗斯帝国主义》,吉林师范大学历史系翻译组翻译,北京:生活·读书·新知三联书店,1978年。还可参见刘亚丁《苏联文学沉思录》(成都:四川大学出版社,1996年)的第一章第三节《十二个》:三种新阐释"和第四章第三节"弥赛亚:苏联文学的世界幻象"。

"纪事就从这里开始吧。洪水灭世后,挪亚的三个儿子——闪、含和雅弗分领了土地。"①编年史的作者进一步记载道:"雅弗获得的是北方地区和西方地区,古代的斯拉夫人(包括古露西人)就住在这片土地上。"②编年史最后得出了结论:"通天塔遭到破坏和语言被分割后,闪的诸子占据东方各国;含的诸子占据南方各国;雅弗家族占据北方和西方各国。在这72支民族中,有一支属于雅弗的后裔——斯拉夫民族。"③这实际上是将《创世纪》中的人类家谱做了地域空间的扩展,做了民族的扩展。在12世纪初《往年纪事》中,这种斯拉夫民族源于亚当、夏娃的"族谱"只是认祖归宗愿望的表达,作者还来不及用想象来填充各代之间的"事实联系"的深广沟壑。在16世纪20年代的《大俄罗斯弗拉基米尔大公家族纪事》中,作者则极力构建从雅弗到弗拉基米尔大公之间的事实联系:挪亚的子孙统治着希腊、中东和古露西。该《纪事》记载道:罗马帝国皇帝奥古斯都征服埃及,诛杀自己的女婿安东尼,生擒克拉佩特里奥,实现了对埃及的统治。④ 后来古露西发祥地诺夫哥罗德的君主戈斯托梅斯勒(Гостомысл)临终时,吩咐自己的臣属去普鲁士找其君主的家人来统治诺夫哥罗德。"他们行至普鲁士,寻获奥古斯都皇帝罗马世系之留利克大公(Князь Рюрик)。诺夫哥罗德的使节恳请留利克大公,希望他移驾去治理诺夫哥罗德。留利克大公带领他的两个兄弟,移幸诺夫哥罗德;兄弟之一,叫特鲁沃尔(Трувор),之二叫西涅乌斯(Синеус),另有他的侄,名为奥列格(Олег)。从这时开始称大诺夫哥罗德,留利克大公即王该地。"⑤1675年俄罗斯君主致康熙的国书开头首先回顾了

---

① 王钺:《往年纪事注译》,兰州:甘肃民族出版社,1994年,第2页。
② 同上书,第8—13页。
③ 同上书,第15页。
④ Сказание о князьях владимирских. Литература древней руси. Хрестоматия. . Сост. Л. А. Дмитриев. М.: "Высшая школа", 1990, с. 290 – 291.
⑤ Там же, с. 291 – 292.

第一章　俄罗斯观照中国的自我意识

自己的家族渊源于奥古斯都大帝,叙述了自己的祖先统治俄国和希腊的历史。① 这样的谱系当然不可能得到任何民族志和考古学的实证材料的证实。"远古宗教中的神话思想逐步合理化,最终转换成为一种普遍主义的信念伦理。"② 俄罗斯民族对自己的"民族"家谱的如此"记忆"实际上反映的是一种"现实"需求。

这是俄罗斯民族寻求民族归属感的心理需求在宗教信仰和民间口头传说中的自然外化。公元988年基辅大公弗拉基米尔从君士坦丁堡接受了东正教。③ 稍早一点,希腊传教士基里尔和梅福季用希腊字母创造了斯拉夫文字符号系统基——里尔字母,古露西文字自此问世。与西欧文明相比,这容易造成俄罗斯人的复杂心理:一则他们认为自己的民族有野性的一面,另一方面又以接受东正教为克服这种野蛮的希望之途,得到归属的确证。前一种心理被尼·别尔佳耶夫描绘得比较透彻:"在俄罗斯大地上,在俄罗斯人中,有蒙昧的、非理性的(在这个词最糟糕的意义上说),不开化和不接受开化的天性。"④ 在从《往年纪事》到以后的各种史书对古俄罗斯民族起源的发展的想象中,可以看到后一种心理,仿佛皈依东正教就获得了进入文明世界的门票,信仰基督就使自己获得了同欧洲同胞(同为亚当和夏娃的子孙)同等的生存权利。德·利哈乔夫指出:"俄罗斯的基督教化与统治家族与拜占庭宫廷的结亲,引导俄罗斯在完全平等的基础上进入欧洲民族大家庭。"⑤ 在前述的《大俄罗斯弗拉基米尔大公家族纪事》中不难看出,叙述者将希

---

①　[俄]尼·班蒂什-卡缅斯基编:《俄中两国外交文献汇编》,北京:商务印书馆,1982年,第40—41页。
②　[德]哈贝马斯:《交往行为理论》,曹卫东译,上海:上海人民出版社,2005年,第180页。
③　王钺:《往年纪事注译》,兰州:甘肃民族出版社,1994年,第200—222页。
④　Бердяев Н. Судьба России, М.: Изд-во МГУ, 1990, с. 52.
⑤　[俄]德·利哈乔夫:《解读俄罗斯》,吴晓都等译,北京:北京大学出版社,2003年,第49页。

伯来的《旧约》的世系与异教的罗马帝国皇帝的世系相拼合,更是为了把俄罗斯的民族血脉与他们认定的文明发祥地接通,以为俄罗斯民族争取到文明民族的合法性和权利。在这样的认希伯来和希腊的文化为自己民族的根基的心理背景下,欧洲和中东以外的世界,对俄罗斯人而言,容易成为盲区。认希伯来和希腊为民族之源的俄罗斯人把中国人想象成非我同类,当在情理之中。

(二)"第三罗马"的想象

15世纪末俄罗斯在各方面都呈现出将基督教俄罗斯化的特征。在15世纪中叶,当时的第二罗马——君士坦丁堡被土耳其的穆斯林占领,于是俄罗斯自然就成了东正教的堡垒。在这样的背景下,俄罗斯的宗教界便开始构筑"莫斯科——第三罗马"的宏大宗教救世方案。该方案的实质是,认为俄罗斯的君主是拜占庭皇帝和罗马帝国皇帝的真正继承人。该理论是由普斯科夫修道院的菲洛费提出的,他写道:

> 现在我想用几句话来谈谈我们当今崇高的国王的光荣的统治,这是天底下唯一的笃信基督的国王,神圣的天赋王位的唯一的捍卫者,普天之下的神圣天使的教会的掌控者,这是居于上帝保佑的莫斯科城的、取代了罗马和君士坦丁堡的神圣天使的教会的赞助者……爱上帝的国王,爱基督的国王啊,所有的基督教的国家会来到我们国王唯一的国家里,按照先知书的预示,这就是俄国呀,因为两个罗马已然衰落,第三罗马傲然屹立,第四罗马不会出现。①

同样的思想在一系列文学作品得到了表达,如《关于诺夫哥罗

---

① Филофей. Послание о неблагоприятных днях и часах. Древнерусская литература. М.: Слова/Slovo, 2008, с. 482 – 483.

第一章　俄罗斯观照中国的自我意识

德的白僧冠的传说》等。在这些传说里以传承衣钵等为标志的仪式化的动作，为莫斯科是第三罗马理论合法化制造了"事实"依据。在该传说中，西尔维斯特为康斯坦丁大帝治好了麻风病，并劝他皈依基督教。为答谢治病和施洗，康斯坦丁大帝任命西尔维斯特为教皇，赠予白僧冠，授予他治理罗马的世俗权利，并将君士坦丁堡确定为新都。在基督教分裂为天主教和东正教之后，白僧冠在罗马不再受膜拜，甚至有被焚烧之忧。由于来自东正教的压力，渎神的罗马教皇被迫将白僧冠送往沙皇格勒（君士坦丁堡），交予大牧首菲洛费。讲述白僧冠故事的"光明少年"托梦给菲洛费大牧首，大牧首只好听命于梦，将白僧冠送往诺夫哥罗德。在诺夫哥罗德，大主教瓦西里虔诚拜迎白僧冠，它终于到了神圣的古露西。① 在广为流传16世纪初的《大俄罗斯弗拉基米尔大公家族纪事》中也讲述了类似的传法"历史"。在虔诚的康斯坦丁·莫诺玛赫统治沙皇格勒（君士坦丁堡）时期，他与波斯人和罗马人作战。他采纳了一个聪明的建议，向古露西的弗拉季米尔·弗谢沃洛德派遣了大牧首涅奥菲特（Неофит）等使节。临行前，"他从自己的脖子上取下用曾刻有基督受难像的最有生命力的树雕成的生气勃勃的十字架，并从自己的头上取下沙皇的皇冠放在金盘里。他又命人拿来光玉髓做的酒杯，罗马帝国皇帝曾用它饮酒……他把这些礼物交给涅奥菲特及主教和使节，派他们去见弗拉季米尔·弗谢沃洛德大公，并让他们祝福他……自此，弗拉季米尔·弗谢沃洛德成了莫诺玛赫，并成了全俄的沙皇"②。除了上述传说而外，还有耐人寻味的现象。弗拉季米尔圣母圣像传说流传地域不断扩大，新奇迹故事不断加入。该圣像于1480年从弗拉季米尔迎请到莫斯科后，传说增

---

① Повесть о новгородском белом келобуке. Хрестоматия по древней русской литературе. Сост. Н. К. Гудний. М.: Аспект пресс, 2004, с. 241–250.

② Сказание о князьях владимирских. Литература древней руси. Хрестоматия. . Сост. Л. А. Дмитриев. М.: "Высшая школа", 1990, с. 292–293.

加了圣像迁移的路径的内容:它从巴勒斯坦到拜占庭,又到基辅,再到弗拉季米尔,最后到莫斯科。①

这种莫斯科是第三罗马之说并不只是历史现象,1848年诗人丘切夫在他的《俄罗斯地理》一诗中写道:"莫斯科,彼得之城,康斯坦丁之城,/这些都是俄罗斯王国的旧京。"②这里的彼得之城是指彼得大天使之城罗马,康斯坦丁之城即康斯坦丁大帝之城君士坦丁堡。丘切夫用诗歌的形式重复了上述传法的故事。这些故事和传说从宗教和世俗权利等角度,多侧面证实俄罗斯的东正教会和俄罗斯的君主是上帝的选民,成了拯救神圣消泯、基督蒙垢的世界的唯一希望。考虑到这些传说在民间的广泛流传,足见在当时莫斯科是第三罗马的说法已不仅是宗教界和官方的宣传,不仅是知识精英的想象,也在民间得到广泛响应。这就是俄罗斯民族自我认知的表征,是他们想象世界的出发点。

(三)斯拉夫帝国的想象

从19世纪20年代开始,俄罗斯一些知识分子中产生了泛斯拉夫主义思想,它与过去的莫斯科是第三罗马的弥赛亚意识互相呼应,构成了19世纪俄罗斯人的世界想象图景。在1848年欧洲革命前夕,尤其是在1853—1856年的克里米亚战争和1863—1864年的波兰起义等历史事件中,泛斯拉夫主义尤其高涨,其代表人物有 Н. Я. 达尼列夫斯基、Н. Н. 斯特拉霍夫和 А. И. 科舍列夫等。对斯拉夫民族历史发展的独特性的理论预设,成了他们提出建立以俄罗斯为核心的联合整个斯拉夫民族的联盟的必要性的政治依据,这个联盟将

---

① Гребнюк П. В. Теория Москва-третий Рим и Сказание об иконе владимирском богоматери. Ответственный редактор Н. И. Толстой. Россия-Восток-Запад. М.: "Наследие", 1998, с. 97 – 99.

② Тютчев Ф. Сочинения в двух томах. М.: Правда, 1980, с. 104.

第一章 俄罗斯观照中国的自我意识

波兰排除在外。① 泛斯拉夫主义承接"莫斯科—第三罗马"的理论，类似的观念实际上在普希金等诗人的笔下是清晰可见的。1831年波兰人民爆发反对俄罗斯的起义之际，普希金写了《致诽谤俄罗斯的人》一诗，他宣称："斯拉夫人的细流岂不汇成俄罗斯的大海"，"难道我们要同欧洲重新争论？/难道俄罗斯人不再善于取胜？难道我们人少？难道从佩尔姆到达夫利，/从芬兰寒冷的山崖到火热的科尔希达，/从受到震惊的克里姆林宫/到不动的中国长城脚下，/俄罗斯大地再不能崛起？任钢铁的鬃毛闪耀着光华？/雄辩家们，把你那恶狠狠的儿子/往我们国家尽管派遣，/俄罗斯田野上有他们的地盘，在他们并不陌生的墓地之间。"② 普希金是要维护俄罗斯在斯拉夫世界的绝对强权。值得注意的是，《新世界报》的记者德米特里·扬切维茨基1900年跟随俄罗斯的军队，目睹了八国联军闯进北京，他在自己的日记的卷首就题写了普希金的此诗，并以《在停滞的中国长城下》作为该书的题目。③ 诗人丘切夫则将斯拉夫大帝国的地域做了更大的扩展，他在上面已引述的诗的后面写道："哪里是它的尽头，哪里是它的边界？/在北方，在东方，在南方，在日落的地方？/这些地方的命运将由未来决定……/这里有七大内海，七条大河……/从尼罗河到涅瓦河；从易北河到中国；/从伏尔加河到幼发拉底河；从恒河到多瑙河……/都属于俄罗斯王国……而且将永世长存，/一如神灵和但以理的预言。"④ 最后两句实际上化用了《旧约·但以理书》(2:44)："当那列王在位的时候，天上的神必立另一国，永不败坏，也不归别国的人，却要打碎灭绝

---

① Большая советская энциклопедия, М. Издательство "Советская энциклопедия", 1975, Т. 19, с. 435.
② 《普希金文集》，乌兰汗等译，北京：人民文学出版社，1995年，第2卷，第313—315页，译文略有修改。
③ Янчевецкий Д. У стен недвижного Китая, С-Петербург, Порт-Артур, 1903.
④ Тютчев Ф. Сочинения в двух томах. М.: Правда, 1980, с. 104.

那一切国,这国必存到永远。"这样斯拉夫帝国的想象又同宗教上的认祖归宗产生了天然联系。

俄罗斯民族的自我意识,还有若干其他因素,由于篇幅的限制,不再一一展开。这上面分析的三种要素中,以宗教为依据的民族认祖归宗是核心,第三罗马和斯拉夫帝国的想象是由它派生出来的。它们一起构成俄罗斯民族注视中国的镜子。

三、外化功能和解释功能

俄罗斯自我意识在另一层面上可以理解为荣格所说的集体图像(collective image)。[①] 它具有两种不容忽视的功能:1. 它具有不断外化的功能;2. 它是一种俄罗斯建构中国形象的解释系统,具有解释功能。

先讨论第一点,作为集体图像的俄罗斯自我意识具有不断外化的功能。荣格的集体图像的提出和延伸有一个过程,略微梳理该过程有助于理解俄罗斯自我认识的外化作用。1945年荣格做系列讲座的第四讲讨论具有普遍意义的梦,他提出:"对一个意味深长的梦的讨论,比如我们前面谈到的那个,如果只停留在个人范围内,是绝不够的。这种梦包含着一种原型(archetypal image),这总是表明,做梦者的心理状态绝不是只局限在个人的无意识中,他的问题不再完全是个人的事情了,而是触及一般人类的问题了。鬼怪的象征就说明了这一点。"[②]1936年荣格还提出了集体无意识(collective unconsciousness)概念,他认为人类的集体无意识必然会自发地出现在个人的心理中,尤其是借梦、幻觉、妄想等消极想象

[①] [瑞士]荣格:《分析心理学的理论与实践》,成穷、王作虹译,北京:生活·读书·新知三联书店,1991年,第112页。

[②] 同上书,第111页。

第一章　俄罗斯观照中国的自我意识

和创造性的积极想象而显现出来。①荣格的集体图像说的意义在于,他指出在人类(当然也包括在单个的民族)中某种集体图像是会通过一些单个的人不断表达出来。俄罗斯人的关于世界想象和其在世界中的位置的使命的集体图像,不断以各种方式出现在历史文献和个人著作和言论中,成为影响俄罗斯与其他民族关系的一种重要的潜在因素。比如关于莫斯科是第三罗马的想象,首先以书信的形式出现在 15 世纪末,其后经过普希金、包戈金和陀思耶夫斯基等人的演化,到 20 世纪依然具有其强劲的外化力量。比如在勃洛克著名的长诗《十二个》中彼得格勒街头的赤卫队员宣称:"我们要叫所有的资产阶级吃吃苦/我们要煽起世界的大火。"几乎在同时,俄罗斯侨民哲学家尼·别尔加耶夫在自己的《俄罗斯命运》中写道:"基督教的弥赛亚意识也许不过是这样一种意识,在已然到来的世界时代(наступающая мировая эпоха)中,俄罗斯被赋予以自己的语言向世界宣告的使命,拉丁世界和日耳曼世界曾这样宣告过。"②足见该集体图像的强大的表达和外化功能。

卢金的《熊看龙》由于没有考虑俄罗斯民族的自我意识,因而对一些现象的解释也似嫌失之牵强。在《熊看龙》的第一章中,卢金认为 19 世纪俄罗斯社会中散布着一种俄罗斯式的白种人的责任,就是俄罗斯要将西方文明带给亚洲和中国。他大量引用了包戈金等人的言论,包戈金在 1854 年克里米亚战争后说:"让欧洲人生存于这样的感觉之中,亚洲的一半,如中国、日本、布哈拉、希瓦(Khiva)、波斯属于我们,假如我们愿意的话。同时我们还应该扩张我们的统治,以便能让欧洲因素横贯亚洲,让雅弗的高塔高居在

---

① 叶舒宪:《神话—原型批评的理论和实践》,《神话—原型批评》序言,西安:陕西师范大学出版社,1987 年,第 14 页。
② Бердяев Н. Судьба России, М.: Изд-во МГУ,1990, с. 21.

他的兄弟之上。"①他还引用陀思妥耶夫斯基言论:"在向亚洲的急速进军中我们将感到精神和体力的高度复苏。一旦我们摆脱了这样的感觉:同欧洲相比,在两个世纪以来我们感到的我们事业是失败的,我们已然变成了饶舌者和懒鬼,我们就会立即获得独立之感……同欧洲在一起我们是附庸和奴隶,但是走向亚洲我们会成为主人。在欧洲我们是鞑靼人,但是在亚洲我们也是欧洲人。我们的使命,我们在亚洲的文明使命,就是我们将让我们的精神占上风,让我们一往无前,如果我们可以尽快开始的话。"②卢金对这些言论做了分析,他认为这是俄罗斯人在传播欧洲因素,他解释道:"非常有趣的是,尽管强调俄罗斯不同于欧洲,但并不能阻碍像乌瓦罗夫和包戈金(也包括陀思妥耶夫斯基,卢金后来也大量引用了他的话——引者注)这样的人继续认同俄罗斯在亚洲的独特使命是将亚洲引入开化的欧洲文明。"③卢金的这本著作由于没有考虑俄罗斯的自我意识,在这里暴露出了解释的偏差。包戈金和陀思妥耶夫斯基通常被认为是典型的泛斯拉夫主义者,他们对彼得大帝所进行的转向欧洲的改革是持激烈的否定态度的,是抵制在俄罗斯文化中掺入欧洲因素的激进分子。④ 而且从前面我们描述的俄罗斯人的自我意识(尤其是对俄罗斯民族的基督教的认祖归宗)和斯拉夫帝国的想象来看,包戈金和陀思妥耶夫斯基不是要向亚洲推行欧洲文化,相反,是要推行被他们认定为已汇入欧洲文化之流的俄罗斯文化,请仔细阅读卢金所引用的包戈金的话:"同时我们还应该扩张我们的统治,以便能让欧洲因素横贯亚洲,让雅弗的高

---

① Alexander Lukin, *The Bear Watches the Dragon: Russia's Perceptions of China and the Evolution of Russian-Chinese Relations Since the Eighteenth Century*, London: M. E. Sharpe, 2002, p. 45.
② Ibid., p. 47.
③ Ibid., p. 46.
④ 参见[美]塔雷斯·亨扎克:《泛斯拉夫主义或大俄罗斯主义》,《俄罗斯帝国主义》,北京:生活·读书·新知三联出版社,1978年,第93—132页。

第一章 俄罗斯观照中国的自我意识

塔高居在他的兄弟之上。"所谓让雅弗的高塔高居于他的兄弟之上,实际上强调了以俄罗斯为首的斯拉夫世界对西方的超越和优胜,这分明是莫斯科是第三罗马幻象的复苏。

在研究俄罗斯的中国形象建构时,应充分研究俄罗斯的世界想象和它在该世界中的使命的自我认定,即将俄罗斯的自我意识描绘清楚,把那面变形的镜子研究透彻,以此为解释系统之一,展开对具体的个案材料的深入的分析,使形象学的研究有更可靠的方法论基础。

第二章 深层结构与阶段转喻

本章讨论的时间范围是从18世纪下半叶至20世纪50年代末。俄罗斯对中国的想象可分为18世纪下半叶、19世纪至20世纪前半叶和20世纪50年代三个时期，分别呈现为哲人之邦、衰朽之邦和兄弟之邦的套话，它们是俄罗斯自我意识的外化形式。由于俄罗斯地缘政治传统基本未变，所以尽管从沙皇帝国到苏联时代社会制度和意识形态发生了根本变化，但想象中国的三种套话实际上是同一深层结构的转喻形式。

俄罗斯对中国形象的建构是相当复杂的问题，研究者在大量掌握第一手材料的基础上进行归纳，以形成宏观的俄罗斯中国形象的历时性的演变形态。本章只是针对这个演变形态提出粗略框架，随着作者进一步深入研究，这个框架或许会被修正，甚至于会被改写。这个粗略的框架可以这样表述：第一阶段，大致在18世纪下半叶，哲人之邦；第二阶段，19世纪—20世纪上半叶，衰朽之邦；第三阶段，20世纪50年代至60年代初，兄弟之邦。若将俄罗斯中国形象历史发展加以定格，将它转化为共时性的平面展开，我们会发现俄罗斯所想象中国形象这三个套话实际上是呈三棱体。哲人之邦，是俄罗斯承接欧洲传教士和启蒙思想家之余绪的回声，是对古老中国精神的想象，这是想象乌托邦；衰朽之邦，则是俄罗斯地缘发现和现实要求的折射；兄弟之邦，是苏联全球战略格局构想的情感性想象的外化。这个三棱体在不同的历史时段将其中的

第二章　深层结构与阶段转喻

一个侧面转到正面,推动这个三棱体转动动力的是俄罗斯人的自我意识。该自我意识由三种要素构成:1. 滥觞于 12 世纪的俄罗斯民族起源的自我想象:俄罗斯人是挪亚之子雅弗的后昆(见《往年纪事》),俄罗斯帝王是罗马帝国奥古斯都大帝的苗裔,①因此作为基督教世界一员的俄罗斯会将中国视为非我同类;2. 15 世纪中叶开始流行的莫斯科是第三罗马的理论:随着君士坦丁堡的式微,莫斯科成为第三罗马,俄罗斯民族成为上帝的选民,因而它们赋有拯救世界的伟大使命——这就是俄罗斯民族自我认知的表征,是他们想象世界的出发点;②3. 19 世纪斯拉夫大帝国地缘政治设计:19 世纪出现以俄罗斯为核心建立联合整个斯拉夫民族的联盟的主张。③ 这些意识或成合力,或单独作用,将俄罗斯中国形象的三棱体的某个面推到正面,或将两个面的棱角转到正面,两种想象兼而见之。

俄罗斯的中国形象既具有前面所概括的三个阶段的主要特征,同时在同一阶段又会有其他侧面显露。

一、"哲人之邦"话语

18 世纪的俄罗斯处于正在寻求文化自觉的时代,在文化取向和社会风尚等方面总体上来说受到西欧文化的影响。同时由于俄罗斯文化比较晚近,在 18 世纪其文化时尚略晚于西欧,如古典主义在当时的西欧已是明日黄花,而在俄罗斯却正当其时。我们看

---

① Сказание о князьях владимирских. Литература древней руси. Хрестоматия. . Сост. Л. А. Дмитриев. М.: "Высшая школа", 1990, с. 291 – 292.

② Гребенюк П. В. Теория Москва-третий Рим и Сказание об иконе владимирском богоматери. Ответственный редактор Н. И. Толстой. Россия-Восток-Запад. М.: "Наследие", 1998, с. 97 – 99.

③ Большая советская энциклопедия, М.: Издательство "Советская энциклопедия", 1975, Т. 19, с. 435.

到的有关中国的资料,主要出现在叶卡捷琳娜二世(1762—1796在位)时期。18世纪下半叶俄罗斯对中国的想象基本是半个世纪前西欧对中国的知识话语的回光返照,同原来的欧洲一样,俄罗斯人把中国想象成了一个哲人辈出、君王贤明、法度完备、国家昌明的所在。① 俄罗斯的知识界当时推重法国启蒙思想家,关注欧洲知识界有关中国著述。② 1715年俄罗斯开始向北京派遣东正教使团,他们带回了大量的有关信息材料。但是18世纪俄罗斯有关中国的知识几乎全部来自西欧,而非来自俄罗斯在北京的东正教使团人员的书札和文章。俄罗斯当时有关中国的著作和文学作品大半是对英国、法国、德国和意大利作品的翻译或转述。因为当时在俄国翻译与原创作品是不加分别的,也有个别的作品是由俄罗斯人自己创作的。

1763年在俄国的《学术情况通讯月刊》上发表了《中国中篇小说》,这篇作品是从英国作家哥尔德斯密的作品转译过来的,尽管作品人物的姓名不同,但故事源于中国的话本《今古奇观》中的《庄子休鼓盆成大道》。1788年出版的俄文本《译自各种外文的阿拉伯、土耳其、中国、英国、法国的牧人、神话作品选》中有《善有善报》,是从英文转译的《今古奇观》中的《吕大郎还金完骨肉》。1799年莫斯科的一家杂志还发表了一篇叫《恩人与贤人,中国中篇小说》的作品,讲述皇帝四处寻访贤人的故事。在俄罗斯最引人注目的当数叶卡捷琳娜二世创作的《费维王子的故事》。该作品描写中国皇帝的事迹,其重点是他对自己的儿子——未来的君主的教育,他着重从德育和智育方面去开发王子的潜能。而这位王子,在

---

① 参见周宁:《西方的中国形象史:问题与领域》,《东南学术》2005年第一期。周宁认为在1750年前后,西方的中国形象由乌托邦式的转为否定性的。

② Alexander Lukin, *The Bear Watches the Dragon: Russia's Perceptions of China and the Evolution of Russian-Chinese Relations Since the Eighteenth Century*, London: M. E. Sharpe, 2002, pp. 7 - 9.

各种困难的环境中,显示了他的服从、仁慈、谦逊和对囚犯和穷人的关怀。这部作品在俄国和西欧的文化交流中发挥了重要作用,这部以俄文写成、于1783年出版的作品,在1784年和1790年分别被译成德文和法文。① 在叶卡捷琳娜二世自撰的《费维王子的故事》中,她写道:"在西伯利亚有一个人数众多,聪明无比、富裕安康的民族,他们有一个叫陶尧的中国王,他是个既睿智又慈善的人,爱民如子。"②叶卡捷琳娜二世把中国王的名字写作 Tao-ay,唐代诗人元稹在乐府诗《骠国乐》有"古时陶尧作天子,逊遁亲听《康衢歌》"之句。③ 陶尧,即上古尧帝的别称,可见叶卡捷琳娜二世是知道中国远古帝王的名字的。尽管这是叶卡捷琳娜二世创作的作品,但其中掺杂着西欧的中国乌托邦形象的定式与作者的夫子自道,不妨看作俄国女皇塑造自己开明君主的形象的小手腕之一。如同在更早的欧洲一样,孔子在18世纪下半叶的俄国也是哲人的象征,恰恰有人用他来比喻叶卡捷琳娜二世。她的宫廷女诗人玛莉娅·希什科娃仿《波斯人信札》的形式写了一部诗体书信作品,在该作品中,中国的诗人写信给住在圣彼得堡的鞑靼贵族。这个诗人在百般称颂叶卡捷琳娜二世后写道:"在北京,啊,大人,我们读到你的文章,/您所提到事实,我们一致赞同:/在北方的宝座上,我们目睹了一位孔夫子。"④这样的比喻比较有意思,这与西欧的中国热接轨,都在塑造中国贤人的形象,都是对古老的精神性中国的想象。

---

① [美]B. W. Maggs:《十八世纪俄国文学中的中国》,李约翰译,台北:成文出版社,1977年,第182—184页。亦可参见阎国栋:《叶卡捷琳娜二世的中国观》,《俄罗斯研究》2010年第5期。

② Екатерина II. Сказка о царевиче Февее. Русская литература XVIII века. Книга первая. М.:Слова/Slovo, 2008, с.628.

③ 郭茂倩编撰,聂世美、仓阳卿校:《乐府诗集》,下册,上海:上海古籍出版社,2016年,第1152页。

④ Alexander Lukin, The Bear Watches the Dragon: Russia's Perceptions of China and the Evolution of Russian-Chinese Relations Since the Eighteenth Century, London: M. E. Sharpe, 2002, p. 12.

然而即使是在18世纪下半叶,中国的形象已经逐渐开始向被侵吞者的方向转化。19世纪俄罗斯对衰老的东方帝国的想象,并非突然出现的,在18世纪下半叶已然有了序曲。罗蒙诺索夫在《皇帝彼得·费多洛维奇颂》中写道:"于是,中国人、印度人和日本人,/或许会变成你的法律的宰制的对象。"①在历史学家弗洛连斯基的记载中,杰尔查文在其《回忆录》中记下了叶卡捷琳娜二世的一句话:"没有把土耳其人赶出欧洲,没有驯服中国人的骄傲,以及没有和印度人建立起贸易关系以前,我是不会死的。"于是诗人杰尔查文写下了这样的诗句:"我们将进入世界的中心,/从恒河中淘取金子,/把中国人的傲慢制服,/就像香柏树一样,/广泛地扎根……"②足见即使是在将中国描绘为理想之国的时代,俄罗斯人意识深处的建立大俄罗斯帝国的潜在结构依然在规约着俄罗斯人对中国的想象。

二、"衰朽帝国"想象

但是从总体上看,在19世纪以俄罗斯为中心建立斯拉夫大帝国这种结构强烈的自我意识逐渐左右了俄罗斯对中国的想象,即在俄罗斯的想象中中国乃是落后、野蛮的所在,因此要以属于开化文明的基督教世界的俄罗斯或欧洲文化来改造它。从我们要讨论的有关中国的书来看,按照时间的顺序,该时期俄罗斯关于中国的想象有非常鲜明的逻辑顺序,在矮化中国形象的阶梯上,时间上越后出的书对中国的矮化现象越明显。1849年发表的奥陀耶夫斯基

---

① Alexander Lukin, *The Bear Watches the Dragon: Russia's Perceptions of China and the Evolution of Russian-Chinese Relations Since the Eighteenth Century*, London: M. E. Sharpe, 2002, p.12.

② [美]B. W. Maggs:《十八世纪俄国文学中的中国》,李约翰译,台北:成文出版社,1977年,第217页。

第二章 深层结构与阶段转喻

《4338年》对俄罗斯人原有的中国——哲人之邦和俄罗斯——蛮荒之境的意识进行了颠覆。1858出版的冈察洛夫的游记《巴拉达号三桅战舰》则力图为俄罗斯人关于衰朽中国的想象提供新的材料和信息。在1903年出版的《在停滞的中国长城下》中,作者扬切维茨基则以占领军亲历者的身份,为基督教"文明"改造衰朽帝国的观念描绘了新的狂欢盛宴。

这个时期第一部最典型的想象中国的作品是弗拉基米尔·奥陀耶夫斯基的《4338年》,就我的眼界所及,目前尚无学者注意到它与俄罗斯中国形象建构的关系,甚至也没有中国学者提到它。在科幻小说《4338年》中,一个梦游者记录了在4338年的奇特经历:即距19世纪40年代2500年以后,维耶拉彗星将与地球相撞。他从梦游醒来后什么都不记得了。在梦游状态中他是中国人,他游遍了俄罗斯,又同留在北京的朋友鸿雁传书。该小说就是由他梦游中的这些书信构成的。在这部小说中,已有四万四千年历史的俄罗斯已经成为世界文明的中心,它有若干超大城市,它的技术发明已深入到日常生活中,它有类似于计算机的设备,借助该设备可以快速查找到任何一本书中所需要的一页。与此相反,中国则是个历史短暂、科学落后的国家。在这样的背景下,小说的主人公,这个中国人常常不免生出为自己的国度自惭形秽的感觉:"他们相信科学的力量,相信精神的威力,对他们来说,在空中飞行,就像我们在铁路上行进一样。其实俄罗斯人有权利嘲笑我们……"俄罗斯人能够在空中飞行,而中国人只能在铁路上行进,这就酿就了这个中国人自卑感。① "看着周围的一切,我常常自问:假如500年内我们不生出自己的伟大的洪金(Хун-Гин),那个最终把中国从他的百年酣睡中唤醒,更准确地说是从死一般的停滞中唤醒的人;假

---

① Одоевский В. Д. 4338год, Русская литературная утопия. М.: Издательство МГУ, 1986, с. 105.

如他不消灭我们古老的、幼稚的科学的痕迹,以真正的信仰来代替我们的盲目崇拜,不把我们领进文明民主的大家庭,那会如何呢?"①古老文明的中国在梦游的"中国人"的梦呓中成了幼稚落后的国度。

奥托耶夫斯基写《4338年》只是一种俄罗斯作家对于中国的大胆想象,另一种文本则似有所本,这就是冈察洛夫的游记《巴拉达号三桅战舰》。19世纪中叶俄罗斯为了打破日本的锁国政策,打探中国虚实,向世界示威,派遣以海军中将普提雅廷为司令的舰队游弋三大洋,巡行世界。作家冈察洛夫作为普提雅廷的秘书经历了整个巡行。舰队到了中国的香港和上海,到了东北亚和东南亚。作者在对中国民间的生活表达同情的同时,发表了许多充满自信的论断:

> 中国人缺少民族精神、爱国主义和宗教信仰,……对于中国机器的准确无误的运转来说,这是三项必不可少的动力。
>
> ……可以联想一下婆罗门印度和多神教埃及:它们也衰老腐败了,如同贫瘠的土地必须改良土壤一样,它们必须向其他民族汲取力量和生命。您当然知道印度的过去和现在,也知道改良土壤使土地获得新生,育出新苗,是何等艰巨的事。埃及也是这样的情况。而中国比印度和埃及更为腐朽,因此靠它自身的力量取得复兴的希望就更为渺茫。中国在发展生存动因方面,只获得少许的道德奥秘,而且很快就枯竭了,因此它还未成年就衰老了。②

在当时,他们对中国这个衰朽帝国的想象是有理论支撑的,西欧派的代表人物达尼列夫斯基在其《俄罗斯和西方》一书的第四章"欧洲文明是否与人类同一"中明确指出:"西方和东方,欧洲和亚洲为我

---

① Одоевский В. Д. 4338 год, Русская литературная утопия. М.: Издательство МГУ, 1986, с. 107.

② [俄]冈察洛夫:《巴格达号三桅战舰》,叶予译,哈尔滨:黑龙江人民出版社,1982年,第644页。

第二章 深层结构与阶段转喻

们的理智提供了某种对立,西方、欧洲处于进步、不懈完善、不断进步的一极;东方、亚洲则处于停滞的因循守旧的一极,几乎可以说是仇视现代人类。"① 他举出的具体的例子就是"作为抵制欧洲的进步的最停滞、最因循守旧的中国"②。知识与权利转换的复杂关系在这些文本中渐渐显露出来:西欧派和斯拉夫派或不属于这两派的很多俄罗斯知识分子有共识——对中国这样一个落后的国度,用西方或俄罗斯文明去征服它是上帝的恩赐。冈察洛夫实际上已经暗示了对付这个衰朽中国的路数:

> 我也曾漫步于欧洲式的高楼大厦和中国简陋茅屋之间,看到并立在一起的欧洲战舰和中国沙船、基督教的宏伟教堂和中国的古庙。一派繁忙景象:一些海船满载各式毒品,另一些海船则满载新约全书中文的科学指南——从最野蛮的到最文明的。我还听到过轰鸣的战炮,见过炮弹横飞的场面。结局将会怎样? 是导致得救还是毁灭——不得而知,但起码是,改革已经开始。起义者风起云涌,想恢复从前的合法王朝,但是却打着基督教的旗号。尽管这种基督教只是可疑的中西合璧的杂拌儿,不过总还说明他们终于醒悟了:只有在基督教文明的旗帜下,他们的成功才有希望。③

这与前面我们引述的斯拉夫主义者包戈金的"让欧洲因素横贯亚洲,让雅弗的高塔高居在他的兄弟之上"④等语有异曲同工之致。衰朽中华帝国的形象就是在这样权利话语背景中建构出来。

---

① Далиневский Н. Я. Россия и Европа. М.: Институт Русской цивилизации, 2005, с. 88.
② Там же, с. 90.
③ [俄]冈察洛夫:《巴格达号三桅战舰》,叶予译,哈尔滨:黑龙江人民出版社,1982年,第646页。
④ Alexander Lukin, *The Bear Watches the Dragon: Russia's Perceptions of China and the Evolution of Russian-Chinese Relations Since the Eighteenth Century*, London: M. E. Sharpe, 2002, p. 45.

让雅弗的高塔高居在他的兄弟之上,并非架空的悬想,已然成为俄罗斯统治者的行为:从1772年起派遣东正教使团到北京,有大量的使团成员的旅行札记等著作记录这一历史性交际;哥萨克对黑龙江流域的"发现",有《外贝加尔哥萨克史》和《俄国海军军官在远东的功勋》等书将其记录在案;有俄罗斯军队参与多国联军的1900年占领北京的军事行动等,都是这一行为的不同步骤。扬切维茨基《在停滞的中国长城下》就是对1900年行动的记载。这本1903年在俄国的圣彼得堡和中国的旅顺口同时出版的书的副标题是——"参加1900年中国战事的《新世界》报记者的日记"。该书扉页后的第一幅大照片就是紫禁城一座城楼下整齐的俄罗斯军阵,其说明文字为"1900年8月15日沙皇的军队在博格达汗的首都"。该书叙述的事件是,俄罗斯军队乘俄罗斯战舰从旅顺出发,与各列强军队一道占领塘沽、天津、北京,后来俄罗斯军队又单独占领奉天。这本书在矮化中国的问题上达到了极致。作者在文本中一改只收录作者日记的惯例,直接以第三人称的方式记录了在天津火神庙里的义和团的仪式:火神庙里供奉着老子的神像,带着护身符的义和团男女在一个张姓首领的带领下,焚香祈祷,祈祷老子和关(羽)老爷保佑他们刀枪不入,战胜侵略者。此时叙述者插入了画外音:"白胡子、皱眉头的老子,端坐于烟火缭绕的神龛,思虑着几千年的思绪,丝毫不知道尘寰的卑微焦虑,一声不吭。"[①]接下来作者继续叙述俄罗斯军队对义和团扔手榴弹,结果他们立刻被炸死,"祈祷也好,护身符也好,都救不了命"[②]。哲人之国沦落为充斥着愚昧子孙的衰朽之邦,全书成了基督教世界战胜中国的话语狂欢。

19世纪至20世纪上半叶俄罗斯的中国想象实际上是俄罗斯

[①] Янчевский Д. У стен недвижного Китая. Издание Л. А. Артемьева, С-Петербург, Порт-Артур, 1903, с. 104.

[②] Там же, с. 108.

第二章 深层结构与阶段转喻

地缘政治的话语表征。从事有关中国写作的知识分子甚多,他们的身份、立场、观念差异非常大,比如在文化选择上就有斯拉夫派和西欧派之争,但俄罗斯民族的自我意识这个内在动力,驱使他们不约而同地想象了中国的衰朽帝国的形象,实际上为俄罗斯帝国的国家战略提供了合法化论证。

三、"兄弟之邦"的所指

1949年中华人民共和国成立之后,苏联人对中国的想象获得了新的动力和资源。一方面由于特殊的历史原因中国提出了向苏联"一边倒"的策略,另一方面苏联又给予了中国大量的经济援助,派遣大量的专家援助新生的中华人民共和国,双方的人员往来量大。仅以苏联援华的专家为例,据估计,1949年至1960年来华工作的专家就有2万人以上。[①] 1950年米·维尔什宁作词、瓦·穆拉杰里作曲的进行曲速度的歌曲《莫斯科—北京》很快传遍了苏联,也在中国传唱:"中俄人民是永久弟兄,/两大民族的友谊团结紧。/纯朴的人民并肩站起来,/纯朴的人民欢唱向前进,/友谊永远存在我们心中。/莫斯科—北京,莫斯科—北京。"[②] 当时中苏两国凡是有重大的双边活动,都会唱起这首歌。1952年这首歌荣获斯大林文艺奖二等奖。大量的来华苏联人士和专家写了中国观感和札记,如法捷耶夫等著的《在自由的中国》、龚查尔等著的《中国在眼前》、杰尼索夫等著的《苏联文化代表团访问新中国观感》、叶菲莫夫的《与朋友相聚》、阿尔森切夫的《红星照耀中国》、巴本的《扬子江上的彩虹》等书。在这些书中,这些到中国访问的苏联文

---

① 沈志华、李丹慧:《战后中苏关系研究》,北京:人民出版社,2006年,第60页。
② 薛范:《重访问俄罗斯音乐之故乡》,北京:中国国际广播出版社,2001年,第100—101页。

化活动家、到中国工作的苏联专家记录了在中国的访问活动和工作经历，他们除了观察新中国社会主义建设事业的蒸蒸日上，记录中国人民对苏联人民的友好情谊而外，大量的篇幅涉及中国人民对苏联社会赞美和向往。在这些参观访问记录的大量文本中，真诚的友谊不言而喻，苏联人对中国革命胜利感到真诚的喜悦，对中国社会主义建设成就感到由衷的高兴。中国的兄弟之邦的形象在这样的文本中被建构起来。但是我们若对大量的文本进行具体分析，就会发现友谊和喜悦背后的潜文本，中苏的国家关系被想象成了"老大哥/小兄弟""先生/学生"的关系。因此"兄弟之邦"的逻辑重音实际是在"弟"上，在苏联人的想象里新中国乃是需要教诲和帮扶的小弟弟。

在这些访问记录或专家札记中，大量记录了中国各阶层的赞美苏联的言论。作者似乎客观实录了中国有影响阶层的这类言论："上海前市委书记饶漱石说：'苏联不仅是我们亲密的朋友，也是我们可靠的先生。苏联所走过的道路，正是我们将要走的道路。'"①"对苏联代表发出这一友好的呼吁：'指教我们，提出意见和批评来帮助我们'，乃是一切会晤、交谈和发言的主旨。"②"'苏联的今天就是我们的明天，苏联的道路就是我们的道路，'郭沫若教授在北京欢迎苏联代表团的群众大会上说。"③苏联的作者对中国基层的类似言论也同样感兴趣："当我们停在汽车旁边的时候，兴奋的、红光满面的刘正清已经走到前面去了。'请你们转告苏联农民，伟大的苏联给我们照亮着道路，'乡亲们以赞许的声音支持着他。这更加鼓舞了刘正清。"④"'苏联的今天就是中国的明天'，这句话是经常可以从中国人的口里听到的。中国人

---

① [俄]法捷耶夫等：《在自由的中国》，中苏友好协会总会编，北京：新华书店发行，1950年，第60页。
② 同上书，第65页。
③ Ефимов Г. Встречи с друзьями. Л., Детгиз, 1955, с. 57.
④ [苏]龚查尔等：《中国在眼前》，斯庸等译，北京：生活·读书·新知三联书店，1951年，第32页。

第二章 深层结构与阶段转喻

民很清楚地知道,已经建成了社会主义,并在进行着伟大共产主义建设的苏联是六亿中国人民的伟大的榜样。"①"苏联的经验教给了中国怎样在国内建设社会主义。"②"苏联人民在教育中国新人方面发挥了巨大的作用。在这个国家里很多车间和生产分队都以光荣的保尔·柯察金的名字来命名。"③中国各阶层人士的这些话语碎片进入苏联人的文本,在宏大叙事中生成了"中国—学生"的形象。

在大量的苏联人的访问记录和专家札记中,苏联人会不由自主地谈到苏联对中国援建的工程项目。甚至在涉及中国的军事力量时候,也有春秋笔法:"在北京国庆观礼时,我们看到了中国空军强大的羽翼,这是我们共同的羽翼,是友谊和互助的羽翼。"④"中国老百姓相信和平事业的最后胜利,因为苏联领导着这个运动。'只有和以贤明领袖斯大林同志为首的苏联保持友好,才能使我们和平地劳动,自由地建设我们的国家。'中国男女青年在和我们告别时这样说。"⑤在新中国成立后的上海的苏州河边,贫穷肮脏的渔民家庭挤在一艘艘排在一起的破帆船里(与一个世纪前冈察洛夫对苏州河的描写几乎一致),苏联专家正在测量,准备改造这个肮脏的停泊场,将要修建有街头小花园的漂亮的码头,这给渔民们带来了喜悦和希望。⑥ 施予与接受是国家关系一种形式,这种形式决定了这两个国家不可能处于平等的地位。大量这一类叙述一方面是苏联人对自我优越性的确证,另一方面又暗中将中国推到了小弟弟位置。"中国—学生""小

---

① [苏联]杰尼索夫等:《苏联文化代表团访问新中国的观感》,中苏友好协会总会编,北京:北京时代出版社,1955年,第65—66页。
② 同上书,第66页。
③ Ефимов Г. Встречи с друзьями. Л., Детгиз, 1955, с. 60.
④ [苏联]杰尼索夫等:《苏联文化代表团访问新中国的观感》,中苏友好协会总会编,北京:北京时代出版社,1955年,第88页。
⑤ [苏联]龚查尔等:《中国在眼前》,斯庸等译,北京:生活·读书·新知三联书店,1951年,第99—110页。
⑥ 同上书,第54—55页。

兄弟"的形象就在这样不断重复的话语中被塑造出来。

中国的兄弟之邦的形象是苏联人对自己在世界大格局中的使命自我认定的外化。1949年 Е. 科瓦廖夫在10月出刊的《布尔什维克》杂志发表《中国人民的伟大历史胜利》一文,他指出:"伟大的十月社会主义革命和苏联的社会主义的胜利、苏联在第二次世界大战中战胜德国和日本帝国主义动摇了帝国主义的体系,同时也成了中国人民民族解放运动的重要条件。"①1951年出版的 И. 叶尔玛舍夫的《光照中国》写道:"中国革命的胜利是列宁—斯大林的全世界的事业迈向全面成功的新的最重大的步骤。"②作者还以口号的语气写道:"列宁主义光辉照耀着中国。列宁主义光辉照耀着亚洲。列宁主义光辉照耀着全世界。"③更有象征意味的是,该书的扉页印有 Д. 纳尔班江画的《伟大的友谊》:斯大林在自己的办公室接见毛泽东。斯大林的背后是巨大的书柜,可隐约看见书柜里整齐摆放的《列宁全集》,台灯的强光照亮了斯大林的全身,照亮了毛泽东的侧面。从表层看,这是苏联时代的世界革命理想的自然流露;从深层看,这恰恰是历史上的俄罗斯以基督理想拯救世界的弥赛亚意识的观念在新的历史条件下的新表达。同时,在这里俄罗斯作为斯拉夫帝国中心的世界想象在新的时代以新的意识形态话语作为包装外化了出来。

四、余 论

通过对俄罗斯中国想象的三个阶段的分析,不妨抛砖引玉提出两点推断,供专家和同好探讨俄罗斯中国形象时进一步深入研究。

(一)俄罗斯对中国的想象是由其自我意识决定的。尽管俄罗斯

---

① Ковалёв Е. Великая историческая победа китайского народа. Большивик, 1949, №18.
② Ермашев И. Свет над Китаем, М.: Молодая гвардия", 1951, с. 620.
③ Там же, с. 621.

的社会制度和意识形态发生了变革,但其地缘政治传统观念基本未改变,俄罗斯对中国的想象的深层结构也就基本固定,各阶段想象的中国形象只是该深层结构的转喻形式。由于俄罗斯的弥赛亚意识和建立庞大的斯拉夫大帝国的自我认知和世界想象,它总是以自我为中心来想象中国,在这想象中中国总处于受式、消极和被动的地位,但精神性的中国又有其独特价值,这就是俄罗斯中国想象的深层结构的基本形态。从18世纪下半叶开始的第一阶段,对中国的想象以哲人之邦为主,这既是西欧中国热的余音,又反映出俄罗斯本身对它自身所缺乏的外来的古有的精神性资源的需求,但俄罗斯的弥赛亚意识在这个阶段已经开始左右其中国想象,已经埋下了中国乃是衰朽之邦的伏笔。从19世纪开始的第二阶段以将中国想象为衰朽之邦为主,但依然有对哲人之邦的赞叹,如普希金对《三字经》的喜爱、列·托尔斯泰对老子和中国先秦哲学的精神激赏。但更为有趣的现象是,同一个体,既是精神性中国的塑造者,又是衰朽帝国形象的描绘者。普希金正是这样一位代表人物。作为中国文化的热爱者,普希金在泛斯拉夫主义的形成期写了描画斯拉夫大帝国的版图的《致诽谤俄罗斯的人》一诗,其中"中国长城"前的定语,曾用"平静的",后改为"停滞的",再版时改为"遥远的"。① 这些定语恰恰是其时俄罗斯人描绘中国衰朽帝国的"套话"。而在《在停滞的中国长城下》中,随占领军驻进颐和园的扬切维茨基,居然可以以怡悦的心情欣赏中国皇家园林的建筑艺术。在20世纪50年代开始的第三时期中,尽管中苏在社会制度、意识形态方面已经趋同,但由于苏联对俄罗斯地缘政治传统所承袭的、苏联人建构的中国的兄弟之邦的形象实际上是过去衰朽之邦的转喻形式。

（二）异国形象塑造体现了知识/权利关系的复杂纠结和转换。这三个阶段中,俄罗斯塑造中国形象的知识分子自愿并主动地为俄

---

① ［苏联］米·阿列克谢耶夫:《普希金与中国》,《国外文学》1987年第5期。

罗斯国家战略提供合法化依据。鉴于18世纪和苏联时代的知识分子对国家处于依附关系，在塑造中国形象方面主动体现国家利益，这似乎比较好理解。19世纪俄罗斯知识分子独立于国家意识形态，自由思考，独立行事，在文学领域产生了大量颠覆国家意识形态的作品，但在塑造中国形象方面，他们居然主动、自愿与国家共谋，表达了与国家战略一致的内容。这只能以在民族共同体的精神空间中民族国家的利益高于阶级的利益来加以解释。具体而言，斯拉夫派和西欧派的文化选择、政治立场有相当大的差异，他们从不同的角度对俄罗斯现存的社会体制采取批评态度。但在塑造中国形象方面，他们存在的分歧消弭了，他们对国家意识形态的批判态度钝化了，因为他们都作为俄罗斯民族的一分子在自觉或不自觉地为国家利益服务。

　　上述分析表明，中俄两国、两个民族的文化差异是巨大的，产生文化误读的可能性也很大。正因为如此，俄罗斯知识分子对中国文学、文化的译介，俄罗斯汉学家对中国文化的研究和传播，非常重要，其意义不容小觑。他们在两个民族之间架起的文化桥梁，为止居功至伟，实不为过。本书的三部分追溯俄罗斯知识分子对中国文化的研究，对中国文学艺术作品的研究，以及俄罗斯汉学家对中国精神文化的深入探析，算是为国内作者深入研究相关问题抛下一块粗砖，以期引出美玉。

　　但是要预先说明一点，本书不应给读者造成错觉，以为中国文化在俄罗斯读书界、俄罗斯普通民众中已经产生了巨大影响。《龙影朦胧》这个书名，就是想传达这一层意思。

上 篇

圣哲新识

第三章 孔子形象在俄罗斯的流变

在俄罗斯,孔子形象的塑造,以对《四书》等儒学著作的翻译为基础,以对它们翻译的注释为延伸,以研究孔子生平思想的著述为载体。在这一章中分析了若干位俄罗斯汉学家、作家对孔子著作的翻译、注释、研究,梳理孔子形象在18世纪末、19世纪至20世纪70年代、20世纪80年代至新世纪这三个时期的塑造,还探讨了俄罗斯孔子形象塑造与俄罗斯主流精神变迁的相关性等问题。借助历史符号学可知,孔子之书本身是个文本系统,它可以延伸至多个语用学意义的系统中,在俄罗斯的社会语境中产生出丰富的引申意义。

一、18 世纪末

从我掌握的资料看,俄罗斯最早的孔子著作的翻译出现在1780 年。我曾于2006—2007 年在俄科学院东方文献研究所(原东方学研究所圣彼得堡分所)查找资料时,有幸找到了俄罗斯的第一本有关孔子的书,这是1780 年大汉学家阿列克谢·列昂节耶夫(А. Л. Леонтьев)翻译的《四书》,它的副标题是"四书经,中国哲学家孔子第一书"。这是列昂节耶夫从汉文和满文翻译的,大32 开,马粪毛边本,扉页右下钤"1818 年亚洲博物馆"印,右底边钤"苏联科学院东方学研究所列宁格勒分所"印。前面是康熙皇帝于康熙

六年撰的序。在其后的译者小序中,列昂节耶夫写道:

《大学》之要旨泽被远古帝王和公侯,借此他们为人们恢复了学问和律法。在此该要旨中总是鲜明地体现为孔子的阶梯和秩序观念。在此书中曾子以10个章节来阐述了此要旨。

在此为了理解学问和律法,采用了如此晓畅易懂的开头和结尾;它就是《大学》,在此书中它是作为进入幸福之门的钥匙而给予的,更何况,倘若不能完美地达致书中所述之举,则遑论为君子,为公侯。①

列昂节耶夫译序对《大学》的基本意义做了比较准确的概括。在译文中他也比较准确地理解了原文的意蕴,如:

大学之道,在明明德,在亲民,在止于至善。

Закон учения великаго состоит в просвещении разумной души нашего, во обновлении просвещении простых народов, и постановлении себя и других на благе истинном.②

在《十三经注疏·礼记》卷六十"大学"篇,孔颖达正义云"'在亲民'者,言大学之道,在亲爱与民"③。若照这样理解,则俄译应为"В породнении с народом"。但列昂节耶夫译为"во обновлении просвещении простых народов",显然用了宋儒二程、朱熹的新阐释。朱熹《四书章句集注》注"在亲民"为:"程子曰:'亲,当作新'……新者,革其旧之谓也,言自明其明德,又当推以及人,使之亦有以去其旧染之污也。"④从列昂节耶夫的注释也可以看出其采用了朱熹对《大学》的阐发。如对《大学》中的这句话,列昂节耶夫

---

① Леонтьев А. СЫШУГЕЫ, КНИГА ПЕРВАЯ филозофа Конфуциуса. СПб.: Императорская Академия наук, 1780, с. 9 – 10.
② Там же, с. 10.
③ 《十三经注疏》下册,北京:中华书局,1980 年,第 445 页。
④ 朱熹:《四书章句集注》,《新编诸子集成》,北京:中华书局,2012 年,第 3 页。

第三章　孔子形象在俄罗斯的流变

的注解是:"孔子以如此之语教导我们拯救自我和纠正他人之道,此乃大学之基础。依照孔子之言,借助教给伟大人物上述三句话,此道有利于整个国家和普天之下繁荣之业。"①这就与朱熹的"三纲领"之说吻合了。《四书章句集注》明确将上三句话称之为:"此三者,大学之纲领也。"②在后面,列昂节耶夫对"古之欲明明德于天下者,先治其国,欲治其国者,先齐其家,欲齐其家者,先修其身,欲修其身者,先正其心,欲正其心者,先诚其意,欲诚其意者,先致其知,致知在格物"的解释是,这是实现"明明德""新民"和"止于至善"的7个"阶梯(степение)和秩序(порядок)"。③ 这与朱熹的"八目"之说也比较接近。足见列昂节耶夫是在接受宋儒的阐释的基础上来翻译注释《大学》的。《大学》后面是列昂节耶夫翻译注释的《中庸》。但我所见到的版本没有译完《中庸》,终止于第二十章的"果能此道矣,虽暗必明,虽弱必强"。列昂节耶夫没有翻译"四书"中的《论语》和《孟子》。尽管对《大学》和《中庸》,列昂节耶夫只是翻译和作注,写了译者小序,但从这位汉学家言必称孔子,从他对《大学》和《中庸》的注释中对孔子的推崇来看,在他的心目中,孔子以大学和中庸之道教导君主和人民,是位充满睿智的哲人。

在18世纪末,有关孔子的书在俄罗斯还有两本出版。一本是《孔子生平》(Житие Кунг-Тесеэа),这是在北京的基督教传教士写的,将孔子视为最杰出的古代哲学家、古代学术的复兴者。这本书是由米哈伊尔·维列夫金用俄文转写的,1790年在彼得堡出版。④

---

① Леонтьев А. СЫ ШУ ГЕЫ, КНИГА ПЕРВАЯ философа Конфуциуса. СПб.: Императорская Академия наук, 1780, с. 10 – 11.
② 朱熹:《四书章句集注》,《新编诸子集成》,北京:中华书局,2012年,第3页。
③ Леонтьев А. СЫ ШУ ГЕЫ, КНИГА ПЕРВАЯ философа Конфуциуса. СПб.: Императорская Академия наук, 1780, с. 18.
④ Скачков П. С. Библиография Китая. М.: Издательство Восточной литературы, 1960, с. 42.

《中国古代哲学初探》(Опыт древной китайцов фолософии)则涉及儒学哲学,将它同其他哲学学说比较,同犬儒主义者、斯多葛主义者和亚里斯提卜相对比。这本书是列昂节耶夫从拉丁文翻译成俄文的,1794在圣彼得堡出版。①

这是孔子形象在俄罗斯的首次出现,其思想者、教育者的"侧影"是比较清晰的,由于列昂节耶夫采用了朱熹《四书章句集注》的阐释,他受宋儒影响的痕迹是比较明显的。

二、19世纪至20世纪70年代

列夫·托尔斯泰(Л. Н. Толстой)是19世纪俄罗斯的孔子形象的最重要的塑造者之一。对此,什夫曼(А. И. Шифман)、戈宝权、吴泽霖有深入的研究。恰好是在世界观激变的19世纪80年代,托尔斯泰对中国的先秦诸子产生了浓厚的兴趣。1884年2月底他开始研究孔子,他在给朋友的信中说:"我重感冒发烧在家,已经是第二天在读孔子。难以想象这是怎样崇高非凡的精神境界。"②以后他陆续写成了《论孔子的著作》《论〈大学〉》等文章。在《论孔子的著作》一文中,托翁写道:

> 他们的信仰是这样的,他们说(这是他们的先师朱熹说的)所有的人都由天父所生,因此没有一个人心中不是蕴藏着爱、善、真、礼仪和智慧。尽管所有的人都有与生俱来的天然的善,但是只有很少的人能够将这种善加以培养并发扬到底。因此不是所有的人都知道自己心中的善,也就不能在自己身

---

① Скачков П. С. Библиография Китая. М.: Издательство Восточной литературы, 1960, с. 43.
② 吴泽霖:《托尔斯泰和中国古典文化思想》,北京:北京师范大学出版社,2000年,第72页。

第三章　孔子形象在俄罗斯的流变

上培养这种善。可是一旦有那种具有巨大意义、天赋智慧之人物,在自己的心中发现了心灵之善,这些人物就从寻常人中突出出来。天父就会赋予这样的人物领袖、人师之职并且一代代统御他们,教诲他们,使之恢复天赋之纯洁。①

这实际上是朱熹为《大学章句》写的序言的转述:"《大学》之书,古之大学所以教人也。盖自天降生民,则既莫不与之以仁义礼智之性矣,然其气质之禀或不能齐,是以不能有以知其性之所有而全也。一有聪明睿智能尽其性者出于其间,则天必命之以为亿兆之君师,使之治而教之,以复其性。"②托尔斯泰的话,尽管是翻译,但这是经过文化过滤的翻译,朱熹所阐释的孔子的儒家观念,在托尔斯泰那里存在着有趣的文化"转换"——朱熹所说仁义礼智,变成托尔斯泰的"爱、善、真、礼仪和智慧"(любовь, добродетель, правда, обходительность и мудрость)③。这就是托尔斯泰以自己的东正教的观念所做的文化过滤。对托尔斯泰而言,孔子是道德完善的楷模。1900年托尔斯泰在很长的日记里翻译了《大学》《中庸》的许多章,其中关于修齐治平的那段话,同他本人追求道德完善的实践是颇为契合的。他还编辑日本学者小西(Кониси)教授译的《论语》并在自己的出版社出版。

托尔斯泰是站在人类文化分野的高度来看待以孔子、老子等为代言人的中国文化所体现的特殊意义。对外来文化的接受总是受制于接受者的前结构,受制于接受者自身的精神需求。托尔斯泰是从自己的宗教道德观念来解读,也不妨说是"误读"《道德经》的。在1909年写的《老子的学说》一文中,托尔斯泰写道:

---

① Толстой Л. Полное собрание сочинений. М.: Государственное издательство,《Художественная литература》,1954,т. 25,с. 532 – 533.
② 朱熹:《四书章句集注》,《新编诸子集成》,北京:中华书局,2012年,第1页.
③ Толстой Л. Полное собрание сочинений. М.: Государственное издательство,《Художественная литература》,1954,т. 25,с. 533.

为了让人的生命不是苦,而是乐,人必须学会不为躯体活着,而要为精神活着(человеку надо научиться жить не для тела, а для духа)。这就是老子的教诲。他教导要如何从躯体生活转换到精神生活。他把自己的学说称为道,因为整个的学说都在指明转换的道路。①

不妨把托尔斯泰本人在19世纪70年代写的《安娜·卡列尼娜》中的一句话与之对比,这句话是这部长篇小说的精神锁钥。那就是农民费多尔的一句话"弗卡内奇……为了灵魂活着(Фоканыч... для души живет)"②,听到这话,因为找不到精神归宿而几乎自杀的列文获得顿悟,感到狂喜。因此托尔斯泰对老子的这种误读,不妨看作是他以自己的前结构来同化老子的观念。托尔斯泰采取东方文化与西方文化互相对立的观点,认为西方文化过于强调物质,而东方文化注重精神,这是人类未来的希望之所在。在目睹西方文化物质主义泛滥的时候,托尔斯泰强调东方文化的独特价值,因此他寄予注重精神的老子、孔子等体现的"道"以希望。在托尔斯泰看来,这"道"成了抵御这种泛滥的精神力量。托尔斯泰在跟辜鸿铭的通信中写道:

……很久以前,我就相当好地(虽然大概还很不完整,这在一个欧洲人是很自然的)知道了中国的宗教学说和哲学;更不必说孔子、孟子、老子的学说及对他们的注疏。③

我想中国、印度、土耳其、波斯、俄国,可能的话,还有日本(如果它还没有完全落入欧洲文明的腐化网罗之中)等东方民

---

① Дао дэ цзин. СПб.: Азбука-классика, 2005, с. 180.
② Толстой Л. Н. Анна Каренина. М.: 《Художественная литература》, 1981, с. 758.
③ 吴泽霖:《托尔斯泰和中国古典文化思想》,北京:北京师范大学出版社,2000年,第112页。

第三章 孔子形象在俄罗斯的流变

族的使命是给各民族指明那条通往自由的真正道路,如您在您的书中所写的,只有"道",即道路,才是符合人类生活永恒规律的活动。①

以此观之,托尔斯泰重视孔子、老子,同托尔斯泰19世纪80年代以后他自己的精神探索是殊途同归的,也就是说他在东方文化的精神中,在中国的孔子、老子的思想资源中找到了对自己精神追求的方向的印证和认可,也找到了人类救赎的希望。

从19世纪80年代开始,孔子的形象有了新的塑造因素,这是由《论语》的俄译本带来的。1884年瓦西里耶夫(В. П. Васильев)翻译注释的《论语》开启了俄罗斯的孔子接受史的一个新阶段。在小序中他指出:《论语》是"伟大的哲学家孔子,有时不针对某人,有时应弟子或旁人(诸侯、大臣和别的哲学家)之请,亲口说出的格言或高论,因此,显然首先可以把这本书视为伟大的东方思想家的言论"②。这个译本的版面比较像中国的文中夹注的经典版面:先是《论语》的一句话的俄文译文,接着就是注释的文字。因为瓦西里耶夫的这个译本是供学汉语的学生用的,这样的翻译注释方法,对教学而言是比较方便的。他将"习"注释为"鸟数飞",但将"朋"注释为"同类"③,大概可看出受了朱熹《四书章句集注》的影响。即使是瓦西里耶夫这样的大汉学家,其注释也有可商榷之处。如对"子",他有这样的注释:"(子)Цзы-сын, или 夫子 фу, цзы сын мужа, как величали в древнее время почитных лиц, а у нас приятно преводить словом философ。(子,儿子,或,夫子,丈夫的儿子,古代这样称呼尊者,我们通常以'哲学家'这个词来翻译

---

① 吴泽霖:《托尔斯泰和中国古典文化思想》,北京:北京师范大学出版社,2000年,第116页。
② Васильев В. Китайская хрестоматия. СПб.: 1884, с. 1.
③ Там же, с. 3.

它。)"①即他把"夫子"解释为"丈夫的儿子"。

瓦西里耶夫还翻译了部分《春秋》,在他的《东方宗教:儒释道》中,他对孔子和儒教做了讨论。赵春梅概括了瓦西里耶夫对孔子的概括:孔子是一个冒险家,他具有冒险家的特点,他拥有冒险家所必须具备的人们对他的崇拜;他的理想屡屡受挫,他像冒险家一样四处碰壁,其思想长期不被统治者接受,最后失意的他才不得不转向人民,结果从为统治者服务的初衷转而站到了统治者的对立面。孔子又是"中国历史上第一位人民教育家"。②

柏百福(П. С. Попов)翻译的《论语》是俄罗斯第一本《论语》俄文全译文。用今天的翻译理论来看,他的译文更多地体现了归化的翻译策略。试看两例:"子曰:'里仁为美,择不处仁,焉得知?'"——"Философ сказал: Прекрасна та деревня, в которой господствует любовь. Если при выборе места мы не будем селиться там, где царит любовь, то откуда можем набраться ума?"③这里,"子",不是像后来俄苏汉学家那样,译为"учитель"(老师),他译为"философ"(哲学家),"仁"在这里,不是译为"гуманность"(仁慈),而译为"любовь"(爱)。而在前面,他将"孝悌也者,仁之本与?"中的"仁"是译为"гуманность"④的。另外,子曰:"邦有道,危言危行。邦无道,危行言孙。"——"Философ сказал: Когда в государстве царит порядок, то как речи, так и действия могут быть возвышенны и смелы; но когда в государстве царит беззаконие, то действия могут быть возвышенны, но слова – покорны."⑤这里,柏百福将"邦有道"译为"в государстве царит

---

① Васильев В. Китайская хрестаматия. СПб.: 1884, с. 1.
② 赵春梅:《瓦西里耶夫与中国》,北京:学苑出版社,2007年,第110—111页。
③ Попов П. С. Изречения Конфуция, учеников его и др. лиц, пер. с кита. СПБ., 1910, с. 20.
④ Там же, с. 2.
⑤ Там же, с. 81.

第三章　孔子形象在俄罗斯的流变

порядок",即用"秩序"(порядок)来译"道"。稽辽拉(Л. С. Переломов)则将"邦有道"译为"В государстве, где царит Дао-Путь"①,用音译和意译相结合的组合词"Дао-Путь"来译"道",也很别致。马斯洛夫(А. Маслов)在评价柏百福的《论语》翻译时指出:"在他的理解中,孔子是一位禀有基督教美德的布道者。柏百福不仅推敲适合翻译中国观念的新词,而且让它们与俄罗斯人熟知的概念相融合。而且在许多场合中做得如此准确,以至于他的新引进的东西在百年来的翻译学中得到了巩固。"②马斯洛夫此言不虚,在译"里仁为美"时柏百福用更具基督教色彩的"爱"来代替"仁",就是很好的例证。

同瓦西里耶夫的《论语》一样,柏百福翻译的《论语》也兼顾教学之用。每一句语录通常由三部分组成:一是译文,二是注释,三是词义解释。注释也多采用朱熹的《四书章句集注》。词义解释部分往往很准确,先引出要解释的汉字,跟在汉字后面是俄文注音,然后再以俄文解释其意义。如:"三年学,不至于谷,不易得也。"对"谷",他在解词义解释部分是这样写的:"谷, гу, хлеб—здесь значит 禄, лу, жалование, вероятно потому в древности оно выдавалось хлебом."③其意思是:"谷,粮食,这里是指禄,俸禄,大概古代的俸禄是用粮食来支付的。"这样解释是比较准确的。

柏百福还写了介绍中国这位伟大思想家生平的文章《孔子》。在文中他对孔子的各种贡献多有记述。如,对他的行政才能作了记述,赞扬之情溢于言表:

很快定公任命孔子执掌东平州的中都,在一年的时间里,

---

① Переломов Л. С. Конфуций Лунь юй. М.: Восточная литература, 1998, с. 400.
② Маслов А.《Я ничего не скрываю от вас》. Конфуций. Суждения и Беседы. Ростов на Дону: Феникс, 2004, с. 141.
③ Попов П. С. Изречения Конфуция, учеников его и др. лиц, пер. с кита. СПБ., 1910, с. 45.

他把托付给他的城市治理到了这样的程度,以至于四邻的统治者都想效仿他。他作为行政者的如此杰出的功绩使得他获得了更高的职务——司空,然后是大司寇。①

对孔子整理删诗修史的功绩,柏百福也有比较准确的记述:

由于疲惫和失望,孔子不复寻求任职,而且他的长期的痛苦经验使他知道,此类志向是徒劳无益的,他转而从事学术工作:为《尚书》写序言,整理仪礼汇编,删节古代的诗歌,保留305首,调整音乐,为这些诗谱曲(原文如此——引者注)。他晚年尤其喜好研究《易经》,为之作注。但从下面的话中可以判断他对这些注释并不满意:"加我数年,五十以学易,可以无大过矣。"②

因为在北京较长时间学习的汉学家柏百福翻译《论语》,因为有了这样的汉学家研究编写孔子生平,孔子的形象逐渐丰厚起来,成了有血有肉的人物。

进入20世纪后,在苏联时期,孔子的形象是容易被贬低的。主要是由于在思想界流行唯物主义和唯心主义斗争是哲学史的主干的学说,流行着哲学史反映阶级斗争的观念。第二版的《苏联大百科全书》第二十一卷(1953年)的中国哲学条目的第一句话就是:"中国哲学发展史,如同欧洲哲学发展史一样,是反映中国历史各阶段意识形态斗争的唯物主义与唯心主义斗争的历史。"③再如,在苏联科学院版的《世界史》中,对儒家和孔子做了富有阶级色彩的简单化的描述:

---

① Попов П. С. Конфуций. Суждения и беседы. СПБ.: Азбука-классика, 2006, с. 214 – 215.

② Там же, с. 216 – 217.

③ Большая советская эциклопедия. Второе издание, М.:《БСЭ》, т. 21, 1953г., с. 269.

第三章　孔子形象在俄罗斯的流变

儒家是公元前6—前5世纪形成并流行,并在后来广泛传播的伦理—政治学说。通常认为其创始人是鲁国的传道者孔子。儒生们是贵族阶层的思想家,他们致力于捍卫宗法制残余和井田制。他们为阶级之间的不平等辩护,但对使非贵族阶级的人富裕和提高他们的地位持否定态度。按照孔子的观点,社会中的每一个人都应该安分守己。"君君,臣臣,父父,子子",孔子如此说道。①

这就是这部大书关于儒家的描述的全部文字。

苏联大汉学家阿列克谢耶夫(В. М. Алексеев)院士在研究儒释道的背景下来翻译阐释孔子。1920年到1921年间他翻译了《论语》的前三章《学而》《里仁》和《八佾》,同时译了朱熹的《四书章句集注》中《论语》这三章的注释。对朱熹的集注,阿列克谢耶夫还加了自己的注释。如朱熹在集注中说"孔子为政,先正礼乐",阿列克谢耶夫针对这个"正"字,给出了自己的注释:"这个'正'已经涉及了'为政'的观念。孔子所说的要害显然是纠'正'他同时代生活的胡作非为,以恢复到他认为的正道的基础上去。"②在翻译《八佾》中的"子语鲁大师乐。曰:'乐其可知也:始作,翕如也;从之,纯如也,皦如也,绎如也,以成。'"时,阿列克谢耶夫在自己的注释中写道:"这里开始了孔子关于恢复古代音乐的部分宣教,也宣教通过乐书中的古语和艺术直觉来恢复学生与古代礼制的联系。"③在这里,阿列克谢耶夫通过注释,塑造了一位为恢复古代礼制而奔走的孔子的形象。值得注意的是,他提议出版这三章译文,但未获批准。所以这个翻译注释当时未能面世,到了2002年才第一次

---

① Жуков Е. М. и друг. Всемирная история. Т. II. М.: Государственое издательство "Политическая литература", 1956, с. 465.

② Алексеев В. М. Из классического конфуцианства. Его 《Труды по китайской литературе》. М.: Восточная литература, 2002, с. 209.

③ Там же, с. 244.

公开出版。

阿列克谢耶夫在学术著作的写作中给予孔子以很高的评价。他把儒学称为"无神论的、理性主义的学说",他指出:"在孔子的学说中没有关于神的理解和关于神的教条,没有神对人事的干涉,没有永生的理论。"阿列克谢耶夫的这种解释,与苏联时代强调无神论的大背景是一致的。

在1920年为《世界文学史》写的《中国文学》中,他将不小的篇幅给了孔子。他认为,《论语》只是对孔子思想点滴的记录,而且是不准确的记录。

> 摆脱这样的历史的教条化的图解,我们转向孔子和他的学派的《论语》中孔子的学说。在读者的面前出现的只是对万代至圣先师(一个继承者这样称呼孔子)——思想家的言论的可怜巴巴的碎片,他的人格显然比他的言论要有趣、重要得多。而他的言论则在后辈中得到很糟糕、很贫乏的转述。即使是这样,仔细阅读这些碎片,还是能够留下关于孔子学说的一些印象。这学说同那些由于政治上的崩溃而偏离生活、同时也就偏离人们人性的生活的懒惰的人们激烈争论,这些学说也挽救古代文化,使之不会毁于失去人性的野蛮人之手。①

在引用了孔子关于"文王既没,文不在兹乎?天之将丧斯文也,后死者不得与于斯文也;天之未丧斯文也,匡人其如予何?"后,阿列克谢耶夫写道:"这是孔子预言性的自我定义,作为古代真理的承担者,他总是在自己的学派中强调'文'的概念,将文作为古代的真—道的载体……"②不信鬼神,为人、为文、为真和道而呼吁奔走,这就是阿列克谢耶夫著作中的孔子形象。阿列克谢耶夫将自

---

① Алексеев В. М. Из классического конфуцианства. Его《Труды по китайской литературе》. М.: Восточная литература, 2002, с. 79.
② Там же, с. 68.

己的书斋称为"不愠斋"。这出自《论语》的第一段"人不知而不愠,不亦君子乎"。可是在私下里,阿列克谢耶夫似乎觉得孔子的学说与孔子内心的真实想法是有差异的。阿列克谢耶夫在日记中写道:"我成百上千次问自己,孔子的'爱人'的含义究竟是什么。'爱人'这个词是如此的滑稽。种种迹象表明,他恰好不但不爱人们,反而蔑视他们,所以他的'仁'是对某种东西的精挑细选。"①这本身又呈现了悖谬:俄苏汉学家所发表的文章中的孔子,与他们内心所认知的孔子,或许是有差异的。

同18世纪后20年相比,19世纪至20世纪70年代,俄罗斯/苏联持续有孔子著作的翻译介绍,但翻译研究者的数量比较少。在此期间,孔子形象逐渐丰富。若比较托尔斯泰和柏百福所塑造的孔子形象,则可以看出,在托尔斯泰那里,孔子是某种精神的象征,是被东正教化的精神性形象。这是大作家思想家所想象的"思想化"的、显然缺乏生平材料充实的孔子形象。而在柏百福那里,孔子的形象则变得更具体,更有血肉,更可感触。这显然是因为柏百福是深谙中国文化的汉学家,他翻译了《论语》,这里包含了孔子种种生平信息,同时从《孔子》这篇文章本身来看,他还熟悉《史记·孔子世家》。在阿列克谢耶夫笔下孔子的形象更显复杂。

三、20世纪80年代至新世纪

具有戏剧性意味是,恰好在中苏交恶的最后阶段20世纪80年代,苏联汉学界开始了对孔子的学术研究。1982年莫斯科出版了由 Л. 杰柳辛(Л. П. Делюсин)主编的《儒学在中国》,这是苏联学术界研究儒学的第一次结集,涉及儒学基本范畴的本源意义、《论

---

① Алексеев В. М. Из классического конфуцианства. Его《Труды по китайской литературе》. М.: Восточная литература, 2002, с. 13.

语》语言的使命、《盐铁论》关于人的本性的儒家和法家观点、朱熹与中华帝国的官方意识形态、科举制度、五四运动中的打倒孔家店等学术问题。

1987年莫斯科大学亚非学院的 И. 谢麦年科（И. И. Семенеко）出版了学术著作《孔子的格言》，作为附录，他选译了《论语》的若干篇章。他的翻译有两点值得注意：其一，他没有采用俄国汉学家们通常采用的朱熹的《四书章句集注》本，而是用的中华书局的"诸子集成"丛书中的杨伯峻《论语》的注释和现代汉语翻译本。其二，И. 谢麦年科注意到了《论语》的韵律性，他力图以诗歌般的语言来传递之。他在翻译的附录中说："这个译本的一个重要特点是它的诗歌性。保留这种诗歌性主要是因为，要传达出贯穿于《论语》中的先知般的祭祀中的情感饱满的氛围。"①试举一二例，来看看 И. 谢麦年科诗歌体的《论语》译文：

>亡之，命也夫。
>斯人也，
>而有斯疾也。
>斯人也，
>而有斯疾也。
>Умерает он, такава судьба.
>Такие люди
>Страдают такой болезнью.
>Такие люди
>Страдают такой болезнью. ②

>众人好之，

---

① Семенеко И. И. Афоризмы Конфуция. М.: Изд. МГУ, 1987, с. 300.
② Там же, с. 271.

第三章　孔子形象在俄罗斯的流变

必察焉。

众人恶之，

必察焉。

Что ненавидят все,

То требует проверки.

Что любят все,

То требует проверки.①

前一条语录句子长短错落，韵脚采用了交叉韵。后一条，各句的音节比较整齐，韵脚还是交叉韵。这两条语录都翻译得比较有韵律感。И. 谢麦年科还有很多比较散文化的译文，但也注重内部的韵律感。

И. 谢麦年科对孔子的形象的描绘更加辩证：他从孔子的言论中拈出"恭""敬""为"三个核心词，然后分析了孔子对父辈、先王和天的祭祀仪式，转引了《诗经》中的宗庙之辞若干，借此说明：从本质上说，孔子的学说"是宗教性的。这是它的主要特点，在于将自然与超自然的因素相结合，这就赋予其学说以理性的形式，消弭了世俗与宗教之间的明显的界限"②。

这就同阿列克谢耶夫关于孔子是无神论的、理性的观点有所争鸣。同时在这里也可以看出涂尔干的宗教社会学的研究范式的影响。И. 谢麦年科还讨论了《论语》中孔子对若干弟子的评价，认为这是对"士"的要求。И. 谢麦年科从这些弟子的身上看到了具有俄罗斯式的颠僧（Юродство）精神特点。③

此后俄罗斯的孔子著作的翻译、对孔子的研究进入了比较热的阶段。从这个时候开始，在同一本书里既收录《论语》的译文，又包括"孔

---

① Семенеко И. И. Афоризмы Конфуция. М.: Изд. МГУ, 1987, с. 295.
② Там же, с. 253.
③ Там же, с. 195.

子传"或儒学思想研究,成了20世纪80—90年代俄罗斯孔子形象塑造的一种典型方式。我们可以举出若干种这方面的代表性著作:稽辽拉的《论语》、А. 卢基扬诺夫(А. Е. Лукьянов)的《老子和孔子:道的哲学》和 С. 马尔蒂诺夫(А. С. Мартынов)的《论语》。限于篇幅,这个时期俄罗斯大量的孔子传记和研究论文从略。

  在第一本书中,稽辽拉翻译的《论语》很有特色,在一些疑难的语录后面,他列举各种语种的译例进行比较。如对"民可使由之,不可使知之",他举出理雅各、韦利、刘殿爵等的英文翻译,拉尔夫·莫里兹的德文翻译,И. 谢麦年科、克利夫佐夫等的俄文翻译,韩国、日本学者的翻译,还引用从古到今的中国学者的注释翻译,如朱熹、杨伯峻、毛子水等。① 他是以这样的方式来翻译《论语》的,所以出版者称这是"第一本学术性的俄文翻译书"。本书的第一部分是"孔子",包括对孔子的生平,孔子关于人、社会、国家的学说,以及孔子学术的命运等问题。稽辽拉认为:

> 在世界文明史中,孔子的名字是与世界宗教的创始者——耶稣基督、佛陀和穆罕默德的名字并肩而立的。从形式上看儒教不是宗教,因为它没有教会的机制。但从重要性,从深入人心和对人民的意识的教育,对行为模式的塑造来看,儒学成功地完成了宗教的功能。在中国、朝鲜、日本、越南这些儒教国家,老一辈人和强大的国家机构往往要充当教士的作用。儒教与犹太教、基督教和伊斯兰教的根本区别在于,这些宗教的先知把自己的话视为神的话,神通过他们的嘴来说话。孔子自己创造了话语,这就是尘世人的话语。孔子的话语,主要记录于《论语》。②

---

① Переломов Л. С. Конфуций Лунь юй. М.: Восточная литература, 1998, с. 356 – 360.
② Там же, с. 6.

第三章　孔子形象在俄罗斯的流变

稽辽拉从影响人心、行为模式塑造的角度,塑造了孔子的亦圣亦凡但堪称伟岸的形象。

А.卢基扬诺夫的书包括了对《论语》《道德经》全文的俄文翻译实际上是关于孔子和老子的哲学之道的专著。"道"是А.卢基扬诺夫这本著作研究的核心概念,他写道:

> 从孔子自己的表述看,他并没有创造新的道和德。他只是在天朝的社会空间中复兴古代圣君之道。对孔子而言,问题不在于寻找道,道就在你身旁,而在于要以哲学的方式辅助道的复兴,或者换言之,将天道与人相结合,把道推广到人的道德完善的层面。①

通过对《淮南子》和《白虎通义》中的"五常"和"五行"的分析,А.卢基扬诺夫进一步分析了孔子和他的弟子的"道的精神原型"——德、仁、义、礼、信。② 道的复兴者,人性完善的推动者,就是А.卢基扬诺夫笔下的孔子形象。

С.马尔蒂诺夫翻译了《论语》全文。在儒学研究部分,他指出,孔子既是"仁"的倡导者,也是实践者。孔子认识到,在人的身上实现仁,具有不同的阶段性:其起点是"人的内在的改造",即"克己复礼","始于效仿邻人,终于接近尧舜这样的道德典范,这其实是同一道路的不同阶段"。③同时С.马尔蒂诺夫也认识到,孔子是具有政治抱负的哲学家,他详尽分析了他的国家、人民的观念,以及两者关系。在引用了孔子"何事于仁,必也圣乎"之语后,С.马尔蒂诺夫写道:

> 这当然是人本主义哲学家之言。但是这位哲学家是富有

---

① Лукьянов А. Е. Лао-Цзы и Конфуций: философия Дао. М.: Восточная литература, 2000, с. 244.

② Там же, с. 244 – 259.

③ [俄]С.马尔蒂诺夫:《仁的概念》,刘亚丁译,《跨文化对话》2007 年第 22 辑,第 86—92 页。

现实感的政治家,他非常清醒地认识到,无论持什么学说,无论在什么境况下,政治中主要的话语都属于人民。①

C. 马尔蒂诺夫还看到了孔子思想在当代世界的重大意义:

> 人类的命运很快会发生很大的变化,人类面临资源枯竭等一系列问题,人类不得不调整需求,在资源严格限制的条件下,只有那种严格遵守伦理准则的社会,才会有渡过危机的巨大的机会,在这种情况下儒学具有巨大的机会,有可能成为人类未来的重要意识形态之一,成为人类伦理生活的一部分。我们无法猜想它的影响程度,但这个趋势是可以看得出来的。②

以仁化人,人民为重,有益于当今人类,这就是 C. 马尔蒂诺夫所塑造的孔子形象。

四、几点小结

(一)从思想层面看,俄罗斯的孔子形象流变是与俄罗斯自身的精神建构主流相关联的。孔子的形象在俄罗斯最早出现在 18 世纪后 20 年,此时正值叶卡捷琳娜二世(Екатерина II)当政时期,整个社会思潮也开始倾向于接受外来的新事物,受到法国启蒙运动的影响,俄国的思想启蒙也略有开展。"这时由于有了增长知识的很重要的新因素而显得复杂了。在美化生活的同时还努力增长智慧。"③她既表现出对法国启蒙思想的极大的兴趣,同时她还对中

---

① Мартынов А. С. Конфуцианство. Лунь юй. СПб.: Петербургское вотокаведение, 2001, с. 85.

② [俄]亚·马尔蒂诺夫/刘亚丁:《儒学具有很大的机遇》,《跨文化对话》第 22 辑"海内外儒学专号",2007 年 9 月。参见本书附录三。

③ [俄]瓦·奥·克柳切夫斯基:《俄国史教程》第五卷,刘祖熙等译,北京:商务印书馆,2009 年,第 151 页。

第三章 孔子形象在俄罗斯的流变

国的文化具有极大的兴趣,创作了有中国文化元素的作品。① 在这样的背景下,列昂节耶夫翻译了《大学》和《中庸》,而且特意加上康熙的序言,这就适应了"增长智慧"的时代要求。

在19世纪后半叶,俄罗斯社会对中国文化产生浓厚兴趣的时期,恰逢俄罗斯民族重新确立自己民族价值的时期。在从彼得大帝开始向西方学习的进程以后,1848年的欧洲革命导致俄罗斯精英分子以怀疑的态度打量西欧,重新认识自己的民族传统和价值。② 托尔斯泰则把孔子和老子所体现的对人的精神的关注,引以为包括俄罗斯在内的东方的独特精神优势,以抵御西方物质主义的横行。其实,在这个时期俄罗斯的中国形象是分裂的,在追求事功的俄罗斯军人和知识分子看来,比如在B.奥陀耶夫斯基和冈察洛夫的眼里,中国是个衰朽帝国。③ 但在更具有胸襟的思想者那里,如托尔斯泰等,以孔子和老子的思想表征的中国以及东方是人类精神的希望之所在。

20世纪80—90年代以后,苏联/俄罗斯社会既遭逢原有的主流价值体系消弭,又面对西方的信息革命和物质主义的强大压力。俄罗斯汉学界提出了"新欧亚主义"的理论观念。所谓"新欧亚主义",其核心观念为:俄罗斯在地理上和文化上处于欧洲和亚洲两大板块,因而能够吸收欧洲文化和亚洲文化各自的优长之处,从而形成新的文化空间。"俄罗斯精神的自我反思激活并具体化了'新欧亚主义'思想。应该特地指出:当代俄罗斯的'新欧亚主义'是客观的天文事实,是地理学的、人文的、社会的现实。俄罗斯囊括了欧洲和亚洲空间的部分,并将它们结合,因而它容纳欧洲和亚洲的文化因素于自己的范围内,形成了最高级的、人本学、宇宙学意义

---

① 阎国栋:《叶卡捷琳娜二世的中国观》,《俄罗斯研究》2010年5期,第9—21页。
② 刘亚丁:《十九世纪俄国文学史纲》,成都:四川大学出版社,1989年,第10—14页。
③ 刘亚丁:《俄罗斯的中国:深层想象结构与阶段转喻》,《厦门大学学报》2006年第6期,第56页。

上的精神文化合题。"①俄罗斯汉学家们认为,在俄罗斯"新欧亚主义"是主流意识形态的重要选项,以此既可填补价值体系的虚无,又可同西方抗衡。在这样的背景下,孔子的思想得到了全面的关注,俄罗斯的孔子形象塑造进入了最佳时期。孔子的形象,在某种程度上成了是部分俄罗斯知识分子借以言说己志的载体。

（二）从知识层面看,俄罗斯的孔子翻译研究呈现逐渐拓展深化的趋势,孔子的形象由单面的、抽象的智者而发展成为多层的、立体的思想者。在18世纪末和20世纪大部分时间,俄罗斯的儒家著作的翻译研究还比较个人化,比较零散。18世纪末到19世纪前半叶,孔子的形象的塑造主要是靠翻译《大学》和《中庸》等材料来支撑的,似乎更像是作为某种思想符号而出场的。到柏百福的《论语》译本出现后,加上他借助比较丰富的资料写了《孔子》,孔子的形象就变得血肉丰满了。到了20世纪80年代以后,从事者更多,研究也更专业,更全面。到了20世纪90年代以后,孔子在俄罗斯文化语境中呈现了多侧面的形象。

（三）从中国的学术传统看,孔子的著作处于后代儒家学者持续的阐释之中。在俄罗斯的孔子著作翻译中,孔子形象的塑造会受制于汉学家所采用的版本。孔孟之书,后世儒者代有增益。在中国学界汉学、宋学之分是清楚的。西方汉学界也有这种意识,柯雄文（Antonio S. Cua）主编的《中国哲学百科全书》里,就有"汉儒学""唐儒学""宋儒学""明儒学"和"清儒学"等词条。② 俄罗斯学者基本没有受到汉儒郑玄和唐儒孔颖达的直接影响。介绍孔子著作的第一个阶段,他们采用的是朱熹的《四书章句集注》本中的《大学》和《中庸》,翻译中的注释也用朱熹的,也就是说受宋学影响较

---

① Духовная культура Китая. Энциклопедия. Философия. Редакторы М. Л. Титаренко, А. И. Кобзев, А. Е. Лукьянов, М.：Восточная литература, 2006, с. 29.

② Antonio S. Cua, *Encyclopedia of Chinese Philosophy*, New York and London：Routledge, 2002.

第三章 孔子形象在俄罗斯的流变

大。到了20世纪20年代,阿列克谢耶夫院士翻译《论语》的前三章,也用朱熹本,同时将朱熹的注释一并翻译,再加上自己的注释。20世纪50年代之前,大致可以看成是宋儒(朱熹)影响时期。到了20世纪50年代以后,苏联研究孔子的学者,逐渐采用中华书局杨伯峻的《论语》,如杨兴顺等。到了20世纪80代则所用《论语》《大学》《中庸》等的版本甚多,难以确定出自哪种版本。

最后,引入李幼蒸先生的历史符号学观念来理解俄罗斯文化中的孔子的形象,是会有新的收获的。李幼蒸先生写到,历史符号学认为,一个文本虽有一个本身的文本系统,在历史的环境中,它同时另有一个语用学(pragmatic)的意义系统。孔孟文本的直接意思"D"(denotation)和在其社会语境中引申意思的意义"C"(connotation)是可以区分的。① 借此,我们可以假设,汉儒的孔子是C1,唐儒的孔子是C2,宋儒的孔子是C3,这是孔子在中国的衍生。再进一步,将这种历史符号学的原理用于理解海外的儒学传播,那么俄罗斯汉学家则在自己的社会语境中塑造出了新的孔子形象,不妨假设孔子为CR,18世纪末孔子是CR1,19世纪以后则是CR2,20世纪80年代以后是CR3。这样我们就会看到一幅宏伟的图景:先秦的孔子,在中国的历史长河中,在世界的文明史中,不断生发出新的意义,不断泽惠中国人和外国人,可谓善莫大焉。

---

① 李幼蒸:《历史符号学》,桂林:广西师范大学出版社,2003年,第207—209页。

第四章 中国智者与俄罗斯文学

俄罗斯汉学家的"老子—智者"套话是在文化误读的基础上产生的;他们塑造的中国君王—智者形象中隐含着俄罗斯人的哲学家—国王理想;他们赞扬孔子的为政方略时隐含着影射当下政治文本的"春秋笔法";俄罗斯作家们塑造了具有向慕或超越中国传统文化的意向的中国智者形象。本章借鉴法国形象学的研究方法,认为20世纪90年代的俄罗斯的中国智者形象是他者形象,是一种"社会总体想象物"①,它的建构与当时俄罗斯的价值重建、"新欧亚主义"被激活和俄罗斯缺乏远古精神文化资源有关。在比较文学意义上的形象学是一种新的观念和方法,它的研究思路和方法还在探索和扩展中。所以我们对法国学者的方法有所借鉴,又有所扬弃。达利埃尔-亨利·巴柔认为:"形象学研究的绝不是形象的真伪程度……形象学也绝不仅限于研究对简称为'现实'的东西所做的文学置换。"假如一个法国学者去研究法国文学中的他国形象,这样做是完全合理的。但是一个中国学者,去研究俄国文学和学术著作中的中国形象,却应该也可以采取另外的方法,即寻找俄罗斯人所想象或建构的中国形象与"现实"的差异,就是在俄罗斯人对中国的文化误读与"原文本"的张力中去中寻找价值生成

---

① 参见[法]莫哈:《试论文学形象学的研究史及方法论》,《中国比较文学》1995年1期、2期;[法]达利埃尔-亨利·巴柔:《比较文学意义是的形象学》,《中国比较文学》1997年1期。

第四章　中国智者与俄罗斯文学

的过程和结果：即中国文化中的哪些因素被俄罗斯人关注，并被俄罗斯人改造成"中国形象"，而哪些在我们看来同样重要的因素被俄罗斯人忽略掉了。进行这样的研究或许可以发现中国文化中哪些因素更具有普适性价值，哪些更具有民族性价值。这在中国这样一个学术研究人力资源还不够丰厚的国度中是比较经济的方法。

一、一个"中国智者"套话的来历

老子是"智者"，这是俄罗斯人的一个套话。所谓套话，达利埃尔-亨利·巴柔的定义是："作为他者定义的载体，套话是陈述集体知识的一个最小单位，它希望在任何历史时刻都有效。"① 俄罗斯的中国"智者"来源于对老子的"子"的解释。在由季塔连科主编的《中国哲学百科辞典》中，在"老子"的词条后，解释的第一句话就是"Престарелый мудрец"②。"Престарелый"意为"很老的、暮年的"，С. 奥热格夫《俄语词典》对"мудрец"的解释是"富有高度智慧、掌握了大量知识和经验的人"③，С. 库兹涅佐夫的《俄语大词典》则将其解释为"具有丰富知识的人，思想家、哲学家"④。因此"子"就是"具有高度智慧、丰富知识的人"，当然也就是智者。以诗歌来翻译《道德经》的 В. 佩列列申（В. Перешин）在老子的名字

---

① 转引自孟华：《试论他者"套话"的时间性》，乐黛云、张辉主编：《文化传递与文学形象》，北京：北京大学出版社，1999 年，第 198 页。
② Китайская философия. Энциклопедический словарь, Главный редактор М. Титаренко, М.: 1994, с. 159.
③ Ожеков С. И. Словарь русского языка. М.: 1963, с. 355.
④ Большой толковый словарь русского языка, Главный редактор С. Кузнецов, СПб., 2001, с. 561.

后面也附上了"Старый Мудрец"的解释①,区别仅仅在于他将"Мудрец"(智者)大写,前面的形容词略有不同。因此在俄罗斯的汉学家看来,"老子"具有"年迈的智者"的意思。将老子的"子"解释为"智者"并不是当今俄罗斯汉学家的发明,其实他们是有所承袭的。1910 年列夫·托尔斯泰选编了老子语录(即《道德经》中的有关内容),将它编辑出版,其封面印着几行字:"Изречения Китайского мудреца Лао – Тзе"(中国智者老子语录),还印有老子骑青牛图。② 可见在托尔斯泰时代,就有了将老子视为中国智者的说法。这里有个有趣的对比。在西方汉学界,有学者对"老子"的解释与俄罗斯汉学家正好相反。唯慈(Holmes Welch)的《道的分歧》(Taoism: The Parting of The Way)前面有老子小传,唯慈称:

> 他母亲在吞了一颗星星之后,怀孕长达 62 年(原文有误——引者注)之久,他出生时就会说话,他指着李树说:"就以此树为我的姓。"他就姓李树的李——因为他的耳垂很大,就叫"耳"——就这样成了李耳。同时他的头发确实雪白,很多人就称他为"老子",那意思是"老孩儿"。③

其实在俄罗斯也有类似的说法,《中国宗教文选》的作者在介绍道教的时候说:

> 在古代老子就成了半神话式的人物,(他的号"老子"的意思是年迈的智者,甚至是年迈的婴儿)他的形象的出现开启了神话创作的广阔的可能性。④

"年迈的智者"与"年迈的婴儿"的说法是截然对立的,哪一种

---

① Перешин В. Дао Дэ Цзин. Опыт стихотворного перевода//Проблемы Дальнего Востока, 1990, №3.
② Шифман А. Л. Толстой и Восток, М.: Восточная литература, 1960.
③ Holmes Welch, Taoism: The Parting of The Way, Boston, 1966, p. 1.
④ Религия Китая. Хрестоматия. СПб., 2001, с. 12.

第四章　中国智者与俄罗斯文学

更接近中国古代文献中的老子呢？

我们可以看看，中国古代典籍对老子的姓名有什么说法。《太平广记》卷一神仙传第一位立传的"神仙"就是老子，其中说到老子名字的来历时采取了若干种说法："或云：母怀之七十二年乃生，生时，剖母左腋而出，生而白首，故谓之老子。或云：其母无夫，老子是母家之姓。或云：老子之母适至李树下而生老子，生而能言，指李树曰：'以此为我姓。'"①看来唯慈的说法与此接近。"生而白首"与俄罗斯汉学家用"Престарелый"或"Старый"有点干系。那么"年迈的智者"的说法是否还可以从别的中国古代文献中找到依据呢？《初学记》卷二十三收录唐徐坚撰《道德经序诀》曰：老子"周时复托神李母，剖左腋而生，生即皓然，号曰老子"②。宋张君房《云笈七签》卷一与此相近似，然而加入了新内容："惟老氏乎，周时复托神李母，剖左腋而生，生即皓然，号曰老子。老子之号，因玄而出在天地之先，无衰老之期，故曰老子。"③看来，在中国的语境中老子的"老"确实是从"生即皓然"或"生而白首"而来的，但"子"却是儿子的意思，暗含年轻之意。《广韵·止韵》："子，子息。《环济要略》曰：'子扰孳也。'"④因此"老子"在古代中国文化的语境中是指他是个头发雪白、面容像婴儿的人。同时我在我国古人关于老子的文献或传说中没有发现直接将"子"解释为尊者或智者的例子。俄罗斯汉学家对"老子"的"子"的解释，可能源于我国其他文献中对"子"的解释。如《康熙字典》："男子之通称，颜师古曰：'子者，人之嘉称，故凡成德谓之君子。'王肃曰：'子者，有德有爵之通称。'"⑤其实看看《论语》及其注疏，这个问题就比较清楚了。《论

---

① 李昉等编：《太平广记》第一册，北京：中华书局，1961年，第1页。
② 徐坚：《初学记》下册，北京：中华书局，2004年，第548页。
③ 张君房编，李永晟点校：《云笈七签》第一册，北京：中华书局，第9页。
④ 周祖谟：《广韵校本》，北京：中华书局，1980年，第255页。
⑤ 《康熙字典》，北京：中华书局，1958年，第277页。

语·学而》:"子曰:学而时习之",刑昺疏:"子者,古人称师曰子……后人称其先师之言,以子冠氏上,所以明其为师也,'子公羊子'、'子沈子'之类是也。若非己师,而称他有德者,则不以子冠氏上,直言某子,若'高子'、'孟子'之类是也。"①可见在这个意义上"子"恰好对应于俄罗斯的"Мудрец"。以此观之,俄罗斯汉学家将老子的"子"称为"智者",是从我国古人以"子"尊称"有德者"的习俗嫁接过去的。老子是"年迈的智者"的表述不是直接翻译来的,而是俄罗斯汉学家"嫁接"中国文化知识的结果,是俄罗斯式的一个套话。这个套话被俄罗斯汉学家推广到一系列中国历史人物身上,由此他们建构了"中国智者"乌托邦。20世纪90年代甚至在俄罗斯的民间、俄罗斯作家群中也形成了阅读崇拜"中国智者"的"情结"。

俄罗斯人对老子的兴趣是比较浓厚的。以《道德经》为例,1892年日本学者小西(Кониси)教授成了《道德经》的第一位俄译者,其后就是1910年托尔斯泰选编的《中国智者老子语录》。1912年出版了象征派诗人К.巴尔蒙特以诗歌形式翻译的《道德经》。1950年苏联科学院出版了一个译得很准确的本子,译者是在莫斯科的俄裔汉学家杨兴顺(Ян Хиншун)。20世纪90年代以后,老子似乎更受关注。《远东问题》1990年第3期重新发表了佩列列申发表的《道德经》,这是以诗歌的形式译的。Г.麦里霍夫为此译文写了一篇情感激荡的序言:

> 《道德经》是诞生于公元前4—前3世纪的伟大中国文化的富有诗意的哲学经典。它厕身于为数不多的具有全世界、全人类意义的文学艺术、哲学诗学作品之列,与《伊利昂纪》《奥德修纪》《诗经》和《伊戈尔远征记》等比肩而立。②

---

① 《论语注疏》,北京:北京大学出版社,1999年,第2页。
② Мелихов Г. Лао-Цзы//Проблемы Дальнего Востока, 1990, №3.

2001年圣彼得堡出版的《宗教文选》也收录了以诗歌的方式译的《道德经》的前二十八章。

二、君王—智者形象

苏联《远东问题》杂志有一个栏目叫"传统、风俗博物馆",这个栏目从1991年第3期起连载苏联科学院东方学所理论问题研究部主任Л. С. 瓦西里耶夫(Леонид Сергеевич Васильев)教授的系列文章《中国古代的英雄和智者》(Герои и мудрецы Древнего Китая)。Л. С. 瓦西里耶夫提出了一个特殊的概念:君王—智者(правители-мудрецы),这个概念以及它所涵盖的人物,是不同寻常的,值得我们认真分析。

Л. С. 瓦西里耶夫不是半瓶子式的写作者,他在第一篇文章中描绘了中国远古尧、舜、禹三皇,他依据的是《尚书》中的《尧典》《舜典》《大禹谟》和《皋陶谟》,还参照了《史记》和袁珂的《中国神话》。他认为在中国的典籍中形成了中国古代的典范的行政结构。他分别论述了尧舜禹的政绩和对这个行政结构的贡献。文章对尧的功德,赞美之情溢于言表:

> 尧备受崇敬,光被四表,胸怀儒雅,心襟坦荡,致力和平,以至称颂其德之声遍于四方。他克明俊德,以亲九族,昭明百姓,协和万邦,由此达至繁荣和谐之盛世。当此之际,尧授命臣下仰观天、日、星,制定历法(核定日、月、年)。王天下七十年后,尧方思谋继嗣。①

接着Л. С. 瓦西里耶夫描述了尧废不肖子,以二女下嫁舜,考

---

① Васильев Л. Герои и мудрецы Древнего Китая//Проблемы Дальнего Востока, 1991, No3.

验舜,传位舜的行为。其后又叙述舜的德行:他顺利摄政,继续关注天象历法,"献祭品于'上'(已故者,умершие)、'先祖'(上帝,шан-ди)及其他诸神,他定期巡行和视察四方,五年里他视察完整个疆域一遍,各地君主四度去朝贡他。臣属向他报告治理的结果,并因政绩得到他的赏赐。舜确立了十二州,制定了刑法"。

在叙述完三皇的功绩和对行政结构的贡献后,Л. С. 瓦西里耶夫提出了他对这段历史的解读:

> 我们注意到《尚书》和司马迁的文本中所叙述的事件的实质。在我们面前,全是刚毅而辛勤的治理人民的伟大而睿智的君王的丰功伟绩。……在这个时期中国的政治制度中除此而外别无其他。在这个框架中一切都是推测出来的——统治天下,安抚四邻,大规模的中央集权机构,精心筹划的十二个州的外省结构,众多助手分掌行政官僚机构,君王为奖掖忠良惩罚顽劣而定期巡狩四方。假如这一切都曾有过,或者大致有过这样的情形,那么它不是在尧舜禹的时代,而是在周朝的初期,即周朝的统治者还有足够权威的时候。正是在这一点上这种行政结构的人为性十分明显:奠定了明智地统治天下的基础的古代睿智君王的全部历史被创造出来,恰恰是一方面要巩固周天子的权威,另一方面要在教训的意义上支持关于天命的宗族决定论的观点。①

Л. С. 瓦西里耶夫还指出:

> 创造了这样的根本的,同时在某种程度上说是天才的结构的周朝的史家不仅是孔子的先辈,而且是作为系统观点的儒

---

① Васильев Л. Герои и мудрецы Древнего Китая//Проблемы Дальнего Востока, 1991, No3. Л. С. 瓦西里耶夫这种观点姑枉听之,仅仅是他的猜测而已。王记录在《〈尚书〉史学价值再认识》(《四川师范学院学报》1995 年 4 期)中指出:"《尚书》对历史盛衰的考察已达到相当高的程度,反映出三代以至春秋时期人们历史总结意识的发展。《尚书》记言、记事的体裁形式引起后世史家的注意,被后世史家改造发展。"

第四章 中国智者与俄罗斯文学

家学说的前驱。孔子本人由衷地赞美绝非偶然:"大哉! 尧之为君也。巍巍乎! 唯天为大,唯尧则之……舜禹之有天下也,而不与焉。"孔子对尧舜禹的赞美不是礼节性的夸张。绝不是! 孔子这几句话在中国开启了对这三位伟大睿智的君王的崇拜。同孔子接踵而至的是中国古代第二位伟大哲学家孟子对三位先贤的赞叹。这是后来的古代中国的政治活动家、改革家和智者的著作的共同点。更进一步说,尧舜禹成了君王睿智、仁慈、道德、统治天下和人民的典范,进而是伟大睿智、贤德和完美的典范。①

A. 戈布泽夫在他的《儒家学说》中也指出,通过《尚书》《诗经》等历史著述和艺术作品,孔子将具有圣人睿智的半神话时代的古代君王们特意加以美化。②

对尧舜禹作为智者的强调,对他们的睿智的肯定,是 Л. С. 瓦西里耶夫这篇文章的一大特点。我统计的结果是:在这篇文章中用"睿智的"(мудрый)5 次;"智者"(мудрец)3 次(其中一次是上述引文中的"后来古代中国的智者",即称呼尧舜禹为"智者"2 次);"睿智"(мудрость)3 次(在上面的引文中就出现了 2 次)。考量俄罗斯文本,以智者来称呼俄罗斯古代君王是比较罕见的现象。斯茨列茨基绘制的《13 世纪初期以前的俄罗斯诸侯世袭表》中 79 位诸侯,只有雅罗斯拉夫被称为"智者"(Мудрец)。③ 智者雅罗斯拉夫(978—1045)是基辅罗斯的基辅大公,在他统治期间开始草拟《俄罗斯法典》,法典的第一部就命名为《雅罗斯拉夫法典》。

---

① Васильев Л. Герои и мудрецы Древнего Китая//Проблемы Дальнего Востока,1991, №3.

② Китайская философия. Энциклопедический словарь, Главный редактор М. Титаренко, М.: 1994, с. 149.

③ 参见李锡胤注译:《伊戈尔出征记》所附《罗斯诸侯世袭表》,上海:商务印书馆,2003 年。

俄罗斯对中国的君王—智者形象的建构可能与从古希腊以来的欧洲人对哲学家国王的向往有关系。柏拉图在《理想国》中描绘了可能出现的太平盛世的前提：

> 只有……某种必然性碰巧迫使当前被称为无用的那些极少数的未腐败的哲学家，出来主管城邦，并使得公民服从他们管理时，或者只有在正当权的那些人的儿子、国王的儿子或当权者本人、国王本人，受到神的感化，真正爱上哲学时——只有这时，无论城市、国家还是个人才能到达完善。①

克里斯蒂安·沃尔夫1728年在德国马尔堡大学发表了一次题为"哲人王与哲人政治"的演说，这篇演说以中国的三皇——伏羲、神农、黄帝为例，证明哲学对完善已建立的社会政体是必要的：

> 中国最初的三个帝王，伏羲、神农、黄帝，创建了中国的哲人政府模式。当时它远比世界上其他统治模式先进，它的繁荣昌盛持续了数千年，甚至延续至今，而其他的君主制国家则早已寿终正寝。②

我甚至怀疑，Л. С. 瓦西里耶夫是有意与200多年前的克里斯蒂安·沃尔夫对话，理由如次：首先，中国古代的三皇五帝往往会被同时提及，在Л. С. 瓦西里耶夫的文章中仅仅将伏羲、神农、黄帝作为文章的引子，集中分析尧舜禹，恐怕是有因为"眼前有景道不得，崔颢题诗在上头"——因为关于三皇的文章已经被克里斯蒂安·沃尔夫做了，故另辟蹊径。其次，克里斯蒂安·沃尔夫的讨论重点是中国远古的政治体制，Л. С. 瓦西里耶夫研究的也是尧、舜、

---

① ［古希腊］柏拉图：《理想国》，郭斌和、张竹明译，上海：商务印书馆，1986年，第251页。
② ［德］克里斯蒂安·沃尔夫：《哲人王统治下人民的真正幸福》，转引自周宁：《孔教乌托邦》，北京：学苑出版社，2004年，第357—358页。

第四章　中国智者与俄罗斯文学

禹对行政机构的贡献,当然他认为这种机构是周初的史家的想象。为什么 Л. С. 瓦西里耶夫恰恰对先王的此类贡献予以特别关注,原因下文将会涉及。

三、汉学家的春秋笔法

20 世纪 90 年代在俄罗斯形成的中国智者孔子的形象是值得研究的问题。20 世纪 90 年代俄罗斯人有对孔子的大规模的接受,而且是包含着热度来接受的,这其中也许存在着有意识的文化误读。

"孔子是中国古代最著名的智者,'儒家'哲学学派的奠基人。"①俄罗斯学者对孔子、对《论语》的翻译研究代有其人。В. П. 瓦西里耶夫(Василий Павлович Васильев)院士在 1868 年翻译了《论语》并收录于他自己的《中国读本》集子中。柏百福(1886 年任驻北京总领事,1890 年当选为科学院通讯院士)1910 在圣彼得堡出版《孔子》,1923 年阿列克谢耶夫院士在俄罗斯的《东方》辑刊发表《孔子学说在中国的综合研究》(Учение Конфуция в китайском синтезе)。1982 年莫斯科出版多人集《儒家学说在中国》。А. 戈布泽夫 1986 年在莫斯科出版《伟大的学说——孔子教义问答》,1987 年 И. 谢麦年科在莫斯科出版《孔子格言》。20 世纪 90 年代以来俄罗斯翻译出版有关孔子的著作数量剧增,印数也相当可观。1991 年嵇辽拉(Л. С. Переломов)在《远东问题》连载长篇文章《孔子传记》。В. 马良文有专著《孔子》,研究孔子生平和思想,1992 年莫斯科青年近卫军出版社出版,印数 15 万。嵇辽拉 1992 年在莫斯科出版《孔子言论》;次年他在莫斯科还出版了《孔子生平、学说和

---

① Клепиков В. Конфуций-выдающийся педагог Древнего Китая. http://www.itop.ru/publ/Klepikov.html

命运》。B. 尤尔丘克1998年在莫斯科出版《孔子:生平、学说、思想、语录、格言》。2000年作为"世界遗产",莫斯科一家出版社出版了《儒家学说》两卷,第一卷是《论语》,第二卷是《孟子·荀子》。2001年重印柏百福译的《论语》。2002年 И. 谢麦年科和 А. 什图金在莫斯科出版《孔子:睿智的教益》。В. 克里夫佐夫在网上发表《论语》译文。①

  学者的翻译、研究是被读者市场拉动的。儒释道构成的中国传统文化,并没有同比例地被俄罗斯接受。老子在20世纪90年代被俄罗斯接受的情况上面做了介绍,完全不敌孔子,道家的东西有一点,也不温不火。佛教的东西有从中国传过去的,也有从日本传过去的,也远不及孔子那么受青睐。关注孔子,也不是对他的《诗》《书》《礼》《乐》《易》《春秋》等普遍关心,而更注重《论语》。在20世纪90年代之前,俄罗斯人关注孔子,可能对文化性的问题更留意。阿列克谢耶夫院士在1807年中国旅行日记中说:

> 儒家学说给了中国历史、文化意识……每一民族的文化都是独特的……对中国文化而言,对书面语言的崇拜是颇具特色的。中国的文——是整个中国精神文化的基础。在孔子看来,文是高度智慧(мудрость)的最高表现,是最完善的语言,它把最古老的绝对真理的思想传达给了现代人。②

---

  ① 刘亚丁在《风雨俄罗斯》(四川人民出版社,2002年)第294—295页提到的两件事也可以旁证孔子近年在俄罗斯所受到特殊关注:"2001年秋天大汉学家李福清对我说:彼得堡的'水晶'出版社出版了一本特殊的《论语》译本,每一句话都有5位译者的5种译法,译者中有阿列克谢耶夫院士这样的大汉学家。第一次印了一万本,他以为卖不完,可是很快就卖完了。第二年又印了一万。2002年春天我自己去参观离莫斯科100多公里远的谢尔基圣三一教堂,教堂前的广场上有很多摆地摊卖纪念品的小贩。一个卖俄罗斯漆器工艺品的男子问我:'是中国人吧?'得到我的肯定回答后,他对我说:'我非常崇拜孔夫子,他是最聪明的人。'然后给我说起了大致相当于'学而时习之,不亦说乎'之类的话。"

  ② Алексеев В. М. В старом Китае: Дневники путешествия 1907г., М.: 1958, с. 301-302.

第四章　中国智者与俄罗斯文学

阿列克谢耶夫院士从孔子学说的众多关键词中拈出了两个字，一曰"文"，二曰"智"，这与他当时作为法国汉学家沙畹中国考察队的成员，热衷于搜集研究中国的钱币和拓片的纯学者身份大有关系。

20世纪90年代以来，俄罗斯的一些学者在研究介绍孔子学说的各个领域的同时，似乎都对他的治理国家的学说表现出了特殊的兴趣。恰好20世纪90年代初嵇辽拉发表了《孔子传记》，在总结孔子人生的成就的时候，他写下了一大段文字：

> 在（与齐景公的）谈话中涉及"政"的概念——照字面讲就是"治国艺术""治理的要害""政治的本质"。当今的研究者不禁要将"政"称之为最佳的"政治艺术"，因为他们的兴趣首先要归结为理解和掌握有效治理的机制。
>
> 孔子的第一次回答，广大读者都知道，因为它必定出现在中国和外国的有关孔子的文章中，但是第二次谈话不知道为什么予以的关注就少得多。大概因为回答过于简略，但是在这里孔子恰恰以简约的形式表达了他治国御民的洞见。
>
> 我们征引司马迁叙述的两次谈话的文本：
>
> 1. 景公问政孔子，孔子曰："君君，臣臣，父父，子子。"景公曰："善哉！信如君不君，臣不臣，父不父，子不子，虽有粟，吾岂得而食诸！"
>
> 2. 他日又复问政于孔子，孔子曰："政在节财。"
>
> 司马迁在叙述第二次回答的时候用了"节财"，望文生义就是"节约财富"。但是"财"或"财富"绝不是指金银财宝。孔子用这个概念来指称国家的全部财富——首先是物质的和人力的资源。握有支配这一财富的最高权力的政治家（Политик）应该专心致

志、精打细算,他无论如何也不应该耗尽国家的财富。①

读这样的文字,不应该不联想作者写作的环境,包括物质的和精神的环境。当他写下大写的政治家的时候,能指和所指的分离,时间和空间的跳跃都是巨大的。齐景公就身份和时代来说,都与政治家(Политик)毫无干系。只可惜政治家没有时间和心思来解读汉学家的春秋笔法。这位汉学家毕竟借孔夫子的酒浇了郁结于自己心中的块垒。A. 戈布泽夫在20世纪90年代末撰写了《儒家学说》(Конфуцианство),他同样花了很多笔墨来介绍孔子关于天子、国家和人民及其关系的言论。②

四、作家笔下的中国智者

1998年定居莫斯科的阿布哈兹族作家法·伊斯坎德尔出版了三卷本的长篇小说《契革木的桑德罗》,1990年他凭借此书获得了苏联国家文学奖。该小说第一卷有一章为《哈布加老爹骡子的故事》,这里骡子转述了他听到科尔切卢茨基对哈布加老爹讲的一个关于一个中国皇帝特使的离奇故事,其略云:

> 中国皇帝得知我们的布尔舍乌瑟(Большеусый)杀了沙皇尼古拉和他的妻小,声称要停止向我们供应茶叶。布尔舍乌瑟慌称,沙皇同家人一起住在克里姆林宫。于是中国皇帝派心腹特使到克里姆林宫。布尔舍乌瑟给特使看了一个无论从哪面看都像沙皇尼古拉的人,还有皇后和几位王子。中国特使打量了他们半晌,又特别仔细打量着几个孩子。问像沙皇

---

① Переломов Л. С. Жизнеописание Конфуция (II) //Проблемы Дальнего Востока, 1991, №4.

② Китайская философия. Энциклопедический словарь, Главный редактор М. Титаренко, М.: 1994, с. 149 – 150.

第四章 中国智者与俄罗斯文学

的人:"你真有把握,这些是你的孩子?"像沙皇的人好像受了冤屈。此时中国特使对布尔舍乌瑟的下属言道:"沙皇在15年中不变老,你们可以说斯大林为他安排了养尊处优的生活,可是你们怎么解释15年间几个王子丝毫不见长大呢?"就这样中国特使看出了破绽:他们都是契卡装扮的。布尔舍乌瑟的下属们想贿赂特使,但被他严词拒绝。他们又说:"我们就杀了你,然后派一个在苏联的中国人去,他会对皇帝说我们想让他说的话。中国皇帝会相信他,因为所有的中国人都长一个模样。"中国特使含笑答道:"我睿智的中国皇上(мудрый китайский царь)早预见到你们会杀我,他派我来时曾口授暗语,我回宫朝见时要对答的。"①

《契革木的桑德罗》满纸荒唐言,故事也不乏滑稽突梯,它是阿布哈兹族作家法·伊斯坎德尔为20世纪苏联/俄罗斯历史树立的一面哈哈镜。② 法·伊斯坎德尔将中国皇帝的特使塑造成了中国智者,他的机智果敢与布尔舍乌瑟及其下属们的愚钝颟顸形成了鲜明的对比。与此同时,中国皇帝也是睿智的(мудрый),这似乎与上文的君王—智者尧舜禹形成了呼应。小说的深层结构似乎不难窥见:中国的睿智的皇帝与聪明的智者—使者是一极,另一极则是愚不可及的布尔舍乌瑟及其下属。居于他们之间的则是第一叙述者,阿布哈兹农夫科尔切卢茨基。他的讲述方式——动词都用的是未完成体现在时(这是及时性的、现场感很强的用法),似乎使他成了这场交锋的旁观者,他冷眼旁观,洞穿一切,超越两极,成了更高的智者。第二叙述者则是哈布加老爷的骡子——毕竟不失滑稽风格。可是骡子在转述那故事前发了句酷似格言的牢骚:"世界生成如此,叫你无可奈何——睿智总毁于邻人的不知感恩"(Ho

---

① ИскандерФ. Сандроиз Чегема, М., 1989, т. 1, с. 292 – 297.
② 参见刘亚丁:《苏联文学沉思录》,成都:四川大学出版社,1996年,第209—226页。

ничего не поделаешь, так устроен этот мир—мудрость всегда обречена на неблагодарность окружающих），真让笔者失去了赞颂中国智者的勇气，区区含灵，一只骡子居然把十方神圣、天下智者都给盖了，教你只能佩服阿布哈兹人伊斯坎德尔的聪明。

法·伊斯坎德尔只是写出了寓言主人公式的"中国智者"，他对中国的了解毕竟皮相。在世纪交替的时候，一些俄罗斯作家对中国的认识已然深入实质。俄罗斯当红作家 B. 佩列文的《苏联太守传》就是明证。小说写得煞是怪诞，中国农民张七梦见自己到苏联首都莫斯科做了高官，娶妻生子，好不风光，梦中醒来看到了自家仓库里的一个蚂蚁穴。① 迷者自迷，悟者自悟。作品的主人公张七，迷恋于尘世间的种种荣华富贵，到头来只是竹篮打水。中国智者的形象出现在小说煞尾："华州党委季昭同志有云：'可以倾国的功名、财富、高位、权势，在智者看来，不过是蚁群而已。'"

读此奇文，我们似乎又被抛进了博尔赫斯那小径分岔的花园。B. 佩列文的灵感大概来自唐代李公佐的《南柯记》（一作《南柯太守传》）。此传奇小说略云：

> 淳于棼宦途失意，醉后入梦，到了大槐安国，国王以女妻之，并封其为南柯太守。棼廉能称职，显赫一时。后檀萝国来伐，王命棼征之，交战即败，单身只骑逃回，公主亦谢世。于是宠衰谗起，被国王遣送出郭。淳于棼醒后惊异，寻踪发掘，始知槐安国是槐树下之蚁穴，南柯郡则是槐树南枝下的小蚁穴，从此深叹人生虚幻，乃遁心道门。②

古老的中国故事在 20 世纪末在俄罗斯被激活，B. 佩列文并非

---

① Пелевин В. СССР Тайшоу Чжуань, В книге 《Встроенный напоминатель》, M. Вагриус, 2002, с. 21–38.《俄罗斯文艺》2003 年第 2 期发表译文题名为《一个中国人的俄国南柯梦》。

② 李公佐:《南柯记》,《旧小说》，乙集二册，第 45—50 页。

为发思古之幽情。"华州党委季昭同志有云"其实就是《南柯记》末尾"前华州参军李肇赞曰"的俄罗斯翻版,李肇赞曰:"贵极禄位,权倾国都。达人视此,蚁聚何殊。"华州(Хуачжоу)的地名也许不是信手拈来的,当有其寓意。道教名籍《云笈七签》卷二十七云:"西岳华山洞,周回三百里,名曰'惣仙洞天',在华州华阴县,真人惠车子主之。"原来华山洞乃道教名山三十六小洞天之一。涵养神仙洞天的华州与汲汲于功名利禄的长安和莫斯科何啻霄壤,因此李肇、季昭们才能说这般出大彻大悟的话来。与前面儒家所赞美的叱咤风云吞吐宇宙的君王—智者相对比,В. 佩列文首肯的是道家的潇洒出尘。В. 佩列文还声称其《夏伯阳与普斯塔托》(Чапаеви Пустота)①很有佛教色彩。在这里所用虚无(пустота)一词恰恰就是主人公的姓氏普斯塔托(Пустота)。佩氏何其饕餮,道家的出世和释子的虚无尽皆揽作殼核。

这两篇作品中的中国智者,或智胜苏联同行,或嘲笑尘世荣华,从中可以体会到俄苏作家对中国传统文化的向往或超越的意向。

五、余　论

从老子—智者套话的产生,先秦三皇的智者形象、孔子—智者形象和虚构作品中的中国智者形象等方面着眼,可以看到从20世纪90年代以来俄罗斯人在集体建构着中国智者的形象,这是一种被美化的乌托邦。这种社会总体想象背后具有复杂的社会的和心理的原因。

首先,20世纪90年代俄罗斯出现了原有的主流意识形态退席

---

① Пелевин В. Чапаев и Пустота, М.:2001.[俄]维克多·佩列文:《夏伯阳与虚空》,郑体武译,上海:上海译文出版社,2004年。

的现实,社会价值观念失范导致严峻社会、心理危机。当整个社会的主体信仰缺位的时候,知识分子必然会产生重建价值观念的社会使命意识。价值观念重建的时候要调动激活各种精神资源。在此过程中激活了俄罗斯传统文化的资源,东正教的复兴就是一个明显的例证。同时各种社会思潮也纷纷涌现,如自由主义思想、西方化的思潮、"新欧亚主义"的思潮等,在这种背景下,中国的传统文化,尤其是儒家学说在部分俄罗斯人中,比如汉学家(但远远不只是汉学家,还有大量的普通读者)那里产生了亲近感(孔子在礼崩乐坏的春秋时代那种重建价值以及知不可为而为的悲壮举动,大概也给了他们理论资源而外的精神动力)。在20世纪90年代前期,亚洲金融危机爆发之前,俄罗斯的学术界曾探讨东亚地区若干国家经济腾飞的原因,他们认为儒家文化与西方文化的融合,是东亚若干国家经济高速发展的基本动力。Б. 波斯佩洛夫在《作为经济发展事实的儒家文化与西方文化的综合》中全面研究了这个问题,他首先指出日本和"新工业化国家"(应包括地区——引者注)——韩国、新加坡、中国台湾和中国香港取得了非常可观的经济成就,预计到2000年这些地区将达到两亿人口,生产的产品占世界工业产品的20%。他介绍了儒家文化在处理人际关系和人与国家关系的基本原则:仁、义、孝、忠、礼,认为它们具有现代价值;他分别分析了在这些国家和地区儒家文化与西方文化相互影响的状况,指出"在西方意识形态和道德规范的影响下儒家观点的体系发生了变革。在日本、韩国、中国这种变革的形态不同,但是应该指出,恰恰是在东亚大多数国家中儒家文化与西方文化互相影响的结果形成了现代工业文明的最重要的因素,这种工业文明被称为'人性化的事实',保障这些国家步入了经济发达的前列"[1]。这

---

[1] Поспелов Б. Ситез конфуцианской и западной культур как фактор экономического роста//Проблемы Дальнего Востока, 1991, №5.

第四章 中国智者与俄罗斯文学

就为俄罗斯关注中国传统文化,建构中国智者形象提供了现实的动力。

其次,19世纪20年代作为调解西方派和斯拉夫派的尖锐矛盾出现在俄罗斯侨民的"新欧亚主义",在20世纪90年代被重新激活。欧亚主义的倡导者关注地缘政治,在经济上对环太平洋诸国联合开发东亚寄托希望,借此振兴俄罗斯西伯利亚、远东地区经济,在文化上采取多元并存的策略。[①] 这也为20世纪90年代以来俄罗斯建构中国形象提供了精神空间。

最后,文化传播中的互补原则也起着潜在的作用。做国际双边贸易的人讲究"互通有无",出口对方缺乏的本国的特产,购进本国缺乏的对方的特产,这样就能签其大单,畅其物流。其实在文化交流中这个原理在自发地调节着"国际智力贸易"。中国智者,中国传统文化对一些俄罗斯人有些诱惑力,其原因大概正出于文化上的"互通有无":俄国有文字的历史过于短暂,只能追溯到公元10世纪(公元10世纪后期,西里尔和美多迪乌斯这两位希腊传教士创造了斯拉夫字母,古露西始有文字)。因此俄罗斯未见9世纪前的古圣先贤给子嗣留下睿智明训,而这恰恰就是中国文化之所长。[②] 20世纪90年代以来俄罗斯对中国智者形象的建构也是一种"取长补短"的策略在起作用。

---

① Мурадян А. Евразийская концепция-модель общественного развития России? // Проблемы Дальнего Востока, 1992, №1, 2, 3.
② 参见刘亚丁:《"中国好奇"与"拾遗补阙"》,《俄罗斯文艺》2004年2期。

第五章　俄罗斯的中国哲学研究

自新世纪以来，域外出版了若干种中国哲学方面的百科全书，其中俄罗斯科学院版《中国精神文化大典》中的《哲学卷》是非常有特色的。该书突破了原来苏联哲学研究模式，在内容丰富等方面引人注目，其对中国精神文化的逻辑性归纳，某些词条考镜源流式的学术探究，可为国内学人提供参照。《哲学卷》注重儒家而疏略道佛的偏向也毋须讳言。从《大典》的《哲学卷》可以略窥俄罗斯中国哲学研究之一斑。

新世纪以降，西方学界中国哲学的研究依然有不少新著述问世。若以工具书来看，则有安东尼奥·S.考（Antonio S. Cua）主编的《中国哲学百科全书》。该书一千页有余，由77名世界各国术业有专攻的学者撰写187个词条。该书的词条都很长，定位大概是介乎工具书词条与学术性研究之间。词条以人物为主，兼及重要的概念，如"气""心""情""格物致知""理一分殊"，更有对中国哲学分门别类的梳理，如"艺术哲学""历史哲学"等。[①] 再如由布赖恩·卡尔和英迪拉·马哈林干主编的《亚洲哲学百科全书》。该书深入描述、阐释波斯、印度、中国、日本等亚洲若干国家的哲学和伊斯兰哲学，还为佛教哲学立了专章。两位主编为中国哲学写的导言指出："中国哲学具有漫长、复杂的历史。在封建的先秦时代（公

---

① Antonio S. Cua, *Encyclopedia of Chinese Philosophy*, New York and London: Routledge, 2002.

第五章　俄罗斯的中国哲学研究

元前 200 年以前),一些杰出的智者确实成了佛教从印度传来之前主要的哲学思想流派的奠基者,这些流派中最为人熟知的是儒家、墨家、道家和法家。"①该书包含了分别由成中英、黄楠森、傅伟勋、黎惠伦(Whalen Lai)、阿里夫·德里克等撰写的《中国哲学的起源》《孔子与儒家》《中国哲学中的道教》《中国哲学中的佛教》《毛泽东与"中国马克思主义"》《中国哲学中的逻辑与语言》《中国哲学中的知与行》《中国哲学中的道德与社会》和《现代中国哲学》等文章。其定位更偏重于学术性和研究性。在这样的背景下,俄罗斯版的《中国哲学百科全书》同样值得认真关注。

在中俄互办国家年期间,俄罗斯科学院远东所于 2006 年推出了六卷本百科全书《中国精神文化大典》中的第一卷《哲学卷》,该书由东方文献出版社出版。《大典》由俄中友协主席、科学院远东所所长季塔连科院士主编,A. 科勃泽夫和 A. 卢基扬诺夫任副主编。2010 年《大典》已经出齐了《哲学卷》《神话·宗教卷》《文学·语言与文字卷》《历史思想·政治与法律文化卷》《科学·技术·军事思想·卫生·教育卷》和《艺术卷》。2012 年我本人代表四川大学当代俄罗斯中心与俄罗斯科学院远东所签署了《大典》的中文翻译合同。同年我作为首席专家,会同国内的俄罗斯文学研究家们,成功竞标,获得国家社科基金重大招标项目——"俄罗斯《中国精神文化大典》中文翻译工程"。目前我们已开始了翻译工作。同英语世界的中国哲学百科全书相比,我以为,《中国精神文化大典》的《哲学卷》价值突出,特点分明。

一、打破苏联哲学研究模式

俄苏的中国哲学研究,曾经受制于苏联的哲学研究模式。苏联哲

---

① Brian Carr and Indifa Mahalingam, *Companion Encyclopedia of Asian Philosophy*, London and New York: Routledge, 2007, p.491.

学史研究模式是建立在唯物主义与唯心主义两分法基础上的。1930年米丁主编的《辩证唯物主义》和《历史唯物主义》两书为苏联哲学体系提供了"雏形",1938年斯大林的《论辩证唯物主义和历史唯物主义》则为苏联哲学"定了型"。① 苏联的学者几乎众口一词,以所谓反映阶级斗争的唯物主义与唯心主义的斗争来解释欧洲的,甚至世界各国的哲学史。如苏联科学院院版的《哲学史》的导言写道:"自从哲学上形成了唯物主义与唯心主义这两个互相对立的派别以来,它们之间就经常进行着斗争。这斗争归根到底反映出有敌对阶级存在的社会所发生的阶级斗争。""科学的哲学史的对象是:社会发展各阶段的哲学思想发展史,首先是哲学的基本派别即唯物主义和唯心主义孕育、形成、发展以及它们之间斗争的历史"②这不仅是导言中的两处表述,而且成了该书的主线。这种模式也体现在苏联的中国哲学史表述中。第二版的《苏联大百科全书》第21卷(1953年)的中国哲学条目的第一句话就是:"中国哲学发展史,如同欧洲哲学发展史一样,是反映中国历史各阶段意识形态斗争的唯物主义与唯心主义斗争的历史。"③显然这几乎就是对《哲学史》上述表述的复述。华裔苏联哲学家杨兴顺(Ян Хиншун),1967年获得博士学位,其学位论文的标题是《古代中国的唯物主义思想》。④ 苏联解体后这种苏联哲学研究模式逐渐式微。

《大典》的《哲学卷》完全摆脱了苏联哲学史的这种研究模式的限制,尤其是突破了唯物、唯心二分法,突破了哲学发展史是对阶级斗争的反映等框框,竭力揭示中国哲学和文化的内在特点。在

---

① 贾泽林:《20世纪与俄苏哲学》,《国外社会科学》1999年第4期。
② [苏联]敦尼克、约夫楚克等主编:《哲学史》,第一卷上册,北京:生活·读书·新知三联书店,1962年,第1—2页。
③ Большая советская энциклопедия. Второе издание, М.: 《БСЭ》, т. 21, 1953г., с. 269.
④ Ян Хиншун. Материал из Википедии-свободной энциклопедии. http://ru.wikipedia.org/wiki/%DF%ED_%D5%E8%ED%F8%F3%ED

第五章　俄罗斯的中国哲学研究

《哲学卷》总论部分的"中国哲学和精神文化"中,作者强调中国文化、中国哲学是一个独立的体系,而且将它同欧洲文化、哲学相比较,以此来突出中国哲学的特征。

  在欧洲的超验的、超理性的世界观中,柏拉图的哲学、基督教的神学,或者科学理论,都不过是世界在其理想状态的超验的强化。对于感觉主义的、理性的中国自然主义而言,世界是统一的、不可分割的,在它之中一切都是内在的,甚至包括它的精致的神性本质在内,完全没有任何超验的成分。①

《哲学卷》的作者还着力揭示中国哲学内在的特征,认为中国哲学方法论的特征在于以从占卜中发展起来的"象数学"逻辑来破解自然、社会和人生的秘密,如两分法——阴与阳,三分法——天、地、人,五分法——五行等。② 从对下面的梳理中,也不难看出《哲学卷》对苏联哲学研究模式的突破,对中国哲学的新阐释。

二、域外中国哲学研究新境界

  《哲学卷》在归纳和研究中国哲学和精神文化的基本概念和范畴方面下了工夫。其作者考察了中国和西方出版的《中国哲学大辞典》《中国哲学史主要范畴和概念简释》《中国哲学范畴史》和 *Basic Chinese Philosophical Concepts* 等著作,从七个方面拟出了中国传统哲学和文化的一系列基本概念和范畴:

  一、方法论:上、下、本、末、内、外、正、反、方、圆、同、异、经、纬、权、势、象、卦、矛、盾等。

---

① Духовная культура Китая. Энциклопедия. Философия. Редакторы М. Л. Титаренко, А. И. Кобзев, А. Е. Лукьянов, М.: Восточная литература, 2006, с. 44.
② Там же, с. 48 – 50.

二、本体论：道、德、太极、无极、有、无、自然、使然、宇、宙、天、地、人、理、欲、机、器、阴、阳、体、用等。

三、生物学和人本学：形、神、身、物、生、死等。

四、文化学：文、武、质、朴、世、俗、公、私、艺、术、治、乱。

五、认识论和效能学：感、应、知、行、言、说、意、诚、史、记、名、实、虚等。

六、伦理学和美学：善、美、恶、仁、礼、义、忠、恕等。

七、社会学：圣、愚、王、霸、君子、小人、士、民、国、家。①

《哲学卷》的作者认为，确立这些概念和范畴可以完成不同的任务。既可以从人类概念的共同性的推断出发，借助先验描述，或认为它们是客体（亚里士多德式的客体），或认为它们是主体（康德式的主体）。又可以像施宾格勒那样，竭力从中国的传统文化中，尤其是从哲学中去寻找不同于欧洲的甚至是与欧洲对立的因素。②

一些词条的作者具有丰富的中国文化知识，宏阔的学术视野，其词条写作几乎达到了"辨章学术，考镜源流"的水准，如"三才"。作者认为在《周易》的注释中出现了"三才"的概念，在《系辞传下》第十章出现了这三者间关系的推理方式："有天道焉，有人道焉，有地道焉，兼三才而两之，故六；六者非它也，三才之道也。"在《说卦传》中，与天道相联系的是宇宙力量"阴"—"阳"，与地道相联系的是阴阳在事物中的表现"柔"—"刚"，与人道相联系的是"仁"—"义"。将由天地诞生的第三方——人，引入这个三位一体会产生如下作用：第一，这揭示了人在两大自然存在之间的居间作用；第二，通过实现这种非本体学的伦理原则走向调整宇宙联系之路。这些思想所产生的古代哲人国王作用的观念——"王"可以充当天

---

① Духовная культура Китая：Энциклопедия. Философия. Редакторы М. Л. Титаренко, А. И. Кобзев, А. Е. Лукьянов, М.: Восточная литература, 2006, с. 74 – 76.

② Там же, с. 76.

第五章　俄罗斯的中国哲学研究

地之间的调停者。解决天人功能关系的基本倾向在一系列公式中得到了表达:"天人合一""天人感应"和"天人之分"。然后《大典》作者将天人关系放在中国各家思想中来加以考察。"天人合一"观念是由儒家正统意识形态的创立者董仲舒提出来的(见其《春秋繁露·深察名号》),这个命题是对包含在先前的哲学典籍中的思想的发挥。在对《周易》的注释中确定,"夫大人者,与天地合其德"(《文言传》一),这表明先在的现实性,即"先天"中大人不会对天造成阻碍,在"后天",即现象世界中,大人"奉天时",也就是说他要遵循宇宙循环的规律。《中庸》主张,为"能尽其性"者创造"参天地之化育"的可能性。孟子在发挥这个思想的时候提出"尽其心",也就是说极大地发挥人天性中善良、智慧、情感和道德的潜力,这是认识自然——"天"的途径(《孟子·尽心上》),发挥人的天性以达到"上下与天地同流"的境界。然后作者将人与天地的关系放在先秦的道家、杂家等各派中来加以考察,如《庄子》《吕氏春秋》《左传》等,着重讨论天人关系。复次,《大典》的作者又把"三才",尤其是天人关系放在宋明理学(在《哲学卷》中通常称之为"道学"[неоконфуцианство]——引者注)中来考察,分别论述张载、二程、王夫之在继承《中庸》和《孟子》的基础上对"天人合一"提出的新见解,如张载在"天人合一"的基础上提出的儒者之真。关于"天人之分"的命题是由荀况提出来的,荀况的基本论据是"天有常道",即是说,天文和自然的循环是与人无关的,社会的灾难是由人自身引起的。(见《荀子·王志》。我认为《大典》的作者所引不确,荀子主要是在《天命篇》中表达这样的观点的。)其后,柳宗元表达了更为激进的观点:天和人是两种对立的因素,各自具有不同的"能"。① 足见作者对"三才"的考察是深入细致的。再如"格物"

---

① Духовная культура Китая. Энциклопедия. Философия. Редакторы М. Л. Титаренко, А. И. Кобзев, А. Е. Лукьянов, М.: Восточная литература, 2006, с. 378–382.

条,也可见出沿波讨源的功夫:格物是儒学"四书"之一的《大学》的八种实践认识论原理之一,在《礼记》中,将它与第一原理"致知"相联系。古代的注家郑玄将"格"解释为"来",将"物"解为事,即揭示对所有客观现象的正确知识。由于《大学》在新儒学中取得了特殊地位,成为"四书"中的第一本书,"格物"获得了尤为重要的意义。程颐借助于《周易》的文本,将它解释为"穷理"。朱熹将这一注释加以发挥,并使之经典化。他应用《尔雅》将"格"解释为"至",将"格物"与"穷至事物"之"理"做等量齐观。王阳明建议将"格"理解为"正",就是说要正确理解"物",他将这一过程称为"事",也就是归结为"心身",认为它还会发展为"修身"。在从17世纪开始的反思朱熹和王阳明的思潮中,"格物"被解释成对事物的实践关系,比如颜元认为是"手格其物"。到了19世纪末,"格物"用来指称西方的自然科学,在现代汉语中它具有"自然科学"的意义。① 还有"大学""五行""仁""性"等许多词条都达到了这样的水准。

总体来看,《哲学卷》的定位是兼顾学术性和普及性,绪论部分的研究文章、一些词条达到了很高的学术水准;很多词条则以客观地描述史料为目的,属于典型的工具书词条。

三、准确理解与文化误读

在文化交往对话日趋频繁的今天,一种民族文化不但有该文化创造者、承载者自己的自我体认,也需要他民族研究家的认知。这种体认和认知之间,既会有客观的、科学的理解和沟通,又必然会有文化误读,甚至有曲解,然而误读也有其价值。认真研究俄罗

---

① Духовная культура Китая. Энциклопедия. Философия. Редакторы М. Л. Титаренко, А. И. Кобзев, А. Е. Лукьянов, М.: Восточная литература, 2006, с. 216–217.

第五章　俄罗斯的中国哲学研究

斯汉学界书写的《哲学卷》,其意义可略举三项。第一,重视俄罗斯汉学。我们过去注意日本、欧洲和北美汉学界对中国哲学和中国文化的研究成果,把它们看成中国学术文化研究的一个特殊角度。现在《中国精神文化大典》的《哲学卷》已经对中国哲学及其重要人物和典籍提出了自己的看法,我们再来研究自己的传统哲学和传统文化的时候,不能对之视而不见,否则难免会受"学术视野不够开阔"之困扰。同时它也可起到破除汉学研究中话语权单一现象的作用。实际上俄罗斯汉学一直是汉学重镇,只是我们不太留意而已。如今这本大书推出,我们聆其洪亮音声,睹其曼妙手笔,还会继续漠然置之？第二,关注他者的眼光。中国古典文化中大量我们习焉不察、尚未被我们激活的精神资源,却被域外的研究者独具慧眼挖掘出来了,透过他者的视角,通过《哲学卷》大量的学理性研究,我们收获良多。比如"大同"这个词条,《哲学卷》的作者仔细爬梳"大同"在《墨子》《尚书》《列子》《礼记》《公羊传》《孟子》《国语》《吕氏春秋》等先秦著作中的表述;其后,作者发掘"大同"经《太平经》和《朱熹传》的传承;作者还梳理近现代洪秀全、康有为、梁启超、孙中山、吴稚晖、毛泽东的"大同"思想,指出郭沫若、吴虞、梁漱溟、蔡尚思、冯友兰、刘师培等对"大同"思想的阐发;作者甚至还钩稽了不同历史时期统治者对"大同"口号的运用,这几乎就是一篇中国的乌托邦思想史略。① 这也难怪,词条的作者本人就参与了专著《中国社会乌托邦》的写作。② 再如"礼"③"功夫"④等,都是如此。第三,刺激对话的机缘。《哲学卷》钩稽中国哲学中的

---

① Духовная культура Китая. Энциклопедия. Философия. Редакторы М. Л. Титаренко, А. И. Кобзев, А. Е. Лукьянов, М.: Восточная литература, 2006, с. 242–245.

② См., Китайские социальные утопии [сб. науч. трудов] Отв. ред. Л. П. Делюсин, Л. Н. Борох. М.: Наука, 1987.

③ Духовная культура Китая. Энциклопедия. Философия. Редакторы М. Л. Титаренко, А. И. Кобзев, А. Е. Лукьянов, М.: Восточная литература, 2006, с. 297–299.

④ Там же, с. 212.

元命题,并且力图将它们同世界其他文明和俄罗斯的类似命题进行比较,如前面提到的"道"的命题。在这里,《哲学卷》又给了我们学术研究的鞭策和激励,跨文化的对话应该是双向的,我们在受惠于俄罗斯汉学界中国哲学研究成果的同时,也应该对俄罗斯的哲学和精神文化做出我们自己的研究,提出我们自己的见地,为两大民族的互相理解和沟通,做出我们自己的一份贡献。

《哲学卷》巨大的成就是显而易见的,本人在阅读之中学得许多新知,真正是受益匪浅。但在阅读之中也不免略生谫识,在这里袒露出来,就教于《哲学卷》的作者和方家。首先,中国精神文化大格局的认知问题。苏联时代的大汉学家阿列克谢耶夫院士希望苏联汉学研究中国文化要儒释道三者并重。他在1940年写的《〈中国文学史〉的报告》中写道:(苏联汉学家中的)"哲学家应该担负起厘清中国哲学思想史(比如儒家、道家和佛家体系)的任务。"① 他自己就身体力行,20世纪40年代中期,渐近晚年的他在《我是如何研究中国》一文中,对自己的学术工作做了这样的总结:"因此我对中国文学的兴趣是相当广泛的。但是我没有分散精力,尽力集中在研究中国文化和它的古典基础——儒家、道家和佛家(略少一点)上。"②对儒家,我们知道阿列克谢耶夫翻译了《论语》的一部分,翻译研究苏洵《论六书》;对佛家,他写了《中国文化和宗教中的佛教和基督教》《中国文学艺术中的佛教及其敌人》等著述;对道家,他也有深入研究。《哲学卷》在对中国文化大格局的认识上似乎不同于阿列克谢耶夫的观点,也不同于中国多数学者所认同的儒释道互摄互融为中国文化(包括哲学)的主流观点。在《哲学卷》的绪论中,作者写道:"佛教在公元一世纪从印度传入中国。但是

---

① Алексеев В. Наука о Востоке. М.: Главная редакция восточной литературы Издательства《Наука》, 1982, с. 213.

② Там же, с. 302.

第五章　俄罗斯的中国哲学研究

在中国的土壤上佛教经过了剧烈的变形,吸收了中国民间信仰、道教和儒学的许多重要因素。"①然后就转向了佛教在日本等国的传播,没有将佛学作为中国精神文化的基本构成因素来谈。只是在"佛教"条目的文字中才谈道:"在大众的意识中,至少在公元一世纪初佛教与儒教、道教一起成了'三教'的组成部分,其哲学命题的某些部分渗入到中国各种思想中。"②但在总论中完全没有此类表述。在谈及中国哲学和精神文化的基本流派时,《哲学卷》列举了司马迁在《史记》中所定的六家:阴阳家、儒家、墨家、名家、法家、道德家。又说,班固《汉书·艺文志》在此六家之外增加了四家:纵横家、杂家、农家和小说家。然后略为提及了《隋书》中的十四家之说。《哲学卷》认为这是中国哲学和精神文化的基本流派,然后就转而谈儒家的主干地位。③ 这样写固然将中国哲学的"源"讲清楚了,但是,道家和佛家在中国哲学中的独特作用不谈,儒释道三者的互动关系不讲,中国哲学的"流"反而显得模糊了。比如在谈"道学"(即宋明理学)的时候,就完全没有涉及佛教中国化对它的影响。④ 其次,与此相联系,在条目的取舍上也似有可商榷之处。一方面,先秦各家齐备,具体到儒家而言,则源流清晰,其后对宋明理学诸家也多有瞩目,可谓深中肯綮。另一方面,道家和佛家虽然最主要的内容都有,但与儒学相比就显得有些单薄。道家方面,内丹派、符箓派、陆修静、孙思邈、成玄英、《云笈七签》《太上感应篇》等都没有列条目。佛家方面,没有《弘明集》《广弘明集》《高僧传》等条目;《景德传灯录》《五灯会元》等不但没有列条目,连在"禅宗"的词条的文本中都没有提到(禅宗里只有《六祖坛经》《临济录》列

---

① Духовная культура Китая. Энциклопедия. Философия. Редакторы М. Л. Титаренко, А. И. Кобзев, А. Е. Лукьянов, М. : Восточная литература, 2006, с. 17.
② Там же, с. 158.
③ Там же, с. 50 – 53.
④ Там же, с. 368 – 369.

为词条);没有"佛性""格义"等中国佛教教理方面的词条;也没有提到宗喀巴等藏传佛教人物。因此同儒学相比,《哲学卷》道家和佛家词条的设置似嫌不够完整周备。结合《中国精神文化大典》第二卷《神话·宗教卷》的词条和研究文章来看,同样也有类似偏向。这在某种程度上折射出俄罗斯汉学研究的状况,其研究的主要关注点在儒,不在道、佛。当然,非中国的学人编撰中国哲学方面的百科全书,往往也有注重儒家而疏略道佛的偏向。如前述的安东尼奥·S.考的《中国哲学百科全书》,也是儒家人物和概念占了绝大多数,而道家甚少,佛家付之阙如。在这本《中国哲学百科全书》里,儒家细到立"汉儒学""唐儒学""宋儒学""明儒学"和"清儒学"等词条,佛学则仅有"佛学"和"禅宗"两个词条,许多重要问题、人物,如"沙门不敬王者"、渐悟、顿悟、道生、慧远等都只是在这两个词条中点到而已。相比而言,《哲学卷》中道、佛的词条和内容还略多一些。应该指出,《中国精神文化大典》的《哲学卷》于中国哲学和精神文化多有发明,恰如皓璧昷曜,些须微瑕不足以掩其光泽。

第六章　禅宗文化在俄罗斯

要探讨禅宗在俄罗斯的传播，是要冒风险的。首先，以"道统"观之，禅宗讲佛祖拈花，迦叶微笑，心法相传，委实"不为外人道也"，宗外之徒已遥不可及，更何况域外之人。其次，以禅法观之，禅宗说法开示，有公案、机锋、颂古等，将其称为玄奥的文字游戏，虽然未必准确，却也道及其实质。面对这些言语，即使中土有识之士也难以猜透语录、话头背后的深义，更何况隔着两层的"老毛子"：禅宗传到俄罗斯，先要由汉语译成俄语，这已经隔着一层；再由俄罗斯人士来参悟，岂不又隔了一层。如此看来，要展开禅宗在俄罗斯这样一个题目，难免流于"可怜多少垂钓者，随例茫茫失钓竿"的野狐禅。可是，慧能应对弘忍"獦獠若为堪作佛"的诘难，随口即答："人虽有南北，佛性本无南北。"中土的禅宗在俄罗斯确有知己之遇：禅籍有了不同的俄译本，禅宗在俄罗斯又有人研究，有人以禅来解读俄罗斯的文学宗师。以下就以俄罗斯学者对禅宗的解说，俄罗斯汉学家对禅籍的翻译、注释，俄罗斯学者以"禅"解读俄罗斯文学为线索，展开下文。姑妄言之，祈请方家哂之，正之。

本章首先考察俄罗斯汉学家和禅宗爱好者对禅理的讨论。汉学家对中国禅宗史和禅籍有所研究，因而谈禅中的。此为汉学家之禅。也有一些不懂中文的俄罗斯文化人说禅，此为业余爱好者之禅。在俄罗斯，即使是业余爱好者谈禅，也有可观之处。其次，从两桩个案来看俄罗斯汉学家的禅宗的研究，阿列克塞·马斯洛夫和伊萨贝拉·古列维奇的禅宗研究堪称深刻有趣,不乏启发性,他们的禅籍翻译则各具特色。再次,俄罗斯的禅宗爱好者则以禅意来解读俄罗斯的经典作家的作品。尼古拉·鲍勒迪列夫的《普希金与禅宗》指出,基督教的原罪感和禅宗的天性清净形成了不同的艺术类型,普希金的若干诗歌则具有清净的禅的精神。符塞沃洛德·库兹涅佐夫等学者的《更名》,则对陀思妥耶夫斯基作品做出新解:不管是《白痴》中梅希金公爵以为癫痫病可以激发"高度的自我感觉",还是《卡拉马佐夫兄弟》中佐西玛长老认定心里自有天堂,这些同禅宗"即心即佛"之说相去不远。由此可以进而思考文化传播的源头和途径等问题。

一、禅宗的解说与误读

在中国佛教的诸宗中,禅宗的精神核心是什么,在俄罗斯得到了特别的关注。这里又可分为俄罗斯汉学家之"禅观",爱好者之"禅观"。先看汉学家对禅宗的解说。

在季塔连科主编的《中国精神文化大典》的《神话·宗教卷》中,对禅宗的精神实质的概括比较准确:

> 禅宗,影响最大的中国佛教流派。发祥于6—7世纪之交。据传说,它由6世纪25年之后到中国落脚于少林寺(河南省)的印度僧人菩提达摩创立,开始被称为"楞伽宗"(楞伽宗:参见《入楞伽经》)。
>
> 通常认为,菩提达摩传播了一种对中国而言新的静观法,即清净自心的方法。他开创了作为精神和身体自我完善的基本实践的面壁静观法(字面意思为"壁观")。……
>
> 菩提达摩创立的学说认为,静坐具有最重要的作用。该学说的名称——禅——直接同静坐相联系:中国的术语"禅"是

第六章 禅宗文化在俄罗斯

梵语"дхьяна"("静观""打坐")的音译。在最早的中文翻译中这个字被记录为两个汉字——"禅"和"那",其后缩写为一个"禅"字。……

在禅宗史的经典说法中,禅直接起源于佛陀本身。一天佛拈花"一笑",唯一懂得了这一笑的意思的弟子是迦叶,"佛心印"传给了他,禅的传统即以此为基础。以此观之,禅宗将自己视为承续佛陀所带到世间的真理的脉动的一种学说。①

这几段文字,第一段把禅宗的中土祖师菩提达摩、法理基础《楞伽经》做了交代。《续高僧传》卷三十《慧可传》云:"初达摩禅师以四卷《楞伽经》授可曰:'我观汉地,惟有此经。仁者依行,自得度世。'"胡适认为,达摩最初的弟子持奉求那跋陀罗所译《楞伽阿跋多罗宝经》,故有"楞伽宗"之名。② 后来第二段则对"禅"的来历、禅观法以及禅宗的以心传心的传统做了解释。《续高僧传》叙及菩提达摩有感于道育、慧可的精诚,诲以真法:"如是安心,谓壁观也。"(《续高僧传》卷三十菩提达摩)"壁观",即是达摩禅法。显然,《中国精神文化大典》对禅宗的解释其来有自,这对俄罗斯人理解禅宗不无裨益。

伊萨贝拉·古列维奇在她的《庞居士语录》和《临济录》译本的序言中写道:

根据禅宗传说,菩提达摩是印度禅的第二十八祖。根据传统的说法,他在6世纪中叶从海路到了南中国,成了中国禅宗的始祖。他所创立的宗派的后继者继承了他的路线。中国禅的基本概念的引人入胜之处在于恢复直接面对佛陀的禅观

---

① Духовная культура Китая. Энциклопедия. Мифология. Религия. Редакторы М. Титаренко, Б. Л. Рифтин и др. . М.: Восточная литература, 2007, с. 709.
② 参见胡适:《楞伽宗考》,《胡适集》,北京:中国社会科学出版社,1995年,第160—195页。

传统。

　　作为改革运动，禅宗提出了摆脱正统佛教的繁琐哲学，回归释迦牟尼的真精神的学说和实践。按照这样的学说人皆可以成佛。禅师们认为大乘佛教的经典只是语言展示，而非佛智，因而运用当时众人都明白的口语各逞机锋。①

　　古列维奇也把禅宗的形成史和禅宗的传法过程做了描述。作为语言学家，古列维奇在解释禅宗的时候，比其他学者更注意其语言方面的特征。

　　关于禅宗的精神内核，阿列克塞·马斯洛夫指出："首先我们应该对标举'即心即佛'的人本主义口号的宏大的禅宗理论进行分辨，它是建立在直观悟性基础上的（难怪在西方的文献中禅宗法师常常被称为'直观主义者'）。"②在分析具体的禅宗个案的基础上，马斯洛夫拈出禅法来述说：

　　　　禅宗的世界是魔力十足、怪异纷呈的世界，在禅宗世界里话头似乎互不搭界，既有严格的传法规范；又极端忽视各种佛经、复杂的思辨、逻辑严密的诡辩；对现实和任何范畴的必要性都大加否定。这不仅是"让意识摆脱任何范畴"，而且就是没有范畴的意识。其目的是，不假中介直接诉诸人的本源天性，即所谓"直指"心灵"当下"。③

　　马斯洛夫由此又叙及了禅宗的两个流派，即"渐悟"和"顿

---

① Гуревич И. Буддийские юйлу школы чань (дхьяна): возникновение, основные характеристики жанра//Линь-цзи лу. СПб.: Петербугское Востоковедение, 2001, с. 7.

② Маслов А. А. Первые наставники Чань в Китае. Письмена на воде. М.: Сфера, 2000, с. 18.

③ Там же, с. 306 – 307.

第六章　禅宗文化在俄罗斯

悟"。① 显然,这就进一步深化了对禅宗精神实质的认识。

即使是汉学家的禅宗研究也有舛误。在 1994 年出版的《中国哲学词典》中,有"禅宗"词条这样写道:

> 禅宗是大乘佛教"秘密"诸派在中国影响最广泛的流派之一。禅宗得名于佛教修行法——禅那。该宗的其他自我称号为"传佛心印""佛心宗"。达摩禅师被认为是开创了禅宗传统的第一人,禅宗的四条基本原则的公式被记在了他的名下:"不立文字","教外别传","直指人心","见性成佛"。②

应该指出,直接将禅宗四句箴言"不立文字,教外别传,直指人心,见性成佛"记在菩提达摩的名下,似可商榷。《续高僧传》卷十六《菩提达摩传》并无这四句箴言。《五灯会元》卷二叙及达摩欲传法于弟子:"时有道副对曰:'如我所见,不执文字,不离文字,而为道用。'师曰:'汝得吾皮。'"③这里是达摩的弟子道副谈及了"不执文字,不离文字",恐怕不宜直接归到达摩名下。至于"不立文字,教外别传",在禅籍中则是释迦牟尼的教诲。《五灯会元》上册卷一描绘了属于西天七佛的释迦牟尼临终传法的情景:"世尊在灵山会上,拈花示众。时众皆默然,唯迦叶尊者破颜微笑。世尊曰:'吾有正法眼藏,涅槃妙心,实相无相,微妙法门不立文字,教外别传,付嘱摩诃迦叶。'"④在《碧岩录》中四句箴言的主要内容得到了转述,其卷二曰:"禅家流,欲知佛性义,当观时节因缘,谓之教外别传,单传心印,直指人心,见性成佛。"⑤足见,将禅宗的四句箴言直接记在

---

① Маслов А. А. Первые наставники Чань в Китае. Письмена на воде. М.: Сфера, 2000, c. 307.
② Титаренко М. Л. Китайские философия. Эциклопедический словарь. М.: Мысль, 1994, c. 493 – 440.
③ 普济:《五灯会元》,上册,苏渊雷点校,北京:中华书局,1984 年,第 44 页。
④ 同上书,第 11 页。
⑤ 克勤编:《碧岩录》,《中国禅宗大全》,长春:长春出版社,1991 年,第 362 页。

菩提达摩名下得不到文献支持。

以上这些汉学家对禅理的谈论大多切中肯綮，他们对中国禅宗的历史和禅籍有比较认真的研究，因而有比较深切的体悟，他们对禅宗精神内核的认识是到位的。此为汉学家之禅。也有一些俄罗斯的文化人，他们或许不懂中文，但他们对禅宗产生了浓厚的兴趣，他们编书撰文，从自己的知识背景出发，对禅理表达自己的认知。此为业余爱好者之禅。在俄罗斯，即使是业余爱好者之禅，也自有其独到之处。

在《作为禅宗人格修炼法的公案》一文中，T. 诺索娃（T. E. Носова）写道：

> 习禅的大师们是生活在具体的历史时间中的；他们的人格、他们弟子的人格，姑且不说他们的观念、行为和语言，是由他们所生活的历史时代和文化类型决定的。经过若干世纪之后，早期的修行方法已经产生了很大的变化。假如禅法要在西方流行，其传统的修行法必定要经过进一步变形，不管在日本，还是在西方都是这样。但是禅宗大师的原则和目的在任何时候都不会变；假如变了禅宗就不复存在了。
>
> 禅宗为了让追随者体验悟和完善悟，禅宗实行三种实践：静坐，或曰禅定；说公案；日常生活修行。①

在这里，T. 诺索娃谈论的是禅宗修炼法的构成，思考了其不变的宗旨和因时、因地而变化的形式。接下来 T. 诺索娃对公案作了如此描述：

1) 老禅师向弟子提出问题，弟子回答问题；

2) 弟子在同师傅的私下交谈中，或在师傅说法中向师傅提出

---

① Носова Т. Е. Коан как метод трансформации личности в дзэн-буддизме//Философия образования, No. 3, 2006.

第六章 禅宗文化在俄罗斯

问题,师傅回答;

3) 在警句中师傅揭示深刻的道理;

4) 师傅在日常生活中说出公案,借此发挥禅理的作用;

5) 从佛经中拈出一句,在其中赋予禅理及其表达以言语的形式。

公案本是政府中的案牍,在禅宗里是古则。古则中包含了祖师的觉悟信息。在禅宗修行中,师傅把古则提举出来,交给弟子去参究,以引导他们走向觉悟之路。现成公案即引人在日常生活中体认呈现最高真理的公案。① T. 诺索娃所说,基本符合公案的实情,但她对古则、对祖师的话头缺乏足够的认识。此外,从她所引用的文献看,她并不懂中文,她所谈的禅宗及其公案等,应该是从俄文翻译的日本禅籍中得到的。她所说的不尽准确,或许与此有关。这里还透露出一个重要的信息:在俄罗斯非汉学家所谈的禅宗,往往夹杂着日本禅宗的材料。

爱好者之禅的另一种表现,则是在不参照中国禅宗历史和禅理的情况下,以己之意,说己之禅。如尼古拉·鲍勒迪列夫(Николай Болдырев)谈禅宗原理:

> 真正的禅不是时髦之物,更何况它不可能成为时髦的对象、需求的对象。禅在时间之外,该学说的源头(其实,难道它是学说,是教义,而不是事物的自我运动的本质?)流进了历史的无言的深处。真正的禅师是无法把握的,不管你读多少禅籍都不行。谁也不能说我懂禅;但可以置身于禅之中,这不取决于积累了多少与禅有关的事实。禅是不可把握的。不能给禅下定义。对哲学而言,在禅之中有太多的艺术;对艺术而言,又有太多的哲学。禅存在于谈论禅的言语之间,思考禅的

---

① 参见吴汝钧:《佛教大辞典》,北京:商务印书馆国际有限公司,1994年,第160—390页。

间隙。禅在深深的静默中,在人将禅与诗和事相契合的静默的瞬间。①

他所谈之禅,离正宗之禅,自然有不短的距离。他还按照自己的理解来编书、撰文谈禅,此点下文将谈及。尤里·兹维尔林(Юрий Зверлин)在《禅的实质》这篇短文中写道:

> 禅是什么?这是产生于"渴望进入存在之源"的创造的状态。语言不能表达禅,但禅是力图用自己的生活来表达:"何假文字?行即如我!"智慧即是不懈的问与答,对寻找的人而言,问题本身即是意义,假如他接受答案,问题就消亡了。众多的问题应该保留。对存在的问题,就是永恒、不间断的存在的答案。②

上述即是俄罗斯文化人心目中的禅宗精神。它们虽然与对禅宗的传统理解有差异,但也不失为一种有趣的文化误读。中国文化在域外的传播,汉学家的理解是比较直接的传播,中国文化的"耗散"相对较少。再隔一层,到了国外中国文化的爱好者那里,他们往往通过汉学家得到中国文化的信息,然后再加上自己的理解,中国文化的"耗散"又多了几分。

也有学者(大概也应算成是禅宗爱好者)试图对禅宗的精神的某个面相做阐述和发挥,将其作为学术讨论的基础。2009 年在俄罗斯的"权威刊物"《哲学问题》上,А. С. 麦丹诺夫(А. С. Майданов)发表文章《禅宗中的对照问题及其解决》,对禅宗的对照做了分析。А. С. 麦丹诺夫认为,"矛盾"(противоречие)是一个狭窄的概念,它只有包含对立、冲突这一种关系。但是在相对的事物间还存在着协调、互补和和谐的关系。为了表达这类关

---

① Болдырев Н. Антология дзэн. Челябинск: Аркаим, 2004, с. 5.
② Зверлин Ю. Суть дзён//Притчидзён. СПб.: Анима, 2011, с. 4.

第六章　禅宗文化在俄罗斯

系,需要新的术语,"对照"(контрарность)就是这样新术语。他写道:"佛教及其在中国的变体——禅宗,积累了解决对照问题的大量的经验。对禅师们来说,对照是一种基本的思维方式,因为他们在各种话头中表现和运用了大量的对照关系。"①A. C. 麦丹诺夫认为,禅师们清楚地看到了世界各种矛盾现象,从佛法到人的精神世界。他们认为精神现象的实质即是对照。"早在5世纪时中国禅师僧肇就注意到了这一现象:'然则智有穷幽之鉴,而无知焉;神有应会之用,而无虑焉。神无虑,故能独王于世表;智无知,故能玄照于事外。'"②"禅师们将对照视为时间和空间中存在的最基本的特征。'虽动而常静'僧肇如是言道。这就是说,某物相对于周围环境不是不动的,但同时该物体的某些部分又可能发生相对运动。这可以看成是伽利略于1632年所发现的力学相对运动原理的先声。这样的原理通常可以举这样的例子来说明:置于行进中的轮船甲板上的物体,该物体相对于轮船是静止的,相对于岸是运动的。僧肇对他(伽利略)发现的这个定律概括出了相反的例子:'无为故虽动而常寂。'"③

　　在这里,问题出来了:熟悉佛教史的细心的读者会发现,要将僧肇算成是禅宗法师,是会引起质疑的。通常,僧肇被视为三论宗的理论先驱,黄忏华先生指出:"僧肇,是东晋时代著名的佛教学者……后世的三论宗人很推尊僧肇,常常把他和鸠摩罗什并称,有'什、肇山门'之语,以他的学说为三论宗正系。"④因此,僧肇不入一般禅宗研究者的法眼。唯有日本忽滑谷快天在《中国禅学思想

---

①　Майданов А. С. Проблемы контрарности и их решение в Чань-буддизме// Вопросы философии, No. 4. 2009.

②　Там же.

③　Там же.

④　黄忏华:《僧肇》,中国佛教协会编:《中国佛教》(第二辑),上海:东方出版中心,1982年,第52、54页。

史》的禅学"准备时代"一章给了僧肇一席之地,称"较道生而甚大影响及禅门者僧肇也"①。忽滑谷快天征引《涅槃无名论》《物不迁论》和《肇论》后,多著"后世禅者……皆效肇之口吻","此说亦出于庄子,由肇唱之,遂成后世禅门之一公案","此语虽禅家之雏僧亦无不暗诵,《肇论》之为禅药之一味久矣哉"。②尽管忽滑谷快天将僧肇视为禅门的思想先驱,但直接将僧肇之语当成禅师语录,毕竟是老外的知识性硬伤。就此可见,在这位学者的眼里,只要是佛徒释子,都算是禅门中人。

但是这篇文章接下来的部分就跟禅宗有了关系。"佛教徒强调了矛盾现象的连续性和不可分割性……伟大的禅师马祖(709—788)谈到矛盾的相互关系:'虽即已悟,却迷。''本即无迷,悟亦不立。'这就是说,假如开始不迷,就不可能有悟。"③A. C.麦丹诺夫此文表明,在俄罗斯的学术界,禅宗已然受到某些学人的关注,禅宗的精妙思想已经对一些俄罗斯学人有所启迪。但是在 A. C.麦丹诺夫的文章里,其论述中正确的理解与舛误的资料杂糅在一起。这是对中国禅宗的误读。不乏深度的启迪与知识性的误读相交织,这也是禅宗在俄罗斯传播的景观之一。

二、禅宗史研究与禅籍翻译、注释

在俄罗斯对禅宗的研究中,阿列克塞·马斯洛夫(А. А. Маслов)的《早期禅师·水上书》是一本重要的著作。该书由马斯洛夫的禅学研究专著和禅籍翻译、注释两大部分构成。

---

① [日]忽滑谷快天:《中国禅学思想史》,朱谦之译,上海:上海古籍出版社,2002年,第40页。
② 同上书,第41页。
③ Майданов А. С. Проблемы контрарности и их решение в Чань-буддизме//Вопросы философии, No. 4. 2009.

第六章　禅宗文化在俄罗斯

阿列克塞·马斯洛夫的禅宗研究专著可译为《遇智敬愚》(Встреча с мудростью или поклоны глупца)。作者研究了从5世纪至9世纪的禅宗确立发展的历史，对其中的重要人物展开了详细的讨论。马斯洛夫认为，禅作为一种具有社会性的规制具有复杂的传承和学术承续体系，具有数目繁多、并不总是和睦的分枝。马斯洛夫将禅宗的形成分为三个阶段：第一阶段为5世纪，即印度僧侣求那跋陀罗(394—468)和菩提达摩(？—536)传道中国时期。第二阶段为6—7世纪，为慧可(487—593)、僧肇(520—612)、道信(580—651)和弘忍(601—674)弘法的时期。第三阶段为7世纪，是"禅宗世界观最终形成的时期"，此时慧能(638—713)及其弟子神会(670—762)形成重"顿悟"的南宗禅，神秀(606—709)与他的学生普济和义福形成重"渐悟"的北宗禅。① 马斯洛夫的《遇智敬愚》对重要的禅宗人物和禅宗史上的重要话头做了研究。在"伟大的传道者时代(7—8世纪)"一章下，分别有"三帝师神秀""不识字的慧能大师""曹溪之心""禅宗神话的创造者——神会""《坛经》之争""包罗万象的禅籍"等六节。

在研究慧能这一节里，马斯洛夫首先描述了慧能对禅宗的重要意义："慧能大师是中国禅宗的最中心的人物，做出这一判断，是鉴于这一事实：我们面对的不仅是一个具体的人的传记，更重要的是，他的传说、理论和修行使他成了概括了整个禅宗的人物。"② 马斯洛夫研究了慧能的传记材料的复杂来源。他认为，《六祖坛经》部分吸引人的地方中包含着"在民间被神圣化的、发生在英雄和强盗之间的'冒险故事'"③。马斯洛夫引用宇井伯寿的《禅宗史研究》和菲利普·扬波尔斯基对《坛经》的研究证明，慧能的弟子编造

---

① Маслов А. А. Первые наставники Чань в Китае. Письмена на воде. М.: Сфера, 2000, с. 17–18.
② Там же, с. 148.
③ Там же, с. 149.

的神话,现在已经很难辨析清楚哪些是事实。马斯洛夫写道:"一系列迹象表明,在我们面前,与慧能的生平事迹同时存在的,还有传统的、绝对来自于梵语神话的因素(比如,慧能生平事迹中有大量事实是对菩提达摩传记的模仿,这种模仿是以简略的、不连贯的形式出现的)。"①马斯洛夫认为,记录于830—860年间的敦煌本《六祖坛经》,是比较能反映慧能的真实传记。还有一些能补充《六祖坛经》的文献,比如法海的序言、王维写的慧能碑铭,还有《宋高僧传》中的《慧能传》。马斯洛夫指出:《宋高僧传》中的《慧能传》是比较晚近的作品,作于距慧能去世275年后。此时慧能的形象已经包含了大量的传说,禅宗史的神圣化已经基本完成。②

马斯洛夫还对慧能不识字的问题做了考察。马斯洛夫通过援引胡适的《六祖坛经考释》等文章,也通过自己研究,对慧能的不识字做了深入考察。马斯洛夫认为,慧能按照其童年的经历,或许没有识字的机会,但后来他完全有可能识文断字,"这一事实充分证明了我们的思想:我们面对的不是历史中的人物,而是大师的传说"③。不识字是作为慧能的正面品质来描述的:法达诵《法华经》三千遍尚未悟,慧能说自己不识字,让法达诵读《法华经》。在法达诵读中,慧能打断他,对《法华经》的经文做了精彩的解说。对法达提出的该不该经常重复读经的问题,慧能解释说,问题不在于是否重复,而在于是人转经,还是经转人。慧能又将"智人"和"愚人"相对比,"愚人"有时是更有文化的人,行为更规范的人。④ 马斯洛夫认为:"在中国的传统中慧能的形象特征是他不识字,这是对禅

---

① Маслов А. А. Первые наставники Чань в Китае. Письмена на воде. М.: Сфера, 2000, c. 149.

② Там же, c. 150.

③ Там же, c. 155.

④ Там же, c. 156.

第六章　禅宗文化在俄罗斯

宗的'不立文字'的强调,对真理在经文之外的强调。"①马斯洛夫此说对认识慧能在中国禅宗史上的特殊价值不无启发。

在"禅宗神话的创造者——神会"一节中,马斯洛夫的论述也值得关注。他通过对神会语录,尤其是对《菩提达摩南宗定是非论》的深入剖析,兼引胡适、谢耐和的有关讨论,对神会做了深入研究。②

马斯洛夫的专著的后半部分是禅籍的翻译注释,包括《菩提达摩大师略辨大乘入道四行观》《六祖坛经》《马祖语录》和《碧岩录》。马斯洛夫的译文颇具特色,一方面以既"信"且"达"的俄文忠实地传达禅籍的原意,另一方面又辅之以必要的注释,以揭示字面意义下的隐秘意义。

如《六祖坛经》:

祖相送至九江驿,祖令上船,五祖把橹自摇。

慧能言:"请和尚坐,弟子合摇橹。"

祖云:"合是吾度汝。"③

马斯洛夫的译文是:

Пятый патриарх проводил меня до станции Цзю цзян, а там велел мне сесть в лодке и сам взял за весело. Я воскликнул:

— Пускай высокочтимый монах сядет, Ваш ученик сам возьмет весло!

— Именно я должен переправить тебя через реку, — ответил Пятый патриарх.④

---

① Маслов А. А. Первые наставники Чань в Китае. Письмена на воде. М.: Сфера, 2000, с. 155.
② Там же, с. 171 – 180.
③ 惠能:《坛经》,郭朋校释,北京:中华书局,1995 年,第 21 页。
④ Маслов А. А. Первые наставники Чань в Китае. Письмена на воде. М.: Сфера, 2000, с. 353.

这里马斯洛夫的翻译文字平实简练,不同于俄语喜用复句的常规。第一句就是一个简单句,以"五祖"(Пятый патриарх)为主语,三个谓语动词——"送"(проводил)、"命令"(велел)、"操起"(взял)接续而出,干净利落,毫不拖泥带水。同原文相比,马斯洛夫的译文还少用了一个主语。在这段译文中,马斯洛夫加了两个注释,第一个注释是对"九江"的意思的解释。第二个注释是对"恰恰我应该渡你过河"(Именно я должен переправить тебя через реку,即"合是吾度汝")的解释:

  这里乘船渡河是象征渡过痛苦、迷误和罪孽之河。弘忍希望帮助自己的弟子完成此事,慧能却认为师傅应该只是指出渡过"罪孽之河"的正确的道路和方法,也就是说清洁自己的心灵,是每个人自己的事。①

马斯洛夫的解释有助于俄罗斯读者理解此语的意蕴。当然,"诗无达诂","合是吾度汝"也可有别解,有多解。

马斯洛夫翻译《马祖语录》,源自《四家语录》,参照了入矢义高所译《马祖语录》。马斯洛夫的翻译和注释也值得关注。如:

  师知是法器,往问曰:"大德坐禅图什么?"
  师曰:"图作佛。"②

马斯洛夫的译文是:

  [Хуайжан] понял, что [перед ним] — истинный сосуд Дхармы и спросил:
  —Уважаемый, в чем цель Вашего сидения в созерцании?

---

① Маслов А. А. Первые наставники Чань в Китае. Письмена на воде. М.: Сфера, 2000, с. 469.

② 《马祖道一禅师广录》,《卍续藏经》,119 册,台北:新文丰出版公司,1973 年,第 809 页上。

第六章　禅宗文化在俄罗斯

　　Наставник ответил:
　　—Я хочу стать буддой. ①

马斯洛夫以简洁的译文,传达出原文的对话特征。同时他也用注释来说明禅理。如,对"法器"(сосуд Дхармы),他给出了这样的注释:

　　这是禅宗实践中的著名表述。据传说,菩提达摩在遇到自己未来的弟子、禅宗二祖慧可时,后者自断其臂,并置之其面前时,菩提达摩第一次用了这个词。"器"字的原初义项是"礼器"或"礼具"。因此这个词常常用来指称"盛圣物或宝物之具",正是在这个意义上孔子称君子为"器"。②

马斯洛夫对"法器"的解释,从禅宗史上的记载看,堪称准确。《五灯会元》卷一"菩提达摩传"载:"光闻祖诲励,潜取利刀,自断左臂,置于祖前。祖知是法器。"③至于"孔子称君子为'器'",则未必可靠。孔子说到"器"的文字,或可查到两条。其一,《论语·为政》:"君子不器。"其二,《易经·系辞下》:"子曰:'隼者,禽也,弓矢者,器也,射之者,人也。君子藏器于身,待时而动,何不利之有。'"④以是观之,马斯洛夫对"器"的解释又未必准确了。对"坐禅的目的"(в чем цель сидения в созерцании,即"坐禅图什么"),他给出了如下注释:

　　整个下面的一段话都是建筑在对"禅"这个复杂的概念的解释上的。"禅"意味着"坐禅""静观",包含了禅宗的玄妙学说。关注怀让是如何以自己的问题来"深化"马祖对禅的思考

---

①　Маслов А. А. Первые наставники Чань в Китае. Письмена на воде. М.: Сфера, 2000, с. 499–500.
②　Там же, с. 553.
③　普济:《五灯会元》,上册,苏渊雷点校,北京:中华书局,1984年,第44页。
④　《十三经注疏》,下册,北京:中华书局,1980年,第2462页中。

的,这本身就很有趣。①

我们知道,在《四家语录》下面的文字中,南岳怀让以磨砖不能作镜的比喻告诉马祖,"坐禅岂得成佛"。可见,马斯洛夫的注释同译文一道成了向俄罗斯读者介绍禅宗学说的工具。

伊萨贝拉·古列维奇(И. Гуревич)的《临济录》由三部分构成:第一部分是绪论,即古列维奇的研究论文;第二部分是《庞居士语录》和《临济录》的译文;第三部分是《唐代汉语语法简述——以禅宗语录为材料》。在绪论里,古列维奇对禅宗的各派也做了介绍。她指出,在中唐时期,出现了三个禅宗流派,这就是牛头禅、南宗和北宗。

> 南宗在这个时期进入了繁荣阶段,这在很大程度上是有赖于僧侣中的一系列杰出人物。他们以自己杰出的才能、渊博的知识和出色的能力,吸引了大批信徒。南宗活跃着三个分枝:菏泽、南岳、青原。后两者在禅宗传统的繁荣中发挥了重要作用,也有助于禅宗在朝鲜传播,在日本形成禅宗(дзэн),以及以后在西方产生影响。②

古列维奇研究了临济宗的特殊语言表达风格。她指出:"为了实现自己的方法,临济运用了一整套方法,其总和被称为临济宗禅法。其特点是相当粗鲁,甚至具有攻击性。恰恰是这些特点形成了该文献(即《临济录》——引者注)的风格特征";"临济宗的方法和技巧决定了它的语言风格。……在《临济录》中充满了诸如此类的比喻:'杀父''杀卒''杀罗汉''杀父母',对这些话,不应该只理

---

① Маслов А. А. Первые наставники Чань в Китае. Письмена на воде. М.: Сфера, 2000, с. 533.

② Гуревич И. Буддийские юйлу школы чань (дхьяна): возникновение, основные характеристики жанра//Линь-цзи лу. СПб.: Петербугское Востоковедение, 2001, с. 7.

第六章　禅宗文化在俄罗斯

解其直接的意思。"①作为女性学者,古列维奇同时还敏感地发现了临济宗对身体动作的特殊使用:"如果尝试在符号学的层面来分析该文献,那么大量的带有身体动作的动词会引起注意,比如几乎每段都可以碰到这样的动词,'打''拽''掌''把住''托开'等。"②她的这些研究,既为后面的禅宗语录翻译,也为禅宗语录语法研究提供了基础。

古列维奇的《临济录》的主体部分是对《庞居士语录》和《临济录》的翻译注释。她所翻译的《庞居士语录》只译了卷上,卷中卷下的庞居士诗未译。古列维奇是汉学家,她也是语言学家。她的《庞居士语录》和《临济录》翻译是"自觉"地翻译,即她对禅宗语录有清晰的语法学方面的认识和研究。前面已叙及这本书的最后是一篇篇幅可观、学术分量不轻的论文——《唐代汉语语法简述——以禅宗语录为材料》。她认为:"尽管从禅宗语录未能进入'所声称的体裁阶梯(雅洪托夫发明了这术语)',但是务必要把禅宗语录作为这样的典籍,它们是以最接近自己时代的口语写成的,绝对有必要将它们作为语言学仔细观察的对象。"③因此,古列维奇以口语化的、简短的俄语来译这两种禅籍。同时她在译文后面加了注释,注释或提供俄罗斯读者所不具备的背景知识,或对字面意思难以理解的句子做出解释。

如《庞居士语录》:

> 居士访大梅禅师。才相见,便问:"久向大梅,未审梅子熟也未。"梅曰:"熟也。你向什么处下口?"士曰:"百杂碎。"梅伸子曰:"还我核子来。"士便去。

---

① Гуревич И. Буддийские юйлу школы чань (дхьяна): возникновение, основные характеристики жанра// Линь-цзи лу. СПб.: Петербугское Востоковедение, 2001, с. 16.
② Там же, с. 17.
③ ГуревичИ. Линь-цзи лу СПб.: Петербургское востоковедение, 2001, с. 203.

古列维奇译作:

Мирянин посетил чаньского Наставника Да-мэя. Едва они встретились, как Мирянин тут сказал:

—Я давно стремился к Да-мэю выяснить, созрела ли слива.

—Какое место хотел бы ты опробовать? —поинтересовался Да-мэй.

Мирянин отвечал:

—Смесь, состоящую из сотни различных компонентов.

—Верни-ка мне косточки! — воскликнул Да-мэй, протянув руку.①

这里古列维奇译文晓畅易懂,如口语,如对话。对大梅禅师加了知识性注释,对"梅子熟也未"与"大梅"的音义关联做了注释,对"百杂碎"也加了一条注释。

翻译《临济录》则是更大的挑战。禅宗语言具有"象征性、隐晦性、乖谬性、游戏性、通俗性、递创性、随机性等特征"②。这些特征在《临济录》中表现得比较充分,这就给翻译这本书带来了极大的难度。但古列维奇用简洁、准确的现代俄语非常好地传达出了《临济录》的字面意思和深层意蕴。对于比较复杂的佛理她则辅之以注解性文字。比如:

佛法无用功处,只是平常无事,屙屎送尿,著衣吃饭,困来即卧。愚人笑我。智乃知焉。③

古列维奇译作:

Во Дхармы Будды не надо предпринимать никаких усилий.

---

① Гуревич И. Линь-цзи лу. СПб.: Петербугское Востоковедение, 2001, с. 50.
② 周裕锴:《禅宗语言研究入门》,上海:复旦大学出版社,2009年,第27页。
③ 皎然集、杨曾文编校:《临济录》,郑州:中州古籍出版社,2001年,第14页。

第六章　禅宗文化在俄罗斯

Надо просто быть обыденным, ничего не далая, лишь справлять большую и малую нужду, одеваться, принимать пищу, ложиться отдыхать, когда устанете. Глупец смеется надо мной, Мудрец человек понимает меня.①

为了传达原文的神韵，译者尽量用口语词汇，而且句式也尽量与原文一致，有的句子甚至以四个俄语实词来对应汉语的四字句。译者还出注，说明"困来即眠"等语出自《乐道歌》。再如：

夫如佛六通者不然，入色界不被色惑，入声界不被声惑，入香界不被香惑，入味界不被味惑，入触界不被触惑，入法界不被法惑，所以达六种：色、声、香、味、触、法，皆空相。不能系缚此无依道人。虽是五蕴漏质，便是地行神通。②

古列维奇的译文是：

А ведь с шестью проникновениями Будды дело обстоит совсем иначе[Они заключаются в том, что он], входя в мир цвета, не заблуждается по поводу цвета；входя в мир звуков, не заблуждается по поводу звуков；входя в мир запахов, не заблуждается по поводу запахов；входя в мир вкусов, не заблуждается по поводу вкусов；входя в мир осязаний, не заблуждается по поводу осязаний；входя в мир Дхармы, не заблуждается по поводу Дхармы. Следовательно, после постижения все шесть разновидностей[чувственных восприятий]— цвет, звух, запах, вкус, осязание, Дхарма — превщаются в пустые явления, они не способны связать такого независимого человека. Являя собой субстанцию скверны, проистекающей из пяти скандх, он ходит по земле и при этом

---

①　Гуревич И. Линь-цзи лу. СПб.: Петербугское Востоковедение, 2001, с. 96—97.
②　皎然集，杨曾文编校：《临济录》，郑州：中州古籍出版社，2001 年，第 21 页。

обладает способностью чудодейственных проникновений.①

这里,古列维奇的译文简洁、明快。为了让懂俄语的读者明白,她加了一个补充说明性的句子"它们(六通)不同在于……",副动词短语全是简单句"(他)进入……世界"(входя в мир),然后是主句(他)"不受……诱惑"(не заблуждается по поводу)。她选用来翻译六个关键词色、声、香、味、触、法的俄文单词 цвет, звук, запах, вкус, осязание, Дхарма 都很精妙,除了"触"(осязание)是三个音节而外,其他都是一到两个音节,这与汉语的一个音节的词颇为相似。她将"无依道人"译作"独立的人"(независимый человек)基本吻合原意,但是假如她将这个词组处理成大写——Независимый Человек,就更合原意了。古列维奇对"五蕴漏"和"地行"做了详细的注释。

古列维奇此书中的《唐代汉语语法简述——以禅宗语录为材料》也值得关注。在参照高名凯、蒋礼鸿、吕叔湘、王力、杨伯峻、袁宾、张相、朱庆之、佐格拉芙(Т. И. Зограф)、柳田圣山、入释义高、马伯乐(Henri Maspero)等学者禅籍语言研究成果的基础上,古列维奇对禅宗语录的语法特征做了描述。她从名词、代词(人称代词、指示代词、处所谓词[место предикативы]、疑问代词)、动词、副词、否定词、助动词、疑问表达等类别,展开了对禅宗语录的语法描述。注重禅宗语录在中国语言演变中的作用。对第一人称代词,古列维奇进行了对比:"我"既充当主语,也充当宾语,还充当定语,如"我若不呈心偈""我多知""愚人笑我""我女锋捷矣"②。对于"吾"和"我"的用法的多寡,古列维奇也做了统计。在《临济录》中只有 8 处用"吾",60 处用"我";在《六祖坛经》中用"吾"和"我"

---

① Гуревич И. Линь-цзи лу. СПб.: Петербугское Востоковедение, 2001, с. 119.
② Там же, с. 220.

第六章　禅宗文化在俄罗斯

的数量相当。① 在变文中也用"某甲"表示第一人称。② 古列维奇指出:"至于能够取代第一人称谦称,在《六祖坛经》中只遇到了'朕'。但是我们利用补充资料《游仙窟》就会遇到第一人称的这样一些谦称:'余''下官''承''仆''儿'。"③古列维奇对禅宗语录的语言学研究采用定量分析与定性分析相结合的方法。其结论自然呈现,具有说服力。古列维奇对禅宗语录的语言学研究,对我们考察中古汉语不无裨益。

三、禅意与文学经典

也有俄罗斯的禅宗爱好者研究了俄罗斯诗人、学者和电影导演与禅宗的关系。这种研究大致可以算作"平行研究",即禅宗并没有直接影响所讨论的俄罗斯诗人,只是研究者从这些俄罗斯诗人的作品中读出了禅意。在《禅宗文选》一书的第三部分"无边之禅"的第六章节为尼古拉·鲍勒迪列夫的三篇文章:《普希金与禅宗》《瓦西里·罗扎诺夫之禅》和《安德烈·塔尔科夫斯基之禅》。

在《普希金与禅宗》一文里,鲍勒迪列夫先从宏观方面区别了基督教艺术家和禅宗艺术家:

在这个意义上我将所有艺术家区分为基督教艺术家和禅宗艺术家(自然是在比喻的意义上,而不完全是在理论和学术上)。基督教艺术无意识地(尽管无意识的程度是有区别的)起源于这样的信念:每个人的天性(意识)从根源上说都是肮脏的、有罪的(亚当式的原罪)。不管主观如何努力,即使有英

---

① Гуревич И. Линь-цзи лу. СПб.: Петербугское Востоковедение, 2001, с. 220.
② Там же, с. 220 – 221.
③ Там же, с. 221.

雄式的行为,人的命运也是注定了的:他根本上被抛出了世界性的清净和无罪的存在之外。禅宗艺术本能的信念与之相反:每个人相信天性(意识)从根源上说是清净的,都能进入幸福的原初空寂。①

这与《六祖坛经》中的"若言看净,人性本净"②之说颇相契合,可见鲍勒迪列夫对禅宗精神的理解并不偏差。鲍勒迪列夫认为,普希金的生活是由笑、愚弄和禅宗式的逗乐(《чаньского》зубоскальства)构成的。普希金的作品中没有宗教式的痛苦,没有与之相伴随的忧郁。鲍勒迪列夫对普希金的若干作品进行了分析。如普希金的《乌云》:

啊,暴风雨后残存的乌云!
你独自曳过了明亮的蓝天,
唯有你投下了忧郁的阴影,
唯有你使欢笑的日子不欢。

不久以前,你还遮满了苍穹,
闪电凶恶地缠住你的躯体;
于是你发出隐秘的雷声,
把雨水泻满了干涸的大地。

够了,躲开吧! 时令已经改变了,
土地已经复苏! 雷雨消失无踪:
你看那微风,轻轻舞弄着树梢,

---

① Болдырев Н. Пушкин и дзэн//Антология дзэн. Челябинск: Аркаим, 2004, с. 359.
② 惠能:《坛经》,郭朋校释,北京:中华书局,1995年,第36页。

第六章　禅宗文化在俄罗斯

正要把你逐出平静的天空。①

鲍勒迪列夫认为,这是聚散的轻柔,刹那前后(犹如生灭前后)同样的欣悦。这是存在的摇曳的、不住的、恒常冲动的微醺状态。②

夜的幽暗笼罩着格鲁吉亚的山冈,
喧腾的阿拉瓜河在我前面。
我忧郁而轻快;我的哀愁是明亮的,
它充满了对你的思念。
啊,它充满了你,只有你……再没有什么
使我的相思痛苦或烦乱,
唉,我的心又在燃烧,又爱着了,
因为——它不可能不去爱恋。③

鲍勒迪列夫指出:

这是禅宗的典型。在这里忧郁恰恰是明亮的。"再没有什么使我的相思痛苦或烦乱。"深在的纯洁静穆于人之天性始源的空寂感中。对普希金而言,关键的诗句"它不可能不去爱恋"居于这首诗顶端。为什么"哀愁是明亮的",为什么"忧郁而轻快",为什么相思不会演化成揪心的忧郁? 因为普希金的爱不属于他自己,普希金不羁绊于爱的对象。他的爱是没有边际的,系于他的目光所及之处。因为禅宗诗人的心"不可能不去爱恋"。④

---

① [俄]普希金:《普希金抒情诗选集》下册,查良铮译,南京:江苏人民出版社,1982年,第483页。
② Болдырев Н. Пушкин и дзэн//Антология дзэн. Челябинск: Аркаим, 2004, с. 362—363.
③ [俄]普希金:《普希金抒情诗选集》下册,查良铮译,南京:江苏人民出版社,1982年,第272页。
④ Болдырев Н. Пушкин и дзэн//Антология дзэн. Челябинск: Аркаим, 2004, с. 363.

鲍勒迪列夫对普希金此诗的解读,似与慧能所说的解脱香不无相似之处。《六祖坛经》云:"悟般若三昧,即是无念。何名无念?见一切法,不著一切法,遍一切处,不著一切处。"①从这里可以看出,鲍勒迪列夫多多少少从普希金的诗中读出了一些禅意。

在期刊文章中,也有俄罗斯学者对俄罗斯古典作家创作中的某些状态与禅宗的一些现象做了比较研究。符塞沃洛德·库兹涅佐夫和柳波芙·涅鲁舍娃在《作家协会》杂志2005年第6期发表了《更名》一文,在该文的第二部分里,他们把陀思妥耶夫斯基若干作品中的癫痫病"灵感"同禅宗的"悟"进行了比较,进而得出了理解自我,恢复本心,就是成佛的认识。

库兹涅佐夫和涅鲁舍娃首先援引了格利蒙斯通(Э. В. Гримстоун)的说法:在悟的状态中,癫痫病体验同禅宗的神秘体验具有相似性。他们说格利蒙斯通的这个观点启发了他们,使他们写下了此文。② 在文章中,他们引用了陀思妥耶夫斯基在《白痴》中对主人公梅希金公爵对癫痫病体验的感知:

  后来,在他康复之后,他在思考着一瞬间的时候,常常对自己说,要知道,这种高度的自我感觉和自我意识,因而也是"最高存在"的所有这些倏忽即逝的闪光,无非是一种病态罢了,是对人的常态的破坏,如果这是对的,那么这根本不是什么最高存在,恰恰相反,只能算作最等而下之的状态。然而话又说回来,他最后还是得出了一个十分奇怪的悖论:"是病又怎样呢?"他终于认定,"倘若结果本身,倘若康复之后回想起来并加以考察的这一瞬间的感觉,是一种高度的和谐与美,而且给人以一种前所未有和始料不及的充实、恰到好处与心平

---

① 惠能:《坛经》,郭朋校释,北京:中华书局,1995年,第60页。
② См. Всеволод Куцнецов и Любовь Нерушева. Исправление имён//оюз писателей. 2005. №6.

第六章　禅宗文化在俄罗斯

气和，而且与生命的最高综合体热烈而又虔诚地融合为一体的话，即使这紧张状态不正常，又有什么要紧呢？"……这些瞬间只不过是自我意识的非凡的加强（如果必须用一个词来表达这种状态的话，那就是自我意识），与此同时，也可以说是一种高度直接的自我感觉。①

众所周知，陀思妥耶夫斯基本人患有癫痫病，他的长篇小说《白痴》的主人公梅希金公爵也有此疾，上面的引文即是梅希金公爵的内心自由间接引语。一些陀思妥耶夫斯基的研究者指出了梅希金公爵在癫痫病等方面体现出了自传性特征。②库兹涅佐夫和涅鲁舍娃认为，不管是在陀思妥耶夫斯基那里，还是在梅希金公爵那里，癫痫病都不是一种负面的东西，而是值得付出一生的"生命的最高综合体"。这两位作者指出，他们的目标就是"把握这种癫痫病的状态同禅宗顿悟的真实的相近程度"③。

库兹涅佐夫和涅鲁舍娃把问题引入另一个层面来加以讨论，厘清涅槃与顿悟、心与天堂的关系。他们认为涅槃与顿悟，心与天堂是同一的。两位作者援引了陀思妥耶夫斯基的《卡拉马佐夫兄弟》中的东正教高僧佐西玛的话语来证实此判断。在"佐西玛长老生平自述"中，佐西玛长老以布道的语言说："生活就是天堂，我们大家都生活在天堂里，可是我们却不愿意知道这个，如果我们愿意知道，那么明天全世界都会成为天堂了。"④库兹涅佐夫和涅鲁舍娃

---

① ［俄］陀思妥耶夫斯基：《白痴》，臧仲伦译，南京：译文出版社，1994年，第217—218页。

② См. Карен Степанян. ИСТОРИЯ ЛИТЕРАТУРЫ. "ЭТО БУДЕТ, НО БУДЕТ ПОСЛЕ ДОСТИЖЕНИЯ ЦЕЛИ…". ("Жизнь Иисуса" Д. Ф. Штрауса и Э. Ж. Ренана и роман Ф. М. Достоевского "Идиот"//Вопросы литературы. 2003, №4.

③ Всеволод Куцнецов и Любовь Нерушева. Исправление имён//оюз писателей. 2005, №6.

④ ［俄］陀思妥耶夫斯基：《卡拉马佐夫兄弟》，上册，耿济之译，秦水、吴均燮校。北京：人民文学出版社，1981年，第432页。

认为,对于陀思妥耶夫斯基来说,天堂开启了忏悔的过程,这与禅宗观念是相近的。这两位作者引用了俄译本《六祖坛经》若干文字:"善知识,既忏悔已,与善知识发四弘誓愿"①;"思量恶事,化为地狱;思量善事,化为天堂"②。经过将陀思妥耶夫斯基的文字与《六祖坛经》的这些文字比较之后,两位作者指出:"陀思妥耶夫斯基也是这样来解释天堂和地狱的,将其视为心理现象。"他们认为:对陀思妥耶夫斯基笔下的人物来说,重要的不是窥见天堂,免堕地狱,而是明了自己的本性,达到对自我的充分确证。因此癫痫病就被当成了"自我意识的非凡的加强","高度直接的自我感觉"。对陀思妥耶夫斯基所谓感受天堂就是直接认识自己之说,库兹涅佐夫和涅鲁舍娃表示认同,他们因此断定陀思妥耶夫斯基与禅宗诸师颇相契合:"这就跟禅师相近了。禅宗的中心思想就是——'心'(未受污染的内在性质)。恢复本心(这个术语有时可以理解成灵魂)就是在内心成佛。"③这两位俄罗斯作者如此理解俄罗斯作家陀思妥耶夫斯基跟禅宗的关系,应该说不算"出偏"。《六祖坛经》开宗明义:"见自性自净,自修自作,自性法身,自行佛行,自作自成佛道。"④所说的大约译成俄文,就跟上面那段话的意思差不多。

符塞沃洛德·库兹涅佐夫和柳波芙·涅鲁舍娃还对陀思妥耶夫斯基作品做出新解:不管是《白痴》中的梅希金公爵以为癫痫病激发"高度的自我感觉和自我意识",还是《卡拉马佐夫兄弟》中的佐西玛长老认为心里有天堂,这些都同禅宗的"即心即佛"的观念是相通的。

在俄罗斯当代文学中,维克多·佩列文的《夏伯阳与虚空》被

---

① 惠能:《坛经》,郭朋校释,北京:中华书局,1995年,第44页。
② 同上书,第40页。
③ Всеволод Куцнецов и Любовь Нерушева. Исправление имён//оюз писателей. 2005. №6.
④ 惠能:《坛经》,郭朋校释,北京:中华书局,1995年,第38页。

第六章　禅宗文化在俄罗斯

称为是俄罗斯"第一部禅宗小说"①。这本小说已有郑体武先生的译本。对这本小说与禅宗的关系，国内学者郑永旺等已有论列②，在此不赘。

小结以上三方面的述评，我们还可以思考如下问题。中国文化(自然包括禅宗)在俄罗斯的传播，有两种路径：第一种路径是专家的传播，如汉学家对禅籍的翻译和研究；第二种是普通中国文化爱好者的接受和发挥，他们是通过学者专家的翻译、研究这个中介获得的。在第一种路径中比较接近中国文化的原貌，"耗散"较少。围绕汉学家对中国文化的翻译研究与中国文化原貌的关系，是有争论的。③ 在第二种路径中，因为是经过汉学家这一中介获得的，其"耗散"较多，而且国外中国文化爱好者自己的想象和创造成分更多。这种情形，不妨设想为投石与涟漪，假如中国文化是投石所落之处，那么涟漪荡去，形成一个比一个更大圆圈形波纹。接近中心的圆形波纹，就是汉学家的翻译研究，更远的圆形波纹就是普通中国文化爱好者的接受。那么爱好者的接受是否就是彻底的歪曲呢？从上面叙及的俄罗斯的禅宗爱好者的情形看，倒也未必，中国文化的信息还是传导到了他们心里。其次，文化传播是由多种复杂因素构成的，禅宗在俄罗斯的传播，有两个来源：既有取自中国中土禅宗文献的俄文翻译，也有取道日本的禅宗文献的俄文翻译。禅宗在宋朝时期，由中国僧人传到日本，于是在日本有了临济宗、

---

① Генис А. Иван Петрович умер. Статьи и расследования. М.: Новое литературное обозрение, 1999, с. 232. См. Лейдерман Н. Л., Липовецкий М. Н. Современная русская литература. Книга 3. М.: УРСС, 2001, с. 65.
② 参见郑永旺：《〈夏伯阳与虚空〉的佛教元素解读》，《俄罗斯文艺》2008年2期；郑体武：《译者序》，《夏伯阳与虚空》，上海：上海译文出版社，2004年。
③ 参见周宁：《汉学和"汉学主义"》，《厦门大学学报》(哲学社会科学版)2004年1期；朱政惠：《学术史告诉我们什么——以美国汉学、中国学发展的研究为例》；严绍璗：《我看汉学和"汉学主义"》《海外汉学：从知识到立场——以海外中国现代文学研究为例》。后三篇均载《国际汉学》第二十五辑，郑州：大象出版社，2014年。

曹洞宗的传人。后来禅宗在日本又同武士传统相结合,到了近代禅宗又由日本西传,铃木大拙在此过程中起了极大作用。① 日本的禅宗也北传俄罗斯,仅仅铃木大拙禅学的著作就有若干本被译成俄文,如《禅学入门》(Введение в Дзэн-Буддизм)、《禅与刀》(Дзен и фехтование)、《禅与日本节化》(Дзэн и японская культура)。在俄罗斯的禅爱好者(非汉学家)那里,中国禅与日本禅是不加区别的。如前述的尤里·兹维尔林《禅宗警句》那本书里,既有中土的菩提达摩、临济义玄的语录,也有日本禅师白隐慧鹤、仙厓义梵的故事。所谓"竹密岂妨流水过,山高哪碍野云飞"②,文化的传播往往不会受阻于现代民族国家的樊篱以及基于国家观念的文化分野。

---

① "Zen Buddhism", in J. Gordon Melton and Martin Baumann(eds.), *Religions of the World*. Santa Barbara: ABC – CLIO, 2010. Volume Six, pp. 3178 – 3180.
② 普济:《五灯会元》,中册,苏渊雷点校,北京:中华书局,1984 年,第 343 页。

中 篇

文艺蠡测

第七章 《诗经》的俄文翻译

俄罗斯的读书界对《诗经》的翻译始于19世纪50年代,当时 M. 米哈伊洛夫(М. Михайлов)翻译了"唐风"中的《羔裘豹袪》。1896年彼得堡出版了《诗歌中的中国、日本》一书,其中有 M. 麦尔查洛娃(М. Мецалова)翻译的《楚茨》、O. 米列尔(О. Миллер)翻译的《羔裘如濡》和 M. 米哈伊洛夫译的《燕燕于飞》等出自《诗经》的作品。①

俄罗斯第一本完整的《诗经》译本出版于1957年,由莫斯科科学出版社出版,什图金(А. Штукин,1904—1964)翻译。什图金1921—1925年就读于彼得格勒大学(列宁格勒大学),是大汉学家阿列克谢耶夫院士的学生。他曾供职于列宁格勒大学、苏联科学院东方学所等处,累罹病祸,一生坎坷。他翻译过鲁迅的《阿Q正传》,20世纪30年代开始翻译《诗经》,并于1957年出版。什图金译的《诗经》在后来的各种选本中被广泛采用。除了什图金的全译本而外,还有其他俄罗斯汉学家选译《诗经》。孟列夫(Л. Меньшиков,1926—2005)翻译了"国风"中的《关雎》《蟋斯》《绸缪》,"小雅"中的《天保》《谷风》等4首。② 玛丽(М. Кравцова)也翻译了"国风"中的《关雎》《蟋斯》《殷其靁》《日

---

① Федренко Н. "Шицзин" и его место в китайской литературе, М.: Издательство Восточной литературы, 1958, с. 27–28.

② Китайская Поэзия. В переводах Льва Меньшикова, СПб.: Петербургское Востоковедение, 2007, с. 35–39.

月》《击鼓》《北门》《北风》《静女》《汾沮洳》《杕杜》《无衣》《权舆》《鸤鸠》;"小雅"中的《鹿鸣》《四牡》《无将大车》;"大雅"中的《灵台》;"颂"中的《天作高山》《闵予小子》《有駜》。①

一、扬弃过度阐释　还原民歌本色

翻译活动实际上是一种阐释活动。"翻译不是在真空中产生的。翻译者的功能是在给定的文化和给定的时代发挥出来的。"②俄罗斯的汉学家在对《诗经》进行翻译时,首先必须面对中国已经有两千年阐释历史的《诗经》,也就是说,这里每一首诗都经历了从毛诗以来的历代注家的阐释,积淀了大量的历史社会和文化信息。认同还是扬弃这种阐释,是翻译《诗经》的俄罗斯汉学家不得不面临的选择。其次俄罗斯的《诗经》翻译家还要面对《诗经》在中国以外的国家的翻译,这就是西方的《诗经》翻译家对它的阐释—翻译文本,比如什图金的译本在注释中就引证了瑞典汉学家高本汉的《诗经》翻译。与此同时,翻译者自己所秉持的文化态度、自己的前见也会直接在翻译的阐释活动中反映出来。

俄罗斯汉学家翻译《诗经》表现出了明确的阐释意图。比如什图金翻译《七月》第二节的最后一句是"女心伤悲,殆及公子同归"就是一个有趣的个案,这里发生了与中国《诗经》阐释传统的有趣的分合。这两句诗在中国两千年的《诗经》阐释史中,就有不同的解释,如《毛诗故训传》曰:"伤悲,感事苦也。春女悲,秋士悲,感其物化也。"③他以天人合一的观念来解释"女心伤悲",即节候的更替导致了男女的伤感。郑

---

① Кравцова М. Е. Хрестоматия по литературе Китая. СПб.: Азбука-классика, 2004, с. 50 – 61.

② Translation/History/Culture. A Sourcebook. Edited by Andre Lefevere. Shanghai Foreign Education Press, 2004, p. 14.

③ 《十三经注疏》,北京:中华书局,1980 年,第 389 页 C。

第七章 《诗经》的俄文翻译

笺曰:"春女感阳气而思男,秋士感阴气而思女。是其物化也,所以悲也。悲则始有与公子同归之志,欲嫁焉。"①郑玄已将毛亨感时伤物的解释发挥成了对男女私情的抒发,并认为这个女子心甘情愿欲嫁公子。孔颖达赞同郑玄的说法。到了宋儒朱熹那里,对这个情节的阐释又加进对有地位之"女"的称许:"而此治蚕之女感时而伤悲。盖是时,公子犹娶于国中,而贵家大族连姻公室者,亦无不力于蚕桑之务。故其许嫁之女,预以将及公子同归,而远其父母为悲也。"②朱熹既承袭了毛亨、孔颖达的以感时伤物来解释"女心伤悲"的传统,又有所发挥:与公子联姻的贵家大族的女儿也要从事采桑等田间劳动。他将"治蚕女"的身份变成了贵家大族的女儿。什图金翻译《七月》的时候仿佛在向这个阐释传统挑战,将这两句译作:"На сердце печаль у неё лишь одной: В дом князя войдёт она скоро женой."③("她的心里唯有伤悲:她很快就要到公爵家里当妻子。")这里既没有感时伤物的意思,也没有体现朱熹那种贵家大族女儿的身份的字句,前面的"女执懿筐"的"女"只以"姑娘"(девушка)译出。因此在这里"女"就成了普通的农家女,她心里唯有伤悲要嫁给公爵这件事。这就背弃了毛亨、郑玄至朱熹的阐释路数——以感时伤物、愿意嫁给公子来解释"女心伤悲",将其还原民歌本位。什图金翻译的《蝃蝀》也是如此。在毛诗以降的中国古代传统阐释中,将此诗理解为"止奔"之诗④,即是说将它阐释为阻止淫奔的诗歌。但什图金的译本中将其中的"女子有行,远父母兄弟"译为"Девушка к мужу идёт, покидает/Братьев своих, и отца, и мать."⑤("姑娘告别自

---

① 《十三经注疏》,北京:中华书局,1980 年,第 390 页 A。
② 朱熹:《诗集传》,上海:上海古籍出版社,1980 年,第 91 页。
③ Шицзин. Издание подготовили А. А. Штукин и Н. Т. Федоренко. М.:Издательство Академия наук СССР, 1957, с. 184.
④ 《十三经注疏》,北京:中华书局,1980 年,第 318 页 C。
⑤ Шицзин. Издание подготовили А. А. Штукин и Н. Т. Федоренко. М.: Издательство Академия наук СССР, 1957, с. 64.

己的父母兄弟,/去见丈夫。")这样一来主人公的身份就被挑明了:她是合法妻子,告别父母去见丈夫。什图金又将"乃如之人也,怀婚姻也",译为"Брака с любимым желает дева!"①("少女渴望与心爱的人成亲。")这似乎又是未婚妻所表达的心声,所以这首诗就成了少女唱的情歌。这样就扬弃了毛诗以来的"止奔"的阐释传统,还原为普通的少女的情歌。

《螽斯》在《诗大序》中被解释为"后妃子孙众多也"。《诗小序》则认为:"言若螽斯不妒忌,则子孙众多也。"②朱熹《诗集传》延续了这种解释。清人方玉润对后妃说有所质疑:"以螽斯为不妒忌固有说与? 即所谓后妃不妒忌而子孙众多,亦属拟议附会之辞。且为此诗为众妾所作,尤武断无稽。"他的质疑是有道理的,但他断定此诗是"美多男也"③,又自陷毛诗的窠臼。俄罗斯汉学家在翻译此诗的时候是如何对待这首诗的呢? 玛丽将该诗的第三节译为:"Саранча, саранча, прилетай/Дружным, слаженным хором! Твои дети и внуки пускай/Каждый год нарождаются снова!"④("螽斯,螽斯,伴着友好协调的合唱飞来,让你的子孙散布四方吧,年年他们都会重新繁衍子孙。")从这里很难读出对后妃"言若螽斯不妒忌则子孙众多也"之类的意思。孟列夫对《螽斯》的翻译精练准确,他为此诗加了一条译注:"这是婚礼歌,其中表达了希望新人能够像螽斯(蝗虫的一种)那样子孙众多。"⑤这里突破了毛诗以儒家礼教来解释《诗经》作品的"过度阐释",将这首诗还原为民间的婚礼歌谣,于情于理都比较妥帖。

---

① Шицзин. Издание подготовили А. А. Штукин и Н. Т. Федоренко. М.: Издательство Академия наук СССР, 1957, с. 64.
② 《十三经注疏》,北京:中华书局,1980 年,第 279 页 A。
③ 方玉润:《诗经原始》(上),北京:中华书局,1986 年,第 80—81 页。
④ Кравцова М. Е. Хрестоматия по литературе Китая. СПб.: Азбука-классика, 2004, с. 50 – 51.
⑤ Китайская Поэзия. с. 36.

第七章 《诗经》的俄文翻译

俄罗斯汉学家在《诗经》翻译中还原《诗经》"风"和"雅"的民歌本色。这与20世纪50年代以后新中国学者解读《诗经》的路数是基本一致的。比如什图金对《七月》中的"殆及公子同归"的翻译,与新中国学者的《诗经》解释暗合。余冠英的《诗经选译》将这句译为现代汉语:"姑娘心里正发愁,怕被公子带走了。"①1964年出版的林庚、冯沅君主编的《中国诗歌选》将这句解释为"女子怕贵族公子胁迫她一同归去"②。什图金翻译《诗经》的时候余冠英的《诗经选译》还没有出版,当然中国的古代文学学者也不太可能直接读到什图金的译本。这说明,在20世纪相似的社会背景和学术语境下,中苏的学者、译者达成了实质略同的"英雄所见":摈弃对《诗经》的儒家式的过度阐释,使之回归民歌本色。

二、着意翻译风格　归化异化皆佳

俄罗斯的汉学家在翻译《诗经》的时候,必然要面对一个极大的困境,首先是不同语言的巨大差异。俄文和中文产生于不同的民族,拥有自己不同的文化传统,不同的知识背景。俄文翻译者的困难来自两个方面:一方面《诗经》承载、传递着中华民族的观念和名物;另一方面由于产生的年代久远,《诗经》所体现的不少观念和名物,即使今天的中国人也感到难以理解和辨识,更遑论20世纪至21世纪生息于不同的文化传统中的俄罗斯人。中华民族的某些传统观念,在俄文中是找不到相应的概念的。杰出的汉学家阿列克谢耶夫院士就曾谈到,中国的"礼"字在俄文中,甚至在欧洲文

---

① 《诗经选译》,余冠英译,北京:人民文学出版社,1963年,第163页。
② 林庚、冯沅君主编:《中国诗歌选》,上编一册,北京:人民文学出版社,1964年,第28页。

字中找不到等同的概念(эквивалент)。① 为克服这样的困境,俄罗斯的《诗经》翻译者采取了两种不同的翻译策略,或者"归化"(domestication)或者"异化"(foreignization)。②

先谈"归化"的译法。对中俄文之间意义差异甚大的名物,翻译家一是采用俄文现成的不相当的词来译。如对"孝"字,什图金对《周颂·闵予小子》"闵予小子,家遭不造,嬛嬛在疚。于乎皇考,永世克孝"的翻译是:"Я, исполненный горя, как малый ребенок,/ Принял дом наш, а он неустроен; один/ Сирота-сиротою в глубокой печали. О усопший отец мой и наш господин,/ Ты всегда был и будешь почтительный сын."③("我充满哀痛,就像婴孩,/正在建我们的家,可是尚未建成。孤独的我/形单影只。呵,我失去的父亲、我的君主,/你永远是充满敬意的儿子。")玛丽的译文是:"О горе мне горе! Я малым дитем/ Возглавил наш дом, что еще не устроен, Скобрлю-убиваюсь, как стал сиротою. Отец мой державный! О мой господин,/ Правитель мудрейший, почтительный сын!"④("我是何等的哀痛呵! 我虽是年幼的孩子/主持修建家室,尚未建成,就成了哀痛至死的孤儿。呵,我的君主!/睿智的统治者,充满敬意的儿子!")在两位汉学家的翻译中,"孝"这个重要概念被"异化"了。因为他们将"于乎皇考,永世克孝"译为"君主(是)……充满敬意的儿子"(почтительный сын)。"孝"是中国传统伦理观念中的重要概念,《说文解字》:"善事父母者……子承老也。"⑤《汉语大字典》指出"孝"有祭祀、孝顺、继承先人之志、服丧、效法、蓄养等七个

---

① Алексеев. В. Труды по китайской литературе, кн. 2, М.: Восточная литература, 2003, с. 122.
② 许宝强、袁伟:《语言与翻译的政治》,北京:中央编译出版社,2001年,第358页。
③ Шицзин. Издание подготовили А. А. Штукин и Н. Т. Федоренко. М.: Издательство Академия наук СССР, 1957, с. 60.
④ Хрестоматия по литературе Китая, с. 60.
⑤ 许慎:《说文解字》第八卷上,北京:中国书店,1989年,第10页。

第七章 《诗经》的俄文翻译

义项。① 儒家的"十三经"中即有《孝经》。С. 奥热戈夫《俄语词典》对"почтительный"这个形容词的解释是：1）怀着深深敬意的；2）转义，具有重大意义的。② 《诗经》的俄译者用这个形容词是因为"孝"在俄语中没有等同的概念，不得已而为之。二是译其表层意思，略掉其深层蕴涵。《相鼠》的最后一节是"相鼠有体，人而无礼。人而无礼，胡不遄死"。什图金译为："Посмотри ты на крысу—лапы, как надо. Человек！／А ни чина у тебя, ни обряда！／Коль ни чина нет у тебя, ни обряда,／Что же, смерть до срока тебе не награда？"③（"你看那大老鼠，可是有健全的肢体。这个人呀，／你既没有官位，又不懂典仪，／既然没有官位，又不懂典仪，／干吗不把早死作为对你的奖励？"）什图金把"体"和"礼"的表层意思译出来了，而且用了"官位"和"典仪"两个词来译"礼"，但在汉文中"体"和"礼"这两个字的谐音和近义的妙用，在俄文中就不曾翻译出来。其三，用加解释性的文字来揭示汉语语境中的深层蕴藏。如《北风》中的"莫赤非狐，莫黑非乌"，什图金译为"Край этот страшный – рыжих лисиц сторона；／Признак зловещий – воронов стая черна."④（"那边是成群的红狐狸——那可是最可怕的东西。／一大群乌鸦黑压压的——那可是不祥的征兆。"）狐狸在俄罗斯的语境中与恶兆没有瓜葛，译者只好通过注释式的翻译来说明，告诉俄罗斯的读者这方面的信息。《楚茨》第五章有"孝孙徂位，工祝致告。神具载止，皇尸载起。鼓钟送尸，神保聿归"等句，什图金翻译为："Потомок сыновне почтительный занял престол.／И

---

① 汉语大词典编辑委员会：《汉语大字典》（缩印本），武汉、成都：湖北辞书出版社、四川辞书出版社，1995 年，第 425 页。

② Ожегов С. Словарь русского языка. М.: Издательство иностранных и национальных словарей, 1963, с. 565.

③ Шицзин. Издание подготовили А. А. Штукин и Н. Т. Федоренко. М.: Издательство Академия наук СССР, 1957, с. 65.

④ Там же, с. 54.

вновь прорицатель искусный к нему подошил:/Вещает, что духи упились довольно... И вот,/В величьи своем замещающий духов встает./И бьют барабаны и кололол духам вослед-/Ушил заместитель, и духи уходят, их нет."①("充满敬意的子孙坐上了王位。/技艺高超的预言家走近他/并宣称,神灵们已经喝足了……而且/被尊敬的神的替代者已经坐起。/钟鼓之声追随着神们——/神的替代者走了,神灵们也消失了。")这里涉及若干个俄罗斯人可能非常陌生的概念,如"尸",《汉语大字典》解释为:"古代祭祀时代表死者受祭的活人。"②什图金以"神的替代者"来表达"尸"的含义,这也是一种解释性的翻译。而且朱熹对这几句解释是:"神醉而尸起,送尸而神归矣。"③足见什图金用解释性翻译比较准确地传达出了这几句诗的本意。上述三类都是采取"归化"翻译策略的例证。

除了"归化"而外,俄罗斯翻译《诗经》的汉学家还有采用了"异化"策略,如孟列夫将《关雎》的"窈窕淑女,琴瑟友之"译为:"Где ты затворница—девца-скромница? Цинием и се завлекаю."④在这里他将"琴"和"瑟"都采用了音译,然后加注释:"цинь 和 се 是中国古代的乐器,前者类似于齐特拉琴,后者类似于古斯里琴。"这样就比较真实地传达出了中文的原汁原味。与此相反,什图金和玛丽就直接用齐特拉琴和古斯里琴来翻译"琴"和"瑟"。这说明他们更倾向于"归化"的翻译策略。

---

① Шицзин. Издание подготовили А. А. Штукин и Н. Т. Федоренко. М.: Издательство Академия наук СССР, 1957, с. 287 – 288.
② 汉语大词典编辑委员会:《汉语大字典》(缩印本),武汉、成都:湖北辞书出版社、四川辞书出版社,1995 年,第 405 页。
③ 朱熹:《诗集传》,上海:上海古籍出版社,1980 年,第 154 页。
④ Китайская Поэзия. с. 35 – 36.

三、章法严谨生动　韵律屡见匠心

诗歌与其他文学体裁相区别之处,除了观念而外,语言、音律都是非常重要的因素。① 诗歌翻译中章法和音律的处理往往成为体现译者功力和表现译者匠心的关键。《诗经》是中国最古老的诗歌汇编,它在章法和音律方面自有特色,呈现典型的四字句,若干行分章等特点,自不待言。它的音韵,也有顾炎武、戴震、方润玉诸家标划研究。源文本的这些章法和音律风格在翻译中如何转换成目的文本的另一种风格,值得认真考察。

在章法方面,先看句的处理。俄罗斯的译者在处理《诗经》的四字句的时候采取了灵活的手段,什图金和玛丽一般没有用4个音节(这几乎是不可能的,因为一个俄语单词一般都有两个以上的音节),甚至也没有用4个单词来对应《诗经》的四字句。他们的翻译的一行中,或4个或6个单词不等。只有孟列夫所译的5首《诗经》作品基本上做到了实词性的单词每行4个,其中《螽斯》有的行是3个单词,有的行是5个单词,大概因为译者考虑到源文本本身就有三字句和五字句。

再看节的处理。在节的处理方面,最可称道的是什图金对《公刘》的翻译。本来《公刘》八章,每章11行。什图金将其中的第一、二、三和六章都译为14行,其他章则12行、15行不等。这些14行的章就是完整的十四行诗体,它们体现了普希金的"奥涅金诗节"的风致,都以前面的3个四行诗加后面的一个两行诗组成,如第一章:

В седьмую луну звезда Огня	a
Всё ниже на небе день ото дня.	a
И вот теперь, к девятой луне,	b

---

① 参见[德]黑格尔:《美学》,第三卷下,朱光潜译,北京:商务印书馆,1982年,第68—96页。

Одежду из шерсти выдали мне.	b
В дни первой луны пахнёт холодок,	c
В луну вторую мороз жесток,	c
Без тёплой одежды из шерсти овцы,	d
Кто год бы закончить мог?	d
За сохи берёмся мы в третьей луне,	b
В четвёртую в поле пора выходить—	e
А детям теперь и каждой жене	b
Нам пищу на южные пашни носить.	e
Насмотрщик полей пришёл и рад,	f
Что вышли в поле и стар и млад.①	f

　　其他不是14行的章，也按照每四行为一个完整的意义单元来处理。每章内结构清晰，节奏分明。全部8章连缀起来，由于节奏的重复，又构成了整个译作的整体节奏之美。

　　在音律方面，俄罗斯诗歌的韵律，有内部韵律和尾韵等方面。俄罗斯的汉学家一般按照抑扬格或扬抑格，或抑抑扬格、扬扬抑格来处理译文。在《诗经》除了尾韵而外，在句子内部也有韵律，孟列夫意识到了这种内部韵律，竭力用俄语中相似的韵律来再现它。如《关雎》的"关关雎鸠，在河之洲。窈窕淑女，君子好逑"，"雎鸠"是双声，"窈窕""淑女"是叠韵。孟列夫将其译为："Гулькают, гулькают голубь и горлица, вместе на отмели сели речной. Будет затворница девица-скромница Мужу достойной славной женой."② 他以"Гулькают, гулькают"来传达汉语"关关"的拟声与重复效果，以"голубь и горлица"来体现"雎鸠"的双声效果，以"девица-скромница"来模

---

① Шицзин. Издание подготовили А. А. Штукин и Н. Т. Федоренко. М.: Издательство Академия наук СССР, 1957, с. 183.

② Китайская Поэзия. с. 35.

第七章 《诗经》的俄文翻译

拟"淑女"的叠韵效果,真可谓煞费苦心。

从尾韵来看,上述《公刘》那一节的韵脚为 aabb,ccdd,bebe,ff,用的是 от,ед,од,ик,ор 等阳韵。俄文的阳韵是以辅音结尾的韵脚,故听起来短促低回。这与《公刘》原来的"场""康"等江阳韵的悠长昂扬大不相同。但罗蒙诺索夫所写的表现激烈战争场面的《1739 年战胜土耳其鞑靼人及占领霍丁颂》也以阳韵为主①,足见俄罗斯诗并不以为短促的阳韵不便表达激昂的情绪。

俄罗斯汉学家对《诗经》的翻译成就显著,自不待言。但其中也偶有漏译、误译。前者如《七月》中的"无衣无褐,何以卒岁",什图金译作:"Без теплой одежды из шерсти овцы,/Кто год бы закончить мог?"②("假如没有羊羔皮做的暖和衣服,谁能结束一年呢?")郑玄笺云:"褐,毛布衣也。卒,终也。此二正之月,人之贵者无衣,贱者无褐,将何以终岁乎。"③什图金没有将"无褐"这一层意思翻译出来。《小雅·天保》的"天保定尔,俾尔戬榖",孟列夫译为:"Да охраняют тебе Небеса! Чтобы пожал урожай ты хлеба."④("上天保佑你呀,又让你的粮食获得丰收。")孟列夫显然把"榖"字理解成了"粮食"。毛亨传云:"榖,禄。"⑤朱熹注云:"榖,善也。尽善云者,犹其曰单厚多益也。"⑥足见这里的"榖"字与"粮食"或"谷物"等并无直接关系,孟列夫显系误译。但瑕不掩瑜,这些只能说明,译诗不易,译先秦的诗尤难。《诗经》俄文翻译这异邦新曲的咸苦酸辛,在《诗经》诞生的国度如果没有人去品评,那才是真正的辛酸。

---

① Ломоносов М., Державин. Г., Жуковский В., Рылеев К., Избранные произведения, Киев: Днепро, 1975, с. 12 – 20.
② Шицзин. Издание подготовили А. А. Штукин и Н. Т. Федоренко. М.: Издательство Академия наук СССР, 1957, с. 183.
③ 《十三经注疏》,北京:中华书局,1980 年,第 389 页 A。
④ Китайская Поэзия. с. 38.
⑤ 《十三经注疏》,北京:中华书局,1980 年,第 412 页 B。
⑥ 朱熹:《诗集传》,上海:上海古籍出版社,1980 年,第 104 页。

第八章　中俄民间故事比较

中国民间故事同俄国民间故事之间的关系，是一个新课题。我们想通过这种比较，从一个方面揭示中国民间故事的国际性。比较研究的基础是具备的：由阿尔奈创立、汤普森完善的故事类型AT法，给从事世界民间故事比较研究的学者指点迷津。美籍华人丁乃通教授的《中国民间故事类型索引》、普洛普附在阿法纳西耶夫的《俄罗斯民间故事》1958年版第三卷后的《情节目录》，都依据AT法的序号，这样就在中俄的民间故事间架起了桥梁。在众多相近似的中俄民间故事中，本章只选取了两个常见的类型来加以考察。

一、影响关系，还是平行关系？

一只穷途末路、摇尾乞怜的狼，猎人去后，立刻忘恩负义，凶相毕露，这就是妇孺皆知的中山狼。在陕西、山东、内蒙古、四川南部都有"中山狼"类型的故事及变体。我见到的这个故事的最早文字是明代马中锡《东田集》中的《中山狼传》。好些学者认为这个故事是马中锡根据古代传说创作的。[1]

我在读俄国的民间故事时，发现阿法纳西耶夫编的《俄罗斯民间故事》第一卷中第27号故事《忘恩负义》非常接近马中锡的《中

---

[1] 参见《明代散文选注》，上海：上海古籍出版社，1980年，第5页注释。

第八章　中俄民间故事比较

山狼传》。这个故事讲的是,有只狼(бирюк)落入捕兽器中,跳出后又被猎人追赶,它碰到个背着口袋和连枷的农夫。狼乞求救它,农夫把它装在口袋里,扛在背上,骗走了赶来的猎人。农夫把狼救出来后,狼却要吃他,声称:忘恩负义乃是公理。农夫建议找人评理,若果然该忘恩负义,再吃不迟。问过老母马、老狗,说它们的主人榨干了它们的血汗,便将它们赶出家门,忘恩负义是公理。第三次遇到狐狸,它说不相信那小口袋能装进这么大一只狼。于是农夫和狼如此这般重演了之前的一幕,狐狸问:"你怎么打粮食来着?"农夫便抡起连枷打口袋,结果了狼的老命。①

这个故事与马中锡的《中山狼传》简直如出一辙,情节、主要人物、讲述者的审美趣味都是如此。所不同的只是,在俄国的故事中没有确定的、有名有姓的人物,如赵简子、东郭先生,而只有民间故事中常有的不确切的人物,如农夫、猎人;在俄国故事中碰到的3个评理的角色是:老母马、老狗、狐狸,在中国故事中是"三老":老杏、老牸(母马)、老农夫;置狼于死地的方法相同,只是中国故事中是东郭先生的书囊和匕首,在俄国民间故事中成了农夫的口袋和连枷。尽管如此,还是让人禁不住要问何其相似乃尔?禁不住要去探寻,到底是中国的故事影响了俄国的,还是相反。

在1992年上海文艺社出版的《蒙古族民间故事集》中看到有一个相似类型的故事,题目叫《机智的兔子》。这个故事说的是一匹小马好奇地解开了装着狼的口装,出了口袋的狼要吃小马。正争吵着来了一只小兔子。小兔子听了原委,说不相信这口袋能把狼装进去,要狼再钻一次,狼便钻了进去,被小马和小兔子收拾了。尽管这个在蒙古族牧民中流传的故事离中、俄的民间故事都相去较远,但我相信,当时很可能在蒙古族人中还有一种更接近中原流

---

① Старая хлеб-соль забывается//Народные русские сказки А. Н. Афанасьева. Т. 1. М.: ГИХЛ, 1957, с. 41－42.

传的"中山狼"的变体。我猜想中原的故事是通过蒙古这块土地传到俄罗斯的,既然这个故事有明代之前的古代传说,会不会是通过匈奴人西征传到俄罗斯的呢?

于是,我就把注意力放在苏联境内的鞑靼人民间故事中。因为照苏联学者的看法,鞑靼人是由贝加尔湖沿岸的部落和12、13世纪匈奴人西征的移民发展起来的。我读了一个《鞑靼民间故事选》的中译本,没有"中山狼"类型的故事。而且几乎所有的故事都与中国传统题材不相仿。1991年6月我到北大俄语系参加了一个学术会议,北大的同行给了我一份题为《中国文学在鞑靼语中的传播》的记录稿。这是喀山大学的阿格扎莫夫在1990年北京中苏文学关系国际会议上的发言。阿格扎莫夫的观点和材料否定了我的猜想。在阿格扎莫夫看来,鞑靼人了解中国文学和文化的主要媒介是俄文读物。此外,中国文化的第二个传播媒介是鞑靼的作者用母语写的介绍中国的作品,有科技的、政论的和文艺的形式。第三个传播媒介是中国作品的鞑靼文译本。但所有这些译本全是通过俄语转译的。在阿格扎莫夫的报告中,还专门提到中国民间故事的传播。1901年在喀山出了鞑靼文的《中国故事》。1956、1960年在喀山出了两个相同书名的中国故事集译本《神奇的泉水》。阿氏提出"有趣的是,在中国人和鞑靼人的民间口述文学中有很多共同类型的思想和形象",原因是"不同民族的相似的社会环境,生存活动特点是产生他们口头创作中的共同的社会类型、画面、情境、形象和象征的先决条件"。从我读过的那本《鞑靼民间故事选》来看,阿格扎莫夫所说的相似应是"远距离"的相似,中国文学同很多民族的文学都有这种相似。很明显,现在的鞑靼人中没有,或者很少有中国土生土长的民间故事在流传。就是说,在苏联境内的鞑靼人没有担负起把中国的民间故事传播到俄罗斯的使命。从蒙古这边寻找"中山狼"的故事流传途径的想法就这样被推翻了。

第八章 中俄民间故事比较

于是笔者又考虑,是否存在从中国的西北到俄国的中亚地区,再到俄罗斯腹地这样一条传播途径。正好我读苏联人出的《哈萨克故事集》时,读到这样一个故事:有个牧人把蛇放到自己的衣袖里,躲过了火灾,事后蛇要待在那暖和的衣袖里,又威胁说要咬牧人。牧人说不该以怨报德,要找人评理。问了牛和马,它们都说人是忘恩负义之徒。最后问到一只猫,是猫把蛇结果了。从评理的情节来看这个故事很接近中国的"中山狼"一类故事,从角色是蛇来看又与伊索寓言《农夫与蛇》相仿佛。① 我知道,在苏联中亚地区的几个共和国有号称中国人后裔、说甘肃话和陕西话的东干人。我想或许正是这些东干人把包括"中山狼"在内的好些中国故事传到了中亚地区。我找来李福清和哈萨诺夫等人编译的《东干族民间故事和传说》,读过一遍,倒是读到了很多传统的中国民间故事,如《张羽煮海》《白蛇传》《苏秦刺股》《薛仁贵》等。你完全可以设想,这些说中国话,又会说俄语、哈萨克语、吉尔吉斯语的东干人,会把中国民间的各种故事传播到苏联的中亚地区,"中山狼"也就是这样到了俄国。然后,认真一读李福清和哈萨诺夫写的序言,这种猜想又被否定了。关于东干人的形成有两种传说:一是说,东干人就是成吉思汗西征时留下的军士;一是说,有三千阿拉伯人到了唐朝,同中国的姑娘结合,这就产生了会说中国话和信伊斯兰教的东干人。但李福清和哈萨诺夫认为,这是神话传说,没有历史根据。② 他们认为,东干人是中国的回族人,1861年(实际上是1862年,同治元年——笔者)爆发了回民反抗清政府的起义,起义被清军镇压下去之后,大约有一万起义者逃到了吉尔吉斯和哈萨克,他们主要是甘肃人和陕西人。现在在苏联境内大约有四万东干人。③

---

① Казахские сказки, Алма-Ата, 1964, Т. 2, с. 186–187.
② Дунганские народные сказки и предания. М.: Наука, 1977, Продисловие, с. 7.
③ Там же, с. 9.

按照李福清和哈萨诺夫的后一种说法,"中山狼"的故事就不可能通过东干人传到俄国。因为起义军失败于 1867 年(实际上是 1872 年),就在这一年中国的回民逃到吉尔吉斯等地,成了东干族人,而收入《忘恩负义》的阿法纳耶夫《俄罗斯民间故事》(共 8 辑)是 1855—1863 年间出版的。这一条传播途径又被否决了。

本章开始时的那个问号依然悬在我心中。中国和俄国的"中山狼"类型的故事究竟是什么关系,依然未能解决。民间故事的讲述者从来不声明他的故事是从哪里听来的,他的讲述做了哪些加工,这样民间故事便来无影、去无踪地飘荡在六块大陆上。寻找民间故事之间的影响关系是比寻找文人文学的影响关系更复杂得多的事情,我是难以胜任的,便把希望寄托在了那些学富五车的大家身上。民间文学研究的大方之家,把注意力集中于寻找民间故事飘荡的轨迹上。比如,汤普森在他的《世界民间故事分类学》中考察了"两兄弟"型的故事在欧洲、亚洲、非洲和拉丁美洲出现的概率和分布的情况。他们倾向于把这种分布理解为共时性的平面分布,并不热心去追踪故事出现的先后,即影响关系。

二、文化隐义的追寻

民间故事是厚土,一路挖掘下去,我们本应该惊奇而欣喜地发现:在晓畅易懂的语言中,蕴藏着不同时代的文化信息,有远古的仪式,有文明史以后的历史,还有今天的讲述者的道德伦理观念。然而除了最后一项而外,其他的内容我们可能会失之交臂,因为我们只懂得那些语义层面上的东西,仪式也好,历史也罢,或者像天书一样令人费解,或者已被后来的讲述者篡改得面目全非。我们不必望洋兴叹,更不用悲观。民俗学的资料及其日益完善的理论,为我们提供了破译故事中的仪式和历史的密钥。在对中国和俄国

第八章　中俄民间故事比较

的民间故事进行比较研究时,民俗学会为我们揭示,两个民族看似不同的故事可能包含着相同的文化信息。

在黔东南的苗族人中流传着一个《宰妖奇遇》的故事。说的是一对老夫妻有一个女儿,还有一个叫友林的长工。老夫妻招女婿,不料招来狼妖。放火烧狼妖时,狼妖摄走了这姑娘,在山上割牛草的一个叫友林的长工捡到了一只绣花鞋。老夫妻强迫友林去找回姑娘,并派给他三个帮手。到了一个大村子,他们找到一户人家借宿。夜里狼妖要来吃这家的独生子。就在这天夜里,友林用箭射伤了狼妖,跟着血迹到了一个洞口。友林下到洞底,在姑娘的帮助下,杀死了狼妖。姑娘被拉出洞之后,三个帮手就扬长而去,友林被抛在洞中,友林又救了被狼妖摄来的龙王崽,到了龙宫做客。龙王的二女儿爱上了他,同他一起到人间过上了幸福生活,并战胜了贪色的皇帝。[①] 人们不难发现这个故事在语义层面提供的信息:勇敢无畏的后生舍己救人,终于好人有好报,结成美满姻缘。

在俄国的民间故事中,有一个看上去与此完全不相干的故事。《美丽的瓦西里莎》讲的是瓦西里莎被后母支使到妖婆那里取火的故事。到了妖婆那里,她靠着已故的生母给她的洋娃娃的帮助,完成了妖婆安排给她的各种任务,颇得妖婆的好感。妖婆从自己房前的白骨篱笆上取下眼睛喷火的骷髅,给了瓦西里莎。她把这骷髅带回家里。那喷火的眼睛一看后母及她的两个女儿,她们立刻燃了起来,而瓦西里莎的一根毫毛都未伤。后来瓦西莎织了一匹布,布很薄,整匹布能穿过针眼,这匹布使国王知道了她,并立她为王后。[②] 连中学生都能归纳这个故事的主题:女主人公以自己的聪明才智赢得了胜利,赢得了爱情。

[①] 《苗族民间故事选》,上海:上海文艺出版社,1981年,第105—113页。

[②] Васильса Прекрасная//Народные русские сказки А. Н. Афанасьева. Т. 1. М.: ГИХЛ, 1957, с. 159 – 164.

从语义层面看,中国的友林和俄国的瓦西里莎是风马牛不相及的。如果我们借助民俗学人类学的资料加以考察,我们会发现这两个故事所讲述的,是男女主人公经过成人仪式而完婚的过程。成人仪式,在我国又称为"冠礼""成丁礼"。我国古代男子20岁时,要举行隆重的冠礼。《礼记·冠仪》中对此有记载。在少年男女性成熟时举行此仪式,此后即表明他们有资格参加一切社会活动,有权力婚嫁。成人仪式本是氏族社会的一种制度,随着历史的发展它逐渐消失,但在一些民族中还有遗留现象。在不同的地域,成人仪式的具体方式和程序是不同的。在云南永宁纳西族的居室中有两根支撑正房的木柱,右边的为女柱,女子13岁时傍女柱行"穿裙仪式"。左边的为男柱,男子13岁时傍男柱行"穿裤仪式"。① 我国基诺族人还保留着"成人仪式"习俗。人们突然把到年龄的少年捉来,宰牛并以全牛祭祖,然后将牛肉平均分给村里的所有人,这少年也得到一份。然后村庄长老带领大家唱史诗,给少年传授生活、生产经验。② 成人仪式最古老的形式则是,被行成人礼的少男少女是献祭的对象,他们要暂时死去,然后再复活。此后,他们就成了成人。韦伯斯特在他的《神秘的原始社会》一书中记载了巴布亚新几内亚的土著举行成人仪式的情形:到年龄的孩子由其父兄送到森林深处去,送他们就是送死人,要把他们打扮成死人的样子。在出发之前,给这些孩子打扮时,他们的母亲和其他亲人要放声大哭,并以污泥或草木灰涂抹自己,以表达哀恸。我们上面提及的中俄两个民间故事,以及与之结构相同的故事,我们可以把它们简化为这样一些情节元素:被拐走的姑娘(通常是公主)——父母的寻女告示——应榜的一个或几个主人公——洞

---

① 王承权等:《神秘的女性王国——永宁纳西族的阿注婚姻及习俗》,长春:北方妇女儿童出版社,1984年,第20页。

② 《西南少数民族风俗志》,北京:民间文艺出版社,1981年,第375—376页。

第八章 中俄民间故事比较

穴——被杀死的龙（孽龙，这是比狼妖更普遍的情节元素）——被抛在洞中的主人公——与被救姑娘成婚的主人公，或与龙（另一条善龙）女成婚的主人公；一个姑娘——林中的小屋——小屋中的妖婆——妖婆的难题——完成了难题的姑娘——受惩罚的后母及其女儿——与国王结婚的姑娘。这样就可以把有相同情节元素的故事纳入我们的比较分析中来。中国和俄国的故事中，屠龙与战胜妖婆的主人公是很多的，是这种成人仪式经过化装变形后的艺术表现。下面我们将主要的场景剥离出来，用民俗学的材料加以对比，还原前文中提到的故事暗含的仪式的本来面貌。

在苗族的《宰妖奇遇》中，友林和三个帮手走了303天，到了一个千户人家的大村子，留他们住宿的那家男主人说："只是今天晚上我家要落难，狼妖要来吃我的独生子。"夜里，友林把吃剩的肉"扎成人身，穿上小孩子的衣服，又找来竹子，编成一个人头般大的笼子，糊上纸，画上小孩的眼耳嘴鼻，摆在床上——样子像睡觉"。把它放在堂屋的床上，这个情节在故事中是为引狼上钩做准备的，但这就是献祭仪式，献祭最早是因敬畏鬼神，而主动提供人为牺牲，这种野蛮风俗受到抵制后，牺牲改为牲畜。我们知道，在伊斯兰教中，古尔邦节是至为隆重盛大的节日。"古尔邦"就是"献身""牺牲"的意思。"古尔邦"来源于这样一个传说，先知易卜拉欣梦见安拉要他宰自己的儿子献祭，以表示对真主的虔诚，易卜拉欣怕自己下不了手，就蒙着眼睛举刀向儿子砍去，砍完后，一睁眼看见儿子无恙，被砍的是一只羊。安拉说："这是对你的考验，把儿子还给你。"阿拉伯人此后定期宰羊献祭。这是主动顺从献祭的阶段。在彝族人中也有一个"祭龙"传说。云南景东县基麻村，有个石洞，都说洞中有龙。一年天旱，村中传说龙要吃了小孩才能使全村人免灾。一青年自愿去作牺牲，他在身上绑了许多尖刀，手执两柄利剑，祭龙时站在洞口，龙神把他吞下腹中，他在龙腹中翻滚而死，龙也被他杀死了。从此祭龙,改为了用猎鸡。① 这是有反抗的献祭的阶段。这种献祭仪式往往又同成年仪式有交叉的现象,即是说要行成年仪式的男女少年往往充当牺牲。这个彝族故事反映的则是这种献祭的第二个阶段。在这一类型的故事中,这个牺牲往往是由主人公自己扮演的。在苗族中流传着另一个叫《猎人老当》的故事,这个主人公老当就是披着虎皮,暗藏宝刀利剑、九齿钉耙进虎穴去的。

友林虽然没有自己扮成小孩,但他进狼妖洞就是代替了这小孩,继续进行献祭。在俄国民间故事中,后母让瓦西里莎去妖婆那里取火种,就是把她派作了牺牲。这两个故事的共同特点就是,都对献祭采取否定的态度,友林献祭表现其无畏,瓦西里莎献祭是被后母惩罚,这说明这两个故事比起阿拉伯传说来说是比较晚近的事。就定期献祭这个情节来说,《宰妖奇遇》同在世界上广泛流行的"屠龙者"类型的故事是相近的。在那些故事里,主人公进了皇城,看到倾城服丧,原来一条龙命令人们定期献祭一个少女,抽签的结果落到公主去献祭。后来主人公就杀死了龙救出了公主。

在《美丽的瓦西里莎》中,有对妖婆的小屋的详尽的描绘。妖婆的小屋坐落在"浓密的不能通行的森林里",围绕小屋的篱笆是人的白骨砌成的,篱笆上高耸出还有眼睛的骷髅,"门上做门钩的是人的脚,做门闩的是人手,做锁的是长满獠牙的嘴"。这妖婆"吃起人来,就像嚼仔鸡一样"。瓦西里莎到了她的屋里后,她从外面回来,嗅嗅四周,高声叫道:"嘿嘿,有股俄罗斯人的味道!谁在这儿?"在这里茂密得不能通行的森林是个神秘的所在。但丁在《神曲》的序歌中,叙述自己在35岁时,迷途于"黑暗的森林"之中,迎面来了三只野兽,接着维吉尔的灵魂出现,把但丁带入了地狱。在美洲的神话中,有这样的情节,一个去寻找亡妻的男人,走到一片

---

① 《西南少数民族风俗志》,北京:民间文艺出版社,1981年,第73页。

第八章　中俄民间故事比较

森林里之后,发现那里就是阴间。可见在古人的意识中,森林可以是阴间的入口。对各种类型的妖婆及其小屋,普洛普在其《神奇故事的历史根源》中做过详尽的研究。他以大量的材料证明,妖婆就是死神,她的小屋就是人间去阴间的大门。妖婆嗅出的"俄罗斯人的味",就是"活人味""生人味"。这在中国的好些故事中能得到印证,在有活人出现时,妖怪们嗅觉比视觉灵,总是问道:"怎么有生人味?"在很多俄罗斯民间故事中,主人公到了妖婆的小屋(往往是立在鸡脚杆上的小屋)跟前时,总要念咒语:"后墙朝森林,前壁转向我。"原来这小屋是反向的,寻常人等进不去,念咒掉转过来后,主人公一进去,就进了阴间之门。①

在中国的故事中,进入阴间不一定要经过这样的森林,但是一定要进入洞穴(在俄国的民间故事中,主人公在进入了妖婆的小屋后,有时还要进洞)。在这个故事中,友林和三个帮手顺着狼妖的血迹,追到"一个雾气腾腾的无底洞口","往里一看,阴森的寒气逼人"。鬼神的居所是人的居所的反映。我国的先民们都是住在洞穴中的。《礼记·礼运篇》说:"昔者先王未有宫室,冬则居营窟,夏则居橧巢。"项峻《始学篇》说:"上古皆穴处,有圣人教之巢居,号大巢氏,今南方人巢居,北方人穴处,古之遗俗也。"这说明洞穴是先民的主要居所。南方的穴居也很普遍,傣族的古歌谣《关门歌》描绘了穴居情形:"抬来大石头,堆在洞门口,挡风又防冷,野兽不进来,我们才安全。"后来妖魔鬼怪,多是占山为王,据洞称雄,每每以"某某洞主"自命。但故事中妖魔的洞,又不同于与地面平行的住人的窑洞,这些洞窟与地面相垂直,而且深不可测。友林用了三千三百根布条,才下到洞底。这种洞穴是地下的阴间所在。有的

---

① См. Пропп В. Исторические корни волшебной сказки. М.: Лабиринт, 2005, с. 90–138. [苏联]普罗普:《神奇故事的历史根源》,贾放译,施用勤校,北京:中华书局,2006年,第49—131页。

故事明确地把阳间和阴间区分开来。畲族的《天眼重开》叙述一个叫勇图的少年战胜九角旱龙的故事。他一跺脚,跺碎了上书"旱龙地界,人兽止步"的石碑,进了旱龙的世界。

这样我们的男主人公友林和女主人公瓦西里莎就进了另一个世界。前面已经说了,"在洞穴中被杀死的"是比"狼妖"更普遍的情节元素。畲族的《天眼重开》中是九角旱龙,达斡尔族的《三个大力士》是蟒盖(也是龙),藏族的《樵夫和公主》也是龙头怪物。俄国故事中,《金银铜三国》和《牛的儿子伊万》类型有几十个变体的故事,讲的都是杀死多头蛇救公主的故事。

这种龙不是汉民族尊之似图腾的好龙,而是摄走年轻姑娘、祸害一方的孽龙。在古希腊神话中,阴间的守护者是刻耳柏罗斯,它长着几个狗头和蛇尾,喷着毒液,与龙蛇相像。在我国好些少数民族的驱鬼仪式中,扮演阎罗的往往饰以牛头马面,可见龙就是阎王爷。进洞以后,友林用猎人的弓箭射伤了这只狼妖,用它自己的宝剑宰了它。而在其他故事中,主人公都能用宝剑或其他武器战胜龙。在我国很多民族的驱鬼仪式中,要使用木制的刀剑或真实的刀剑。独龙族的南木萨(巫师)和他的助手在砍鬼巫术中,身藏砍刀,埋伏在被邪鬼缠身者的屋顶上,一旦邪鬼到来,一齐挥刀砍去,将它砍死方休。[①] 砍时南木萨并不念咒,足见他相信刀剑是可以杀死鬼的。如果说友林对狼妖是武斗的话,那么瓦西里莎对妖婆则是文攻,她以她的聪慧取悦于妖婆,战胜了她。

杀死龙或别的妖怪,是所有这一类故事都有的情节,关键在于此后的节外生枝,洞外的贪心、贪色的助手,见主人公已救出了公主或姑娘,便割断绳子,让他死在洞里。在实际的成人仪式中接受仪式者有真正死去的可能。在安曼人中,有一种叫悬钩仪式的成人礼,"安曼人房屋有4根柱子,参加成人礼者被用绳子缚在钩上

---

① 参见张紫晨:《中国巫术》,上海:上海三联书店,1990年,第113—119页。

第八章　中俄民间故事比较

举起来,悬挂在一根柱子上。他身体赤裸,手持巫术袋,钩上还悬着盾牌。当悬挂完毕,便由一个随从将他旋转起来,他因旋转而虚脱,然后一个旁观者高呼'死了!'便把他弄下来放在地上。他一直躺到真正死去或苏醒过来,无人理睬。假如真的死去,被认为是'大神带走了',苏醒认为'神'使他复活。"①在反映成人仪式的这一类故事中,主人公去了"阴间",被在阳间的人看起来就是死了。由于奇迹,就像友林救了龙王子,又被他引出洞一类的奇迹,主人公又会活过来,回到人间。这就是符合献祭的成人仪式的必然逻辑,主人公必死,他又必复活。如果主人公不再复活,那就不是故事,而是实际的悲惨的冒险了。民间故事总有喜剧性的大团圆作为尾声,死者复活,在初民的意识中是可能的。在某些民族的招魂巫术中,可以发现这种观念。在彝族人中招魂词、招魂经是很多的,比如,他们对年轻的死者唱道:"归来魂归来,孤儿魂归来,家中庄稼地,今后归你盘。"②这样,友林死了之后,活着回来了。值得注意的是,瓦西里莎并没有消极地等待勇士来救助,而是自己回到了人间。这也许在成人仪式中,属于更古老的一类。她更独立、更自主,离父系制度更远。她独立地经受了成人仪式的考验,回到了人间。

我们的男女主人公经历了神圣的死去、复活的历程之后,就以新的面貌,成熟的男人和女人的面貌,开始了新的生活。男大当婚,友林娶了龙女;女大当嫁,瓦西里莎嫁了国王。经过我们挖掘故事的文化隐义层面,这两个乍看毫不相干的故事,原来反映了同样的人生仪式,同样的人生历程。

中俄民间文学中的相似情节还能发现一些。在俄罗斯民间流传的壮士歌中,有一则《圣山和伊利亚·穆拉梅茨》,其中有这样的情节:

---

① [德]利普斯:《事物的起源》,汪宁生译,成都:四川人民出版社,1982年,第255—256页。

② 张紫晨:《中国巫术》,上海:上海三联书店,1990年,第134页。

穆拉梅茨……爬上了粗糙的橡树。他看到：一个比树还高的壮士骑马走来，他抬头看着白云舒卷的天空，肩上扛着个水晶匣子。壮士到了大树下，从肩上放下水晶匣子，用金钥匙打开匣子：壮士的妻子从里面走了出来。这般美人儿可从没见过，没听过：个头高，步履轻，眼赛鹰亮，眉比貂黑，衣裳下是雪白的躯体。她从匣子里一出来，就收拾桌子，铺上画了战争场景的桌布，在桌子上放上了各种甜食，从匣子里取出了蜂蜜。圣山壮士吃饱喝足了，就跟妻子到白帐篷乘凉，种种逸乐不一而足。壮士就睡着了。他的美人儿妻子出到野地游逛，看到了粗糙橡树上的伊利亚。她说了这样一番话：

"哎，你，好小伙儿！从橡树上下来，跟我造爱，如若不从，立马叫醒圣山壮士，告诉他，你强暴了我。"

伊利亚毫无办法：跟娘们儿有什么好说，跟圣山也不能顶牛，他从橡树上下来，乖乖照办。壮士的美人儿妻子，把他放进了壮士的衣兜，叫醒了酣睡的壮士。圣山壮士醒了，把妻子装进水晶匣子，用金钥匙锁了，骑上宝马，向圣山进发。他的宝马慢腾腾地走着，壮士用丝绸鞭子抽马的肥壮的腿，马开始说人话：

"原来我驮壮士和壮士的妻子，现在我驮妻子和两个壮士，所以走不快。"

圣山壮士从衣兜里掏出伊利亚·穆拉梅茨，开始问他，他是什么人，为什么到了他的衣兜里。

伊利亚告诉了他全部真相。圣山杀了自己的妻子，却跟伊利亚交换了十字架，称他为小兄弟。[1]

且看吴均《续齐谐记·阳羡书生》：

阳羡许彦于绥安山行，遇一书生，年十七八，卧路侧，云脚

---

[1] Русский фольклор. Сост., коммент., М. А. Красновой. М.: АСТ, 2001, с. 31–32.

第八章 中俄民间故事比较

痛,求寄鹅笼中。彦以为戏言。书生便入笼,笼亦不更广,书生亦不更小,宛然与双鹅并坐,鹅亦不惊。彦负笼而去,都不觉重。前行息树下,书生乃出笼谓彦曰:"欲为君薄设。"彦曰:"善。"乃口中吐出一铜奁子,奁子中具诸肴馔,珍馐方丈。其器皿皆铜物,气味香旨,世所罕见。酒数行,谓彦曰:"向将一妇人自随。今欲暂邀之。"彦曰:"善。"又于口中吐一女子,年可十五六,衣服绮丽,容貌殊绝,共坐宴。俄而书生醉卧,此女谓彦曰:"虽与书生结妻,而实怀怨,向亦窃得一男子同行,书生既眠,暂唤之,君幸勿言。"彦曰:"善。"女子于口中吐出一男子,年可二十三四,亦颖悟可爱,乃与彦叙寒温。书生卧欲觉,女子口吐一锦行障,遮书生,书生乃留女子共卧。男子谓彦曰:"此女虽有情,心亦不尽,向复窃得一女人同行,今欲暂见之,愿君勿泄。"彦曰:"善。"男子又于口中吐一妇人,年可二十许,共酌,戏谈甚久。闻书生动声,男子曰:"二人眠已觉。"因取所吐女人,还纳口中。须臾,书生处女乃出,谓彦曰:"书生欲起。"乃吞向男子,独对彦坐。然后书生起谓彦曰:"暂眠遂久,君独坐,当悒悒耶?日又晚,当与君别。"遂吞其女子,诸器皿悉纳口中,留大铜盘可二尺广,与彦别曰:"无以藉君,与君相忆也。"①

这两者就情节因素而言,有不少近似之处,然而要考察其间的关系,似乎更难。姑不考索,留待后贤去做。

---

① 吴均:《续齐谐记》,《汉魏六朝笔记小说大观》,上海:上海古籍出版社,1999 年,第 1006—1007 页。

第九章　俄罗斯当代作家与中国传统文化

　　20世纪80年代以来俄罗斯文学进行着新文学的建构,中国传统文化对俄罗斯文学的影响有迹可循,但中俄的学者都对此未曾留意。部分俄罗斯当代作家对中国传统文化表现出浓厚的兴趣,他们在自己的小说诗歌创作中,汲取中国传统文化的养料,借以想象出自己文学作品的中土人物、奇情异趣、东方色彩。当代俄罗斯作家笔下的中国传统文化因素的书写尚未成为中俄学者关注的对象。[①] 本章对塑造李白形象的《秉烛夜游客》和《回归太白》做述评,并指出俄罗斯作家对庄子和老子的曲解。另一些俄罗斯作家以大量的中国传统文化元素与俄罗斯文化相拼贴,分析了"欧亚交响曲"系列小说、《2008》和《阿狐狸》等作品的特点、作者意图和读者接受心理。俄罗斯当代作家利用中国传统文化来构建中国形象,回归了俄罗斯18世纪末"中国是'哲人之邦'"的套话,既具有当下的针对性,又折射出"新欧亚主义"的观念。俄罗斯作家对中国传统文化的书写有自己的问题意识和出发点,但他们在俄罗斯传播中国传统文化的作用不应低估。

[①] 李明滨、陈建华、汪介之、刘亚丁、阎国栋和查晓燕研究了20世纪以前俄罗斯作家对中国形象的书写。Пчелицева К. Образ Китая в русской литературе и общественной смысле XIX-XX века. Часть I. Волгоград, Перемена, 2005,也只见第一册,即19世纪部分;有关近年俄罗斯文学与中国文化关系的研究,参见刘亚丁的论文:Лю Ядин. Образы китайской культуры в русской прозе 1980—2000 - хгг. // Проблемы Дальнего Востока. 2008, №3.

第九章 俄罗斯当代作家与中国传统文化

一、对中国文化英雄的领悟与曲解

一些俄罗斯作家,从浩浩中国文化长河中掬取几捧清泉,将中国真实的历史人物想象为自己小说的主人公,或诗歌的吟咏对象,为俄罗斯文学的人物形象长廊增添了几许异域风采。最值得关注的是两篇以李白为主人公的作品。

一篇是 B. 瓦尔扎佩强(B. Варжапетян)的中篇小说《秉烛夜游客》,作者构思巧妙:将李白风流得意的岁月略过不表,径直以身陷死囚囹圄的李白给儿子的"绝笔书"作开端,从这里开始倒叙李白平生的几个关键时刻。在作家的叙述中颇多精彩之笔,如李白在高力士家吟诗的场景。这边李白口吟笔录其诗:"夜宿峰顶寺,举手扪星辰。不敢高声语,恐惊天上人";那边高力士说道:"您写罢,在下不敢惊动天上人,天子是敢惊动天上人的。您的信怕是会让天子伤感的。"① 真是极好的机锋,与李白的诗对照读,绝类禅宗话头。玄宗读罢李白的《陈情表》果然生出一番感慨:"被冤判死刑者,既请求宽恕,又对法暗怀幽怨,国有此类人,犹果之有虫豸。莫非天下少一骚客,则歌诗蒙难,诗法溃散。"他的内心话语中最令人拍案的当是:"为文有规必死,治国无法则亡(В литературе есть правила—гибнет литература, а в государстве нет правил—государство гибнет.)"② 真正道尽了这个风流天子的威严与智慧。在这篇小说中还广泛征引中国古籍中的名句或故事,大都自然妥帖,仅在李白致儿子的绝命书中就有斥鷃笑鲲鹏、达摩面壁、曹植的《七步诗》。③ 足见 B. 瓦尔扎佩强对中国传统文化有较丰富

---

① Варжапетян В. Путник со свечой. // Повести о Ли Бо, Омаре Хайяме, Франсуа Вийоне, М.: Книга, 1987, с. 22 – 23.
② Там же, с. 28.
③ Там же, с. 9 – 13.

的知识,有不浅的领悟。

诗仙李白之殁,我国方家、坊间说法不一,或曰醉死,或曰捉月溺死,或曰腾空而去。俄罗斯汉学家兼作家 С. 托洛普采夫(С. А. Торопцев)在这几种说法之外,又想象了李白回归太白的新结局。在他的小说《回归太白》中,李白年迈体衰,潦倒落魄,客居其叔父李阳冰府上。С. 托洛普采夫巧妙地将李白的诗歌作品自然地穿插在对主人公行动、情绪的叙述中:一个秋日的黄昏,李白乘车出了府邸,似乎又回到了太白山巅,听到云呼风唤:"西上太白峰,夕阳穷登攀。太白与我语,为我开天关。愿乘冷风去,直出浮云间。举手可近月,前行若无山。一别武功去,何时复更还?"①叙述者继续写李白的思绪:此诗写于他壮怀报国的天宝初年,如今二十载过去了,现在长安是回不去了,对太白山他已作别样观。他携一舟子,泛舟湖上,似乎将宫廷富贵、人世浮华都抛在了身后:"生者为过客,死者为生者。天地一逆旅,同悲万古尘。月兔空捣药,扶桑已成薪。白骨寂无言,青松岂知春。前后更叹息,浮荣安足珍。"一方面叙述者不时烘托非现实的世界,一步步将主人公推向天国:李白来到湖上,是因为他曾做了一个梦,梦里洁白大雪铺天盖地,驱散了黑暗。忽然他又想起曾有个着灰裙白衫的女卜者对他说:"汝身已逝,了无所存。西方仙圣,耀光接汝。"忽然异香盈满湖上虚空。另一方面叙述者又要给俄罗斯的读者提供必要的信息,让他们知道李白的结局是如何形成的:兰陵美酒助兴,诗人似乎回到了现实世界:"我似鹧鸪鸟,南迁懒北飞。时寻汉阳令,取醉月中归。"由于皇帝的恩典,李白在流放夜郎途中获赦,返回了金陵。挚友杜甫也在诗中说,梦中不知李白是生是死。仿佛预见到

---

① Торопцев С. Возвращение к Великой Белизне//Литературная газета, № 16 (5831) 18—24 апреля 2001 г.; Книга о Великой Белизне. Составитель С. А. Торопцев, М.: Наталис, 2002, с. 196 – 207. 这两个版本有细微区别。

第九章　俄罗斯当代作家与中国传统文化

了今天的湖上之行一般,杜甫担心深潭阔浪,那里有会吞噬李白的蛟龙。昨天李白刚刚给叔父写了一首诗,就像留下遗嘱一样:"大鹏飞兮振八裔,中天摧兮力不济。余风激兮万世,游扶桑兮挂石袂。后人得之传此,仲尼亡兮谁为出涕!"兰陵美酒将尽,轻风送来天上的蜀乐,C. 托罗普采夫就此谱写了最后的"大和弦":

> Две фигуры в радужных одеждах-одна напомнила ему даоса Яна, которого он когда-то провожал в глухие горы Шу (не забыл еще!), - возник ли из тьмы инобытия в колеснице из пяти облаков, сопровождаемые Белым Драконом. Они пригласили Ли Бо присоединиться к ним, чудище пошевелило хвостом, раздвигая облака, и помчало Ли Бо вверх, будто на высокую гору, туда, где торжественно распалялся, еще слепя земные глаза, невыносимый свет Великой Белизны. Уже через мгновенье глаза привыкли, и Ли Бо последним земным усилием мысли подумал, что он, похоже, не уходит, а возвращается...①

两位霓裳使者,一位让他觉得像当年他送进荒僻蜀山的杨道士(记忆犹新!),乘白龙伴随的五云车从非此世的暗黑中出现。他们邀李白同行,那白龙舞动龙尾,腾云拨雾,助李白飞升,就像上高山一样,在那里太白庄严地放射着温暖的、不能忍受的光,简直会让肉眼失明。瞬息之后,李白的眼睛适应了,以最后的尘世念头想到,他好像不是离去,而是回归……

作为描写李白的飞升的"大和弦",C. 托罗普采夫营造了多种文化元素融合的独特文本:首先,这里有大量中国文化元素,C. 托罗普采夫所想象的李白的长逝,符合中国传统文化的逻辑——与

---

① Книга о великой белизне. Составитель С. А. Торопцев, М.: Наталис, 2002, с. 207.

我国僧传中高僧大德圆寂时的"化佛来迎"传说暗合,比如在《往生集》卷一中记载:"齐僧柔学方诸经,惟以净业为怀。卒之日见化佛千数,室内外皆闻异香,西向敬礼而化。"①这里基本的文化元素源自中国传统文化:李白、霓裳、太白、白龙、五云车等。其二,语言表述方式是极其"俄语化"的,托氏使用了带有多种成分的复合句,如"两个身影"(Две фигуры)本身是个主谓句,但带了多种附加成分,或表示其衣饰"着霓裳"(в радужных одеждах),或列举说明其中一人像杨道士,再说明其乘的车有"五云"(пяти облаков),最后还带了一个定语从句——"白龙伴随"(сопровождаемые Белым Драконом)。此外,"白龙"(原文是"怪物"——чудище)以后的句子则更加"俄式",它自身有两个接续的谓语,此外还有一个副动词短语——"腾云拨雾"(раздвигая облака),在该句的末尾还带了一个以"туда, где"为连词的地点从句,这个地点从句本身又自成一个复合句。其三,在表现超验世界的神圣、光明特征时,C. 托洛普采夫似乎借鉴了但丁和歌德的手法,《神曲·天堂篇》中圣贝拉带但丁窥见神圣三位一体的场景未必没有给托氏创作灵感。因为在C. 托洛普采夫的笔下,太白也在光辉中有神格与人格相融汇的模糊形象。《浮士德》尾声中众天使从天而降,迎走了浮士德的灵魂,太白迎李白庶几近之。

依常理,描摹他国文化英雄,小说难工,歌诗易好,但是在当今的俄罗斯作家中,情况可能正好相反。在一些描写先秦诸子的诗歌和散文诗中,俄罗斯诗人所写的内容是颇可商榷的。比如只要写庄子,似乎必定与梦和睡觉有关联。2010 年《山雀》第一期女诗人 E. 齐泽夫斯卡娅发表了一组诗,总标题就是《庄子之梦》,但在该组诗中,那首《庄子之梦》只有草草四句:"假如我和你一起躺

---

① 《大正新修大藏经》,高楠顺次郎编纂,东京:大正一切经刊行会,1928 年,卷51,第 128 页下。

第九章　俄罗斯当代作家与中国传统文化

下,/我在梦里想吃东西,/而且越来越饥饿,/拥抱我你可愿意?"①И.叶夫萨的《春天》一诗的头两节:"我想成为拖着干枯辫子的瘦小的中国人/嗓子中发出钟鸣(在他人的语言里),/在矮矮的树林里捡拾枯枝,/临睡之前捧读《庄子》。"②显而易见,这是一种简单联想,难以看出有什么深刻的内涵。作家 A.巴尔托夫(А. Бартов)在散文诗集《西方与东方》中,分别有"伟大的孔子删《诗》"和"老子故事·《道德经》是怎样构思的"(Рассказы о Лао-цзы. Как была задумана "Книга пути и добродетели")两章,在后一章中,А.巴尔托夫一开始就写道:"公元前481年冬日,龙时之始。老子在早晨7点出了自己的茅屋。"后面洋洋洒洒地写了时辰的更替(作者写了所谓东方日历中的"水时""火时"等)、春秋轮回、草木荣枯、昆虫蛰振等,然后在最后一节中写道:"2500年前,老子纵目白雪覆盖的精陵山(гору Цзин-линь)顶,回顾走过的山路,决定写《易经》(решил написать книгу перемен)。"③显然这是"张冠李戴":从标题来看,作者是想展示老子创作《道德经》的缘起;但从文中的内容看,作者以时序自然的变化来表明老子是在什么机缘的影响下决定写《易经》的。《易经》在不知不觉中取代了《道德经》,老子成了《易经》的作者。当然我们不必苛责俄罗斯的作家。

老子、庄子和李白是中国传统文化中的标志性人物,他们受到俄罗斯当代作家青睐,这表明俄罗斯作家对中国传统文化的认知是有眼力的。这些俄罗斯作家所呈现的对中国文化的深刻的领悟与无知曲解的交错,本身也形成文化交流的奇特景观。

---

① Зизевская Е. Уроки Чжуан-цзы//Зинзивер, 2010, №1.
② Евса И. Трофейный пейзаж. Харьков, 2006//Е. Невзглядова. Три поэта. Звезда, 2009, №1.
③ Бартов А. Запад и Восток//Знамя. 2007, №9.

二、中国传统文化因素的奇幻拼贴

一些当代俄罗斯作家采用后现代的拼贴手法,杂取中国传统文化的若干要素,与俄罗斯文化相拼贴,借以想象出文化交融的虚拟时空。最引人注目的,当数笔名为霍利姆·王·扎伊奇克(Хольм ван Зайчик)的作者推出的系列小说"欧亚交响曲"(Евразийская симфония)、谢·多连科(Сергей Доренко)的长篇小说《2008》和维·佩列文(Виктор Перевин)的长篇小说的《阿狐狸》。

姑且将扎伊奇克的"欧亚交响曲"系列小说称为"玄幻公案小说",目前该系列已经出版了三卷七部(第一卷:《媚狐案》《胜猴案》《狄猫案》;第二卷:《贪蛮案》《游僧案》《伊戈尔远征案》;第三卷《不熄明月案》)。在该系列小说中,作者想象了一个巨大的奥尔杜斯(Ордусь)帝国,它是作者生造的一个新词,以金帐汗国(Орда)和古代俄罗斯的名称"露西"(Русь)相叠加,构成了一个新国名。在作者虚拟的历史时空中,13 世纪 60 年代古露西大公亚历山大·涅夫斯基与拔都的儿子议定将金帐汗国和古露西合为一个统一的国家,实行统一的法律,稍后中国也加入其中。于是出现了一个巨大的帝国,其东部的首都为汉八里(即北京)、中部的首都是哈拉和林、西部的首都是亚历山大里亚·涅夫斯卡亚(从作品的描写来看即彼得堡)。在这个巨大的国家里,东正教堂的金顶同佛塔和清真寺庙交相辉映,城中心必定有孔庙,当人们遇到精神道德难题时,必定要到那里求教。[①] 系列小说中有两个中心人物:一个是"郎中"、对外侦察局长、剑客巴加都尔·洛鲍,另一个是检察长鲍

---

① Хольм ван Зайчик. Дело жадного варвара. Дело незалежных дервишей. Дело о полку Игореве. СПб.: Азбука-классика, 2005, с. 6 – 10.

第九章　俄罗斯当代作家与中国传统文化

格丹·鲁霍维奇·欧阳采夫—修。他们搭档，破获了一起起怪案。几乎每部小说都充满了奇异的不同文化文本的交汇。在各种文化的交汇中，中国传统文化的元素以不同的方式融入其中。

其一，或将中国传统文化自然而然地化为人物的内在修养。比如在《媚狐案》中郎中遇到棘手的案子时，到了亚历山大里亚·涅夫斯卡亚的佛光寺（Храм Света Будды），"坐在长老对面的草席上，默诵着《金刚经》，巴格（巴加都尔·洛鲍的简称——引者注）顿感期待已久的宁静，他的心变得沉静而安稳"①。佛光寺的长老宝师子为巴格手书偈语："此生行善作菩萨，行恶堕狱成畜牲。悯虫疗疾助残老，荣辱苦乐缘人行。"后来他从偈语"荣辱苦乐缘人行"中得到了破案的启发："他似乎从长老今天的偈语'荣辱苦乐缘人行'得到了双重的报偿，是谁的行夺走了幼小的卡佳的生命？"②或在人物心理活动中，自然而然地穿插进中国传统文化的元素，在《胜猴案》中巴格沉思道："我这是怎么了?! 真是见了阎老三啦，这个轮廓分明麻雀的图画，阿弥陀佛……"（Да что с мной?! Какой, три Яньло, членосборный портрет воробея, Амитофо...）"好大胆的家伙。这真是只孙悟空式的麻雀。我尊敬你。"（Смельчак. Воробеиный Сунь У-кун. Уважаю.）③

其二，叙述者在讲述复杂的故事时，穿插进对中国传统文化的思考。在《不熄明月案》中，莫尔杰海·瓦纽欣是奥尔杜斯的原子弹之父，为了实现个人的理想，他企图毁灭地球。在这样纷乱的情节交织中，在叙述莫尔杰海·瓦纽欣的成长经历时，叙述者思考了儒家文化在人伦关系建构中的独特作用：

---

① Хольм ван Зайчик. Делолис-оборотней. Дело победившей обезьяны. Дело судьи Ди. СПб.: Азбука-классика, 2005, с. 43.
② Там же, с. 44, с. 47.
③ Там же, с. 272.

个体的人，或许可以是聪明的、善良的、无私的、互信的、有远见的……可是谁见过互信，哪怕是有点远见的阿米巴虫呢。阿米巴从来只有一个生命意识：当下的榨取。……通常人们认为，国家发展的主要道路是加大对个人的尊重程度，加大对他的需求、趣味和情感的关注程度。……许久以前，在平等对待国家和人民的前提下，孔夫子就形成了人与国家、国家与人民的敬重关系的基本原则。在为父服务中，学会为国君服务。他教导说，从关怀儿子中，可以学会关心人民。①

叙述者试图以当代的观念来阐释孔子的思想。

其三，最外在的方式，就是随时随地都可以感受到的中国传统文化元素的存在。比如叙述者径直用俄语来拼写汉语职务等称呼，以脚注来说明这种称呼的含义如"卫兵"（выйбин）、"郎中"（ланчжун）②、"侍郎"（шилан）、"国客"（гокэ）、"宰相"（цзянйсян）③、"将军"（цзянцзюнь）④等。每部作品的卷首都有引自《论语》的卷首语，但作者以元小说的方式来加以处理。如《不熄明月案》的卷首语，据叙述者说是引自《论语》第二十三章："夫子命弟子以各族人物为戏，任其择角。孟达曰：'吾扮德意志人。'穆达曰：'吾扮俄罗斯人。'夫子问曰：'孰扮犹太人？'众弟子默然。"⑤叙述者以"翻译者"的名义对该子虚乌有的"论语"题词加以说明。由于这本小说的主题与犹太人有关，题词的戏说似乎就可以理解

---

① Хольм ван Зайчик. Дело непогашенной луны. СПб.: Азбука-классика, 2005, с. 141–142.

② Хольм ван Зайчик. Дело лис-оборотней. Дело победившей обезьяны. Дело судьи Ди. СПб.: Азбука-классика, 2005, с. 16, с. 27, с. 57.

③ Хольм ван Зайчик. Дело жадного варвара. Дело незалежных дервишей. Дело о полку Игореве. СПб.: Азбука-классика, 2005, с. 57, с. 225, с. 482.

④ Хольм ван Зайчик. Дело непогашенной луны. СПб.: Азбука-классика, 2005, с. 149.

⑤ Там же, с. 10.

第九章　俄罗斯当代作家与中国传统文化

了。整个"欧亚交响曲"所使用的卷首"论语"题词大抵都是如此的"小说家者言"。同时,"欧亚交响曲"的作者又通过作品后的附录来加入中国传统文化元素。如《不熄明月案》的第二个附录是《论象形字"仁"》,《媚狐案》的附录是 И. 阿利莫夫的论文《论中国的狐狸精和李献民的〈西蜀异遇〉》,论文的末尾就是他翻译的这篇《西蜀异遇》。《胜猴案》的附录则是维切斯拉夫·雷巴科夫节译的《唐律疏义》。《狄猫案》的附录则是虚构的《论语》第二十二章《韶矛》的注解。可见在整个"欧亚交响曲"中从内到外都渗透着中国传统文化的元素。

俄罗斯作家的另一部作品中也充满了中国传统文化元素,这就是谢·多连科的长篇小说《2008》。这部公开出版于 2005 年,行销于莫斯科、彼得堡大小书店的小说,既反映与普京属于不同党派的作者①对普京攻讦式的想象,又弥漫着民众对后普京时代将现危局的忧虑。在小说卷首多氏申明情节纯系作者之想象游戏,呼吁读者不必对号入座,但主人公终究是政治人物,故作品引人注目。小说从 2008 年 1 月 7 日开始,逐日展开对普京活动的想象,一直写到 2008 年 2 月 4 日。小说以一天为一节,每节都以皇历的语汇描述该日吉凶,如 2008 年 1 月 25 日:"年:丁亥。月:癸丑。日:甲子。木近害水,其气殆尽,是故危殆。"②这部政治小说似是对 2008 年普京结束总统任期的大选年之预测。《2008》一开始叙述了普京同德国总理施罗德的私人交往、他的别墅休闲。紧接着,作品就用大量篇幅来讲述普京作为一名道士的修炼活动。四名中国道士在莫斯科河畔之诺沃—奥加罗沃为普京修了练功塔。在李鸣(Ли Мин)、王林(Ван Линь)、周彝(Чжоу И)和许绅(Сюй Шэнь)这四

---

① 谢·多连科(1959—　)记者、电台主持人,1982 年毕业于友谊大学历史语文系,2003 年 9 月声称加入了俄共(参见 http://ru.wikipedia.org/wiki/% D0% 94% D0% BE% D1% 80% D0% B5% D0% BD% D0% BA% D0% BE2010 - 07 - 27)。

② Доренко С. 2008. М.: Ад Маргинем, 2005, с. 163.

名道士的指导下,普京练气功,学汉语。

谢·多连科在这部小说中利用中国传统文化元素做文章,大写特写道士的作用,甚至声称普京是天生的道士。对此,可有多种解读者,或为赞赏之解读者,或为中性之解读者,当然还有怀疑之解读者。赞赏之解读者自然会看到中国传统文化影响之广,以至于一个普通的外国小说家,都可以将学道、五行等娓娓道来。但我宁愿做怀疑的解读者,申述理由如次:首先,从小说的情节看,道士们的作用难以恭维。道士们在莫斯科河畔教普京练功,焚烧黄表纸后,普京遭遇了阎罗王(Янло-ван),阎罗王告诉他:"汝之命运网罗已然编定,汝无力改变它。"① 此后普京的兴趣似乎就由政治转向了个人生活领域。叙述者说,2008年1月7日,即普京跟道士练功的日子,是普京脱胎换骨之日,亦当为拯救俄罗斯委员会之纪念日。② 从这天开始普京四处寻找长寿之方。后来普京离开莫斯科,到了中国的抚顺,当王列平对普京大谈特谈从 2003 年到 2023 年运势之时,正值车臣恐怖分子攻占莫斯科核电站之际。因为不在克里姆林宫,普京失去了指挥的良机,当他赶回莫斯科时局势已然失控。其次,从读者的接受心理来看,普京作为道士的形象远远谈不上是正面的。不妨设身处地去猜测俄罗斯读者对普京异国拜师学道等情节的接受心理。俄罗斯的读者不会忘记,俄罗斯历史上多有君王迷恋神秘主义的插曲。曾带领俄罗斯人民战胜拿破仑入侵的亚历山大一世,一度受神秘主义者克吕德内夫人蛊惑,萌生了当隐士的念头。③ 在俄罗斯末代沙皇尼古拉二世的朝廷里,西伯利亚的农夫、神秘主义者拉斯普京如鱼得水,始而凭巫术获宠,继而干

---

① Доренко С. 2008. М.: Ад Маргинем, 2005, с. 26.
② Там же, с. 22.
③ 参见[法]亨利·特罗亚:《神秘沙皇——亚历山大一世》,迎晖等译,北京:世界知识出版社,1984年,第11—15章。

第九章　俄罗斯当代作家与中国传统文化

预国政,致使民怨沸腾,终被皇亲剪除。① 最后,从作者的意图来看,作者对中国道士似乎也不乏影射之意。普京过克里姆林宫而不入,其内陷入一片混乱,此时有人言道:"这里大人物行走过,沙皇行走过,拉斯普京行走过。"②足见,我们不宜一见外国人写中国的事物就盲目喝彩。

第三部运用中国传统文化元素的作品是维·佩列文2005年出版的长篇小说《阿狐狸》。在这部小说中,名为阿狐狸的莫斯科高级妓女以第一人称来讲述其经历。据阿狐狸说:"我们狐狸,不像人,不是生出来的。我们来自天上的石头,同《西游记》的主人公孙悟空是远亲。"③她还说,她在历史中没有留下任何痕迹,但在莫斯科"院士"书店里可以买到干宝的《搜神记》,在那里有"王灵孝被阿紫狐引诱"的记载④,这就是阿狐狸之前身。作品还以通信的方式引入了阿狐狸的姐妹叶狐狸和易狐狸的经历。为了增添中国元素,小说的封面还有用毛笔写的中国字"阿狐狸"。《阿狐狸》所包含的中国传统文化的元素很多。在维·佩列文的短篇小说《中国太守传》、长篇小说《夏伯阳与虚空》中对中国传统文化有不浅的领悟,前者包含"蚂蚁缘槐"的典故,后者中佛教的"空"成了作品的精髓。⑤ 在《阿狐狸》中作者试图在时空交错、人狐转换间揭示莫斯科社会之一角,借此探询存在。但他将主人公定位为特殊职业,毕竟难免身体写作之讥,比起作者的另外两部作品,不能不说是一种向下运动。

在上述这些作品中,中国传统文化的呈现方式不同,作家的意

---

① См. Тюкавкин В. и др. История СССР, 1861—1917. М.: Просвещение, 1989, с. 378 – 380.

② Доренко С. 2008. М.: Ад Маргинем, 2005, с. 226.

③ Перевин В. А Хули. Священная книга оборотня. М.: эксмо, 2005, с. 10.

④ Там же, с. 11 – 12. 参见《搜神记·世说新语》,湖南:岳麓书社,1989年,第152—153页。

⑤ 参见本书绪论部分。

图也各异其趣,但中国传统文化与俄罗斯文化的融合度已超越了此前的其他时期,它成了俄罗斯后现代文学文化拼盘中自然而然的构成因素。俄罗斯作家利用中国传统文化的情感取向也是比较复杂的,有的美化,有的略为妖魔化,也有的中立化,不一而足。

三、回归"哲人之邦"套话

近30年来俄罗斯作家对中国传统文化的利用与想象成果不少,他们对中国文化的理解有深有浅,其意义值得我们深究。

第一,俄罗斯当代作家利用中国传统文化来构建中国形象,回归了俄罗斯18世纪末"中国是'哲人之邦'"的套话。在中俄开始交往之后的岁月里,俄罗斯的中国想象以三种基本套话相继出现,如18世纪末的"哲人之邦"、19世纪—20世纪前半叶的"衰朽之邦"、20世纪50年代至60年代初的"兄弟之邦"。[①] 当代俄罗斯作家作品中呈现出的中国形象是以中国传统文化为核心的,因而跳过前两种套话,回复了18世纪末俄罗斯所构建的"哲人之邦"的套话。但这不是简单地重复过去,而是折射出当今俄罗斯知识分子的新认知。中国经济转型的成功进行,使一些俄罗斯知识分子认识到中国传统文化不但不是与现代化相对立的,反而成了现代化的促进因素。[②] "哲人之邦"的中国形象实际上成了当下俄罗斯现实的某种参照物。

第二,俄罗斯作家利用中国传统文化来构建中国形象,折射出"新欧亚主义"观念。"欧亚交响曲"所幻想的乌托邦天地——奥尔

---

① 参见本书绪论部分。

② Поспелов Б. Ситез конфуцианской и западной культур как фактор экономического роста. Проблемы Дальнего Востока, 1991, №5; Переломов Л. С. От "Лунь юя" к кофуцианскому капитализму. //Л. С. Переломов. Конфуций. Лунь юй. М.: Восточная литература, 1998, с. 260 – 279.

第九章　俄罗斯当代作家与中国传统文化

杜斯,既沾润彼得堡汉学家的思想余泽,又呼应莫斯科汉学家的高声倡扬。有学者认为,"欧亚交响曲"中的奥尔杜斯来源于列宁格勒的汉学家列·古米廖夫(Лев Гумилев)的古露西与金帐汗国共生的思想。① 确实,列·古米廖夫的专著《从古露西到俄罗斯》的第二章"同金帐国结盟"叙及亚历山大·涅夫斯基同拔都的儿子的结盟:

> 1251年亚历山大到了金帐汗国,同拔都的儿子撒儿塔(Сартак)交好,结拜弟兄,后来撒儿塔成了金帐汗国的太子。金帐汗国同古露西结盟得以实现,应归功于亚历山大大公的爱国主义和自我牺牲精神。②

正是古米廖夫这种"新欧亚主义"式的新历史解说,成了"欧亚交响曲"建构乌托邦式的奥尔杜斯国的灵感来源。在当今俄罗斯思想界,"新欧亚主义"在莫斯科重新被俄科学院远东所所长季塔连科院士倡导。他在若干种书中论及"新欧亚主义"对于当今的俄罗斯的意义,更在新近出版的《中国精神文化大典》总序中写道:

> 俄罗斯精神的自我反思激活并具体化了"新欧亚主义"思想。应该特地指出:当代俄罗斯的"新欧亚主义"是客观的天文事实,是地理学的、人文的、社会的现实。俄罗斯囊括了欧洲和亚洲空间的部分,并将它们结合在欧亚(в Евразию)之中,因而它容纳欧洲和亚洲的文化因素于自己的范围内,形成了最高级的、人本学、宇宙学意义上的精神文化合题。③

"欧亚交响曲"的实际作者是彼得堡的两位汉学家——雷巴科

---

① Белова О. Рыбаков В. На будущий год в Москве. НЛО, 2004, №65. 陈训明:《古米廖夫及其欧亚主义述评》,《俄罗斯中亚研究》2002年3期。列·古米廖夫(1912－1992)是俄罗斯阿克梅派诗人阿赫马托娃和尼·古米廖夫之子,毕业于列宁格勒大学和俄罗斯科学院东方学所列宁格勒分所,一生坎坷,著述颇丰,成为新欧亚主义代表人物之一。

② Л. Н. Гумилев. От Руси до России. М.: АСТ, 2008, с. 192.

③ Духовная культура Китая. Энциклопедия. Философия. Редакторы М. Л. Титаренко, А. И. Кобзев, А. Е. Лукьянов, М.: Восточная литература, 2006, Т. 1, с. 29.

夫和阿利耶夫①,他们以自己的系列小说,回应了季塔连科的倡导。应该指出,不管是"欧亚交响曲",还是"新欧亚主义",都不过是俄罗斯人,尤其是俄罗斯汉学家在俄罗斯民族国家面临新的国内、国际局势时所设计的某种精神文化乌托邦。它们是俄罗斯知识分子的一种自觉的文化抉择,是对经济全球化所导致的文化精神一体化挑战的一种积极回应。同时我们也应该看到,这在客观上可以起到在俄罗斯为中国传统文化中的合理因素扬名的作用。

第三,俄罗斯作家对中国传统文化的书写有他们自己的问题意识和出发点。前面已提及,不必一见域外人士写到有关中国的名物就窃喜。俄罗斯作家对中国传统文化的书写,有必要置诸俄罗斯作家自身的文化和社会语境来辨析其意义。俄罗斯作家对中国传统文化的书写乃是社会想象实践,保罗·利科尔指出:

> 社会想象实践在历史中的多样性表现,最终可以归结在乌托邦与意识形态两极之间。乌托邦是超越的、颠覆性的社会想象,而意识形态则是整合的、巩固性的社会想象。社会想象的历史运动模式,就建立在离心的超越颠覆与向心的整合功能之间的张力上。②

俄罗斯作家关于中国传统文化的想象是从其民族国家自身的历史文化背景和现实的语境出发的,他们对中国的传统文化的利用,一方面是将其视为乌托邦,以照见自身的缺陷。如上文征引的《不熄明月案》叙述者关于孔子的孝的观念的思索,表达了俄罗斯作家对其当下个人与国家关系急剧脱轨而产生的忧思。其实俄罗

---

① См. Белова О. Рыбаков В. На будущий год в Москве. НЛО, 2004, №65, а также информация автора《Наши звезды: звезда Полынь》. Вячеслав Рыбаков,《Нева》2007, №4.
② 转引自周宁:《世界之中国:域外中国形象研究》,南京:南京大学出版社,2007年,第3页。

第九章　俄罗斯当代作家与中国传统文化

斯文化一直面临个体价值与群体、国家价值孰重孰轻的抉择。阿米巴虫式的"当下榨取"则是作家对当下俄罗斯现实中个体张扬、群体式微的形象概括。因此孔夫子的教诲，就成了乌托邦式的拯救。另一方面，俄罗斯作家书写中国传统文化元素，也可以把它当成一种意识形态、一种缺陷，反过来证明他们自身的优越性。在同一部作品中，有个人物谈到对孝的观念的评价：

> 是太自由了点。坦率地说，这里的行为不完全符合君子的行为方式，即孝与不孝。确实是这样，贵族制教人服从，民主制的公民有按照自己的意愿生活的权利，随心所欲！在那里不分君子和小人，在那里每个人都得到尊重，因而都是好人。①

显然，这个人物的话语在质疑"孝"的同时，表达了对他们当下现实的肯定。在《2008》中，普京与道士练功和遭遇阎罗王后，产生了追求长生的愿望，他马上召见老年病学专家马利娅·安娜托莉耶夫娜，向她请教长生问题。叙述者写了普京提问前的自由间接引语："喏，他总不能对她说起自己那些关于五殿阎罗王的反科学的瞎说。"（Ну, не мог же он рассказать ей всю свою антинаучную ахинею про Начальника Пятой канцелярии Яньло-ван.）②从这里不难看出，俄罗斯作家在某些地方又将中国传统文化的元素视为负面的东西，借以增强其自身文化的向心力。尽管这里或许暴露了中国传统文化中某些负面的成分，但终究在客观上起到在俄罗斯传播中国传统文化的作用，另外这也可以起到促使我们反思自己的传统的作用。

第四，这些当代俄罗斯作家的背景和文化修养也值得关注。借用中国传统文化的作家可分为两类：其一是俄罗斯汉学家，他们

---

① Хольм ван Зайчик. Дело непогашенной луны. СПб.: Азбука-классика, 2005, с. 11.

② Доренко С. 2008. М.: Ад Маргинем, 2005, с. 46.

率尔操觚，客串一两回作家；另一类是普通俄罗斯作家，他们对中国传统文化兴趣浓厚，熟读之，深思之，不免技痒，便拣拾一二发挥于自己的作品之中。前者如 С. 托洛普采夫（С. Торопцев），他是俄罗斯科学院远东所的研究员，李白诗的翻译家、研究家。他在 2004 年曾出版了《太白古风》一书，将李白的 59 首古风翻译成俄文，而且每首古风都有两个译品，其一为直译，其一为诗译。该书的附录中还有 С. 托洛普采夫的论文《李白诗歌象征体系中的"羽族"》。① 2004 年他又出版了《李白传》，以李白的诗文、同时代人的记述和后世学者的研究为依据，写出了学术沉思和情感激荡交织的李白评传。② 足见 С. 托洛普采夫创作以李白为主人公的小说是有深厚底蕴的。再看系列小说"欧亚交响曲"的两位作者。雷巴科夫（Вяч. Рыбаков）毕业于列宁格勒大学历史系，其博士论文为《唐代吏治中的法律状况》，他现为俄罗斯科学院东方手稿研究所（原东方学研究所圣彼得堡分所）研究人员，1998—2008 年陆续翻译出版了《唐律疏义》。阿利莫夫（И. Алимов）毕业于列宁格勒大学东方系，其副博士论文为《作为宋代历史文化来源的文人笔记》，现为俄罗斯科学院人类学研究所（珍宝馆）研究人员。出版了学术著作《宋代笔记中的鬼、狐、仙》，该书从大量的宋人笔记，尤其是从《太平广记》《青琐高议》等中拈出鬼魂、狐仙和仙等问题加以研究。③ 显而易见，他们都是术业有专攻的汉学家。他们对唐代法律翻译研究和对宋人笔记的翻译考索，成了他们创作"欧亚交响曲"系列小说的底蕴，也为之提供了想象空间。在作品中涉猎中国文化元素的俄罗斯作家更多的则与汉学没有直接关系，比如 В. 瓦尔扎佩

---

① Ли Бо. Дух старины. Сост. и пер. С. Торопцева. М.: Восточная литература 2000.

② Торопцев С. Жизнеописание Ли Бо, Поэта и Небожителя, М.: ИДВ РАН, 2009.

③ Алимов И. А. Бесы, лисы, духи в текстах сунского Китая. СПб.: Наука, 2008.

第九章　俄罗斯当代作家与中国传统文化

强、维·佩列文、谢·多连科等。他们都受到了俄罗斯汉学家翻译的中国文化著作和文学作品的影响。谢·多连科的《2008》中教普京练功的王列平（Ван Лепин）被称为"道教青龙门第十八代传人"（восемнадцатый патриарх даосской Школы драконовых врат）①。2003 年俄罗斯汉学家 Л. 戈洛瓦切娃（Лидия Ивановна Головачёва）翻译出版了传记性著作《气功大师之道》，在那本书里将传主王立平（Ван Липин）称为"道教全真派青龙门第十八代传人"（восемнадцатый патриарх даосской Школы драконовых врат пошной истинности）②。不妨假设，谢·多连科将人物的名字中间换了一个音，另外他对门派的称呼略掉了"全真派"。此外，该书中，2003 年 1 月 21 日医生和巫师在克里姆林宫集会研究长寿之道，会上国家安全局的将军 А. 卢基扬诺夫大谈葛洪的长生术与丹药。③ 俄罗斯的汉学家 Е. 托尔钦诺夫（Евгений Алексеевич Торчинов）1999 年出版了《抱朴子》译注，卢将军之高论或许正源自于此。④ 因此汉学家的翻译介绍工作是这类俄罗斯作家写作包含中国传统文化元素的作品产生的前提条件，限于篇幅，不再细述。

中俄两国山水相邻，但与欧亚主义者所设想的正好相反，中俄两大民族的文化传统差异至巨。⑤ 唯其如此，俄罗斯作家对中国传统文化的利用和想象，有助于俄罗斯普通民众理解过去的中国和

---

① Доренко С. 2008. М.: Ад Маргинем, 2005, с. 79.
② Путь мастера цигу. Подвижничество Великого Дао. История жизни учителя Ван Липина, отшельника в миру. Пер и пред. Л. Головачевы. М.: Астрель и Аст, 2003, с. 7.
③ Там же, с. 128 – 137.
④ Гэ Хун. Баопу-цзы. Пер., комм. Е. Торчинова. СПб.: Петербургское востоковедение, 1999.
⑤ 参见刘亚丁：《观象之镜：俄罗斯建构中国形象的自我意识》，《跨文化对话》第 20 辑，2007 年 2 月。参见本书绪论第一章。

今天的中国。中国的传统文化,俄罗斯的一代代汉学家拿了去,俄罗斯的作家又通过自己的作品放大了其声响。在全球化的时代,中国文化的国际传播已提到议事日程,一些学者也提倡中国文化要"送去"。尽管俄罗斯汉学家和作家的"拿去",并不等于我们的"送去",但在文化交往中,在扩大中国软实力的过程中,俄罗斯的汉学家和部分作家起到了桥梁的作用,至少在我们自己送去的队伍尚未壮大之时是这样。对俄罗斯作家利用、想象中国传统文化的情感取向(或美化,或妖魔化,或感情中立化)我们不能直接干预,但在我们制定对外文化推广战略的时候,在构思对俄文化交流的具体计划的时候,我们应在深入了解俄罗斯人的文化心理结构的前提下,做出具有前瞻性的安排和部署。

第十章　普京文学形象上的"中国"油彩

　　2010年,俄罗斯的同行已然开始清点新世纪10年的文学账目了。《新世界》杂志2010年1期发表了列·达尼尔金的《Клудж》。这篇文章的标题怪怪的,译俗点,可译为"杂乱无章";译雅点,可译为"无主题变奏"。达尼尔金点评了一系列普京题材的作品:他对《天使伤痛》,颇为称道;对《2008》,点名而已。恰好,这两部小说都为主人公普京(或化名为伊凡)抹上了"中国"油彩。

　　《天使伤痛》(Укус ангела)①可读性颇强。在帝国庆祝统一节的那天,庄三妹被陌生人——近卫军官尼基塔·涅季塔耶夫亲了嘴。庄三妹的老爹,当年为逃避惩罚,逃到哈巴罗夫斯克,当了鱼店老板。听说儿女跟俄国军官私奔,他遵程颐"饿死事小,失节事大"的古训,当即抹了脖子。涅季塔耶夫和庄三妹在教堂里举行了婚礼。庄三妹生了女儿塔尼娅,她的中文名字叫王子得。在塔尼娅出生三年后,俄罗斯帝国开始了在南面的战争,尼基塔的团占领沙皇格勒(君士坦丁堡)时,尼基塔负伤住进了医院。在他死后,庄三妹生下他的遗腹子后也难产而死,遗腹子名叫伊凡·涅季塔耶夫。省首席贵族列克戈斯图波夫成了伊凡和塔尼娅的监护人。塔尼娅嫁给了列克戈斯图波夫的儿子——哲学家彼得,生了儿子涅斯陀尔。伊凡成了士官学校的士官生。在士官学校有个帮工的古老信徒教派的老头,伊凡总去听他讲旧事。后来伊凡做梦,见天主

---

① Крусанов П. Укус ангела// 《Октябрь》1999, №12.

造白王与黑王。有一天老头将标志国王传位的护身符传给了伊凡。此后伊凡率兵打仗攻无不克、战无不胜,当了执政,除掉政敌后,在彼得堡登基,当了皇帝。后来伊凡从彼得嘴里得知,涅斯陀尔是他和塔尼娅乱伦的结果。

列·达尼尔金不愧为酿酒高手,他把"新欧亚主义"当葡萄,倒进他想象的俄罗斯——斯拉夫帝国那巨大橡木桶,酿出了烈酒,让绝望于苏联崩溃的俄罗斯读者畅饮后做了一场弥赛亚美梦。20世纪60—70年代有列·古米廖夫,20世纪90年代有季塔连科,倡导俄罗斯集合欧洲、亚洲文化之优势而自成新的文化空间,是为"新欧亚主义"。列·古米廖夫的专著《从古露西到俄罗斯》的第二章"同金帐国结盟"叙及亚历山大·涅夫斯基同拔都的儿子的结盟:1251年亚历山大到了金帐汗国,同拔都的儿子撒儿塔交好,结拜弟兄,后来撒儿塔成了金帐汗国的太子。① 在当今俄罗斯思想界,"新欧亚主义"在莫斯科重新被俄科学院远东所所长季塔连科院士倡导。他在《中国精神文化大典》总序中指出:

> 俄罗斯精神的自我反思激活并具体化了"新欧亚主义"思想。当代俄罗斯的"新欧亚主义"是客观的天文事实,是地理学的、人文的、社会的现实。俄罗斯囊括了欧洲和亚洲空间的部分,并将它们结合在欧亚之中,因而它容纳欧洲和亚洲的文化因素于自己的范围内,形成了最高级的、人本学、宇宙学意义上的精神文化合题。②

《天使伤痛》通过伊凡的出生隐喻了亚欧文化的融合:其父为俄罗斯人,其母是中国人。小说中有预言家声称:"带领人民穿过恐惧

---

① Л. Н. Гумилев. От Руси до России. М.: АСТ, 2008, с. 192.
② Духовная культура Китая. Энциклопедия. Философия. Редакторы М. Л. Титаренко, А. И. Кобзев, А. Е. Лукьянов, М.: Восточная литература, 2006, с. 29.

第十章 普京文学形象上的"中国"油彩

的世界的新领路人,将诞生于俄国的铁锤和天朝的铁砧之间。"①

在 15 世纪俄罗斯的宗教界便开始构筑"莫斯科——第三罗马"的宏大宗教救世方案。该方案的实质是,认为俄罗斯的君主是拜占庭皇帝和罗马帝国皇帝真正的继承人。菲洛费长老用充满激情的文字写道:

> 现在我想用几句话来谈谈我们当今崇高的国王的光荣的统治,这是天底下唯一的笃信基督的国王,神圣的天赋王位的唯一的捍卫者,普天之下的神圣天使的教会的掌控者,这是居于上帝保佑的莫斯科城的、取代了罗马和君士坦丁堡的神圣天使的教会的赞助者……爱上帝的国王,爱基督的国王啊,所有的基督教的国家会来到我们国王唯一的国家里,按照先知书的预示,这就是俄国呀,因为两个罗马已然衰落,第三罗马傲然屹立,第四罗马不会出现。②

此后俄罗斯在宗教的旗号下开始了建立斯拉夫大帝国的地缘政治扩张。在《天使伤痛》中,伊凡带领俄国军队南并土耳其,西控东中欧,直捣奥地利边境,其铁骑还踏遍了东南面的北非。小说中不断扩展的帝国版图,让俄国读者沉醉其中不愿自拔。同时还染指北美,而且盟国中国答应以唐城作为第五纵队基地支援其在北美的行动。

这壁厢,美梦尚未醒,那壁厢,谢·多连科又以普京为主人公,勾勒出令俄国读者惊栗的噩梦,这就是《2008》③。2005 年出版的这本书颇有市场,因为它悬想了 2008 年普京第二任总统到届时的政治灾难。"中国"油彩,《天使伤痛》中的伊凡是娘胎里带来的,

---

① Крусанов П. Укус ангела//《Октября》1999, No 12.
② Филофей. Послание о неблагоприятных днях и часах. Древнерусская литература. М.:Слова/Slovo, 2008, c.482-483.
③ Доренко С. 2008, М.: AdMarginem, 2005.

《2008》中的普京却是后天获得的。小说从 2008 年 1 月 7 日开始，逐日展开对普京活动的想象，一直写到 2008 年 2 月 4 日。2008 年 1 月 7 日普京接待德国总理施罗德，普京谈及了他总统宝座的继承人——莫斯科市长德·科扎克。接着普京来到莫斯科河畔的诺沃奥加罗沃的练功塔，在李鸣等四名中国道士指导下，练气功，学汉语。为求长寿，普京擅离职守，飞抵俄罗斯的阿尔泰边区，对外声称休假，实则暗中飞抵中国抚顺，跟龙门派的掌门人王列平学道。后来车臣恐怖分子占领了莫斯科的一所核电站，并攻占了另外几座城市的核电站。利蒙诺夫的红色青年先锋军攻占克里姆林宫，宣布成立革命军事委员会。普京返回莫斯科后，藏身于莫斯科一处地宫，致电布什。布什对普京声称，美国将派兵保护俄罗斯的军用和民用核设施，并占领若干俄罗斯城市，使之免受恐怖分子之扰。其时恐怖分子已在一个反应堆上布了地雷。总统办公厅主任谢钦声称：普京滥用职权，违反宪法，私通美国人，已被枪决，并宣布成立拯救俄罗斯委员会。科扎克释放了监狱中的霍多尔科夫斯基。利蒙诺夫在克里姆林宫欢迎后者，让他做总理，并说国内有 7 个地区已经宣布拥有国家主权，令他将这些地区重新收复。普京藏在地宫里，悬想着一个日本小孩被任命为俄罗斯总统的情形。

谢·多连科也算是个老道厨子，他把俄罗斯东正教的沉重末日论当主料，把中国道家的逍遥出世当主打配料，再撒些后现代小说常有的色情、梦幻、恐怖袭击、热核泄露，翻炒起来，端出了《2008》这样一盘十味俱全的文化杂烩。末日论，又称"末世论"，是关于世界终结和阴间生活的宗教学说，是关于旧的世界毁灭和新的世界诞生的循环论。尼·别尔嘉耶夫指出："俄罗斯思想本质上说是一种末日论思想，而这种末日论采取了各种不同的形式。"[①]

---

① ［俄］尼·别尔嘉耶夫：《俄罗斯思想》，雷永生等译，北京：生活·读书·新知三联书店，1995 年，第 189 页。

第十章 普京文学形象上的"中国"油彩

他还认为列夫·托尔斯泰具有末日论思想,陀思妥耶夫斯基的全部作品都是末日论式的。回顾俄罗斯文学,我们会发现,每当世纪转换或政治巨变时,这种末日论就会流溢于作品之中,前者如安·别雷的四部曲《交响曲》(1900—1908),后者如勃洛克的长诗《十二个》(1918)和安·别雷的长诗《基督复活》(1918)。末日论与道家的出世是这样翻炒的:道士们教普京练功,焚烧黄表纸后,普京遭遇了阎罗王。阎罗王对他说:"你的命运网罗已然编定,你无力改变它。"①此后普京的眼里充满了恐惧,他开始到处寻求长生之道。他先找遗传学专家咨询长寿之道,后又跑去旁听有李鸣、巫师和内外科医生与会的长寿研讨会,在会上国家安全委员会将军卢基扬诺夫大谈特谈葛洪的长生术和丹药。②后来普京又飞抵中国的抚顺,王列平对普京大谈特谈从2003年到2023年运势之时,正值车臣恐怖分子攻占莫斯科核电站之际。因为不在克里姆林宫,普京失去了指挥的良机,当他赶回莫斯科时局势已然失控,只好躲在地宫里,听任车臣恐怖分子和霍多尔科夫斯基们折腾俄罗斯。

西哲有云,文学本是白日梦。人有所思必有所梦,梦是欲望、情致的折射。美梦与噩梦,固然各具色彩。在《天使伤痛》与《2008》中,"中国元素"的作用也大相径庭,是善是恶,读者自可分辨。其实,这"中国元素"除了符号般的相似性而外,与我们生息的中国没有什么干系,不过是俄罗斯作家的借题发挥而已。或为乌托邦,以诉苏联帝国解体之恨;或为惊世预言,以预叙对普京去留所致政治地震的担忧。

---

① Доренко С. 2008, М.: AdMarginem, 2005, с. 26.
② Там же, с. 22.

第十一章 中国年画收藏和解读

2009年9月,冯骥才主编的"中国木版年画集成"中外国收藏卷——《俄罗斯藏品卷》在中华书局出版了。《中国木版年画集成·俄罗斯藏品卷》的主编是俄罗斯汉学家李福清,副主编有我国学者阎国栋等。据李福清考察,在俄罗斯大约收藏着6000幅中国的木版年画。李福清曾和中国专家王树村、刘玉山编辑了《苏联藏中国民间年画珍品集》,收录206幅年画,1991年分别由北京的人民美术出版社和列宁格勒的阿芙洛尔出版社出版。这本《中国木版年画集成·俄罗斯藏品卷》收录年画三百多幅。

本章以文献梳理和年画解读的方式,从一个侧面对《中国木版年画集成·俄罗斯藏品卷》做解读,对该卷中的一些春节和元宵节题材年画做民俗学考察,并详细征引分析俄罗斯汉学家有关"福、禄、寿"的记述和百科全书词条,指出俄罗斯汉学家对福、禄、寿的解释吸收了大量的年画知识。

一、呈现民俗事项

《中国木版年画集成·俄罗斯藏品卷》所收的年画表现的内容,涉及岁时节日民俗、信仰民俗、民间戏剧、物质生产民俗和物质生活民俗等诸多事物和事项,具有丰富的民俗学史料价值和学术价值。

第十一章　中国年画收藏和解读

我们先看岁时民俗方面的年画作品。我国的民俗事物和事项同中华民族的历史同样悠久,年画中的民俗图像与史料中的民俗记载的关系,不妨借用索绪尔的历时与共时这样一对概念来理解。索绪尔有一个绝妙的比喻:把树干从横面切断,从切断面上可以看到年轮的圈,这就是共时性的内容;而这些年轮就是树干的纵向纤维不断叠加的结果,从纵向看就是历时性的内容。中国史料中的民俗记载是树干的纵向的、历时性的内容,年画中的民俗图像,就是树干横切面的、共时性的内容。将俄罗斯收藏的中国年画与中国文献中的记载做一对比,当是有意义的工作。

在《中国木版年画集成·俄罗斯藏品卷》中有大量描绘我国春节和与之相接的元宵节的年画。年画,本来就与春节习俗紧密相关,用冯骥才先生的话说:

> 春节是中国人的一种伟大的创造。出于对生活切实又强烈的热望,而把年看作步入未来的一个充满希望的新生活的起点。一方面着力去用比平常生活丰盛得多的新衣美食,使生活接近于理想,把现实理想化;另一方面,又大事铺张地以吉祥的福字、喜庆的楹联和画满心中向往的图像的年画,把理想布满身边,把理想现实化。①

诚哉斯言,我们从俄罗斯藏品卷看到不少年画都表现了将现实生活理想化的作品。

先看描绘春节的年画。藏于圣彼得堡俄罗斯国家图书馆的《正月合家欢乐》,由天津杨柳青大兴画店出品,画面展现庭院、堂屋和厢房的一角,堂屋里儿子、媳妇敲锣打鼓,爷爷在看着孙子、孙女们抽陀螺,推小车、放风筝,欢天喜地,其乐融融。收藏于圣彼得

---

① 冯骥才:《中国木版年画的价值及普查的意义》,[俄]李福清主编:《中国木版年画集成·俄罗斯藏品卷》,北京:中华书局,2010年,第1页。

堡艾尔米塔什博物馆(即冬宫)的《新年多吉庆》是杨柳青戴廉增敬记画出品的,表现一家人于厅堂内过春节的喜庆场面。太老爷和老爷在盛满金元宝和钱的聚宝箱、筐旁,少爷在迎接宾客,女眷们在包饺子,孩子们在炕上享用美食。门楣上有年画,绘着牡丹和白头翁,题曰"富贵白头",门上贴有春联:"诗书继世长,忠厚传家远"。这幅年画本身又题有春联:"新年多吉庆,合家乐安然"。最让人称奇的是阿列克谢耶夫1907年在北京购买,现收藏于艾尔米塔什博物馆的《过新年》。这是一组四条屏,以12个画面表现我国传统的过年习俗:有的画面是打太平鼓;有的画面是舞狮、舞龙;有的画面是放鞭炮;有的画面是放烟花;有的画面是踩高跷;还有放风筝、祭祖、拜年等,内容丰富,人物众多,刻画生动。显然在这里过新年已包括了下面要专门讨论的庆元宵的内容。

这些图像完全可以同文献中记载的过年风俗相印证。我们从笔记和史料中可以追溯到新年风俗逐渐演化的过程。

《荆楚岁时记》云:

> 正月一日是三元之日也。《春秋》谓之端月。鸡鸣而起,先于庭前爆竹,以辟山臊恶鬼。长幼悉正衣冠,以次拜贺。进椒柏酒,饮桃汤。进屠苏酒,胶牙饧。下五辛盘。……①

《初学记》云:

> 崔寔《四民月令》曰:正月一日是谓元日。洁祀祖祢,进酒降神……庭前爆竹,进椒柏酒。②

新年风俗在演变,但有一些基本的内容会保留了下来,即以对天津在明清时的年节风俗的记载就是明证。乾隆四年刻的《天津

---

① 宗懔:《荆楚岁时记》,《汉魏六朝笔记小说大观》,上海:上海古籍出版社,1999年,第1051页。
② 徐坚等:《初学记》,上册,北京:中华书局,2004年,第63页。

第十一章 中国年画收藏和解读

县志》载：

> 除夕之夜，人多守岁，故于正月初一日，五更即起而祀神，焚香放鞭爆，供面饺。事毕，合家食团圆饭，饮椒柏酒，饭即饺子，并备干鲜果品、肴馔以佐酒。①

在南方的方志中往往有北方比较罕见的新年舞龙舞狮的记载：

> 至十四、五、六日，城市玩灯，用五色绸扎站龙，以阔少举起游街，以壮观瞻，随后有火龙、狮子，皆下流人赤身跳舞。②

> 十五日为"上元节"。前数夕放灯，曰"出灯"。城市乡场，剡竹蒙纱，五采龙形，虚中纳火，长数丈，节次序之，人持一节，屈蟠天矫，星流电掣。有虾灯，三人舞之。狮灯三人，二人藏于狮腹，一人装笑和尚，跳跃角逐为戏。③

可见饮椒柏酒、吃饺子等风俗历经时间淘洗，在清季和民初保留了下来，这同俄罗斯所藏杨柳青年画形成了互证。

关于元宵节，俄罗斯藏品卷亦收有多幅，最具历史价值的当是李福清先生本人收藏的杨柳青《京都佳人才子逛花灯》。画面表现了北京的逍遥公子和所谓"佳人"赏玩花灯的情景。更有趣的是，画中人物大多旁批有名号，公子们有粟张、柳桥、子敬、睡不醒、景川、松岩、晴峰等。才子们既然画上有名，其时当是尽人皆知的公众人物，而今已然难以考索，怎能不令人感慨。"佳人"则有晴岚、春蕙、桂春、小玉、彩凤、宝月、雪春、慧珠、翠屏、瑞云等，这些佳人提拽着莲花灯、鲤鱼灯、狮子灯、火轮船灯，才子们在一旁观赏。从

---

① 丁是良、赵放主编：《中国地方志民俗资料汇编（华北卷）》，北京：书目文献出版社，1989年，第62页。
② 详见《长寿县志》条，丁是良、赵放主编：《中国地方志民俗资料汇编（西南卷）》（上册），北京：书目文献出版社，1991年，第24页。
③ 详见《广安州志》条，同上书，第305页。

佳人们的名字看,似是青楼女子,趁元宵节携灯招摇过市。可是年画乃千家万户张贴之物,正常人家又如何会将青楼女子炫耀于墙呢?在明清时期,元宵节几乎是少有的允许待字少女与男士杂游的节庆。"'元宵'前后,金吾禁驰,赏灯夜饮……男妇率于是夕结伴游行……"①"十五'上元'为灯会,十四日起,十六日止,鼓吹喧阗,士女踏灯嬉游,谓之'走百病'。"②此年画上的佳人或是良家妇女也未可知。且待方家辨识定夺。

《大逛花灯》收藏于艾尔米塔什博物馆,杨柳青戴增廉敬记店出品。这是大户人家内院的元宵节赏灯的情景。孩子们或踢绣球灯,或推转心灯,还有人提着蛤蟆灯、螃蟹灯、金鱼灯和福寿灯,悬挂在游廊里的有八卦灯、元宝灯、珠宝灯、苹果灯和扇面灯。这里元宝灯、珠宝灯和福寿灯等寄托了对来年富足幸福安康的期待,而可以踢或推的绣球灯、转心灯现在已然消失了。此画在民俗史料方面可谓价值不菲。

关于元宵节的民俗事项的史料是相当丰富的。

《荆楚岁时记》云:

> 正月十五日,作豆糜,加油膏其上,以祠门户。先以杨枝插门,随杨枝所指,仍一酒脯饮食及豆粥插箸而祭之。③

此书没有赏灯的记载,反而有夜间灭灯禳灾之说:

> 正月夜多鬼鸟度,家家捶床打户,捩狗耳,灭灯烛以禳之。④

在《初学记》正月十五的"叙事"中也没有关于观赏灯的记载,

---

① 详见《宛平县志》条,丁是良、赵放主编:《中国地方志民俗资料汇编(华北卷)》,北京:书目文献出版社,1989 年,第 14 页。
② 详见《金堂县志》条,同上书,第 17 页。
③ 宗懔:《荆楚岁时记》,《汉魏六朝笔记小说大观》,上海:上海古籍出版社,1999 年,第 1053 页。
④ 同上书,第 1054 页。

第十一章　中国年画收藏和解读

但在"事对"中有"燃灯望月"条,援引《西域记》云:

　　摩喝陁国正月十五日,僧徒俗众云集,观佛舍利放光雨花。①

在"诗"部分引苏味道《正月十五日诗》:

　　火树银花合,星桥铁锁开。
　　暗尘随马去,明月逐人来。
　　游骑皆秾李,行歌尽落梅。
　　金吾不禁夜,玉漏莫相催。②

《旧京琐记》对清季北京的元宵灯记载较详:

　　正月之灯向集于前门内之六部,曰六部灯,以工部为最。有冰灯,镂冰为之,飞走百态,穷极工巧。③

在《荆楚岁时记》中没有关于赏灯的记载,但从其后一百多年的《初学记》看,元宵赏灯已为定则,而且规模盛大,或许本来《荆楚岁时记》中有关于赏灯的记载,因书已亡佚,后人未辑出。《俄罗斯藏品卷》中有关元宵赏灯的描绘可以看成是清末元宵节的一个"横切面",既可与中国古籍中记载的元宵节民俗相比勘,又可与今日的元宵节民俗相对照,发现时光流转导致的民俗演化。

二、年画与汉学

在《俄罗斯藏品卷》中有不少作品涉及信仰民俗,有福禄寿三星像、三皇像、喜神像、天后圣母像,更多的则是门神和财神。这里仅谈谈福禄寿三星年画与俄罗斯汉学家有关著述的关系。

---

① 徐坚等:《初学记》,上册,北京:中华书局,2004年,第66页。
② 同上。
③ 夏仁虎:《旧京琐记》,《旧京遗事·旧京琐记·燕京杂记》,上海:上海古籍出版社,1986年,第37页。

收藏于喀山大学民族学博物馆的《福禄寿三星》，是杨柳青恒裕厚店出品的，这个藏品的品相不太理想，但画面尚可辨认：右边为寿星，他左手执龙头拐杖，右手托一颗蟠桃；中间是禄神，头戴官帽，右后侧有书童陪伴；左边为福星，他怀抱一幼童，这幼童还在放风筝。这是比较典型的福禄寿三星年画。

更引人瞩目的是阿列克谢耶夫购于1907年的《得禄听封富贵延年》年画，此画现藏于艾尔米塔什博物馆。画面表现唐朝大将郭子仪出征得胜归来，忽得织女垂下黄绢，上书6个大字："大富贵，亦寿考"。郭子仪拜谢。一幼童骑鹿向郭子仪而行。画面右上角有题词：

> 唐明皇时，汾阳王郭子仪出师得胜还朝，在途中见赤光万道，瑞气千条，笙箫鼓瑟，自天笑谓（该字原写作口旁加胃）子仪曰："汝忠则与君，孝则与亲，真大夫矣！后子孙满堂，富贵世世，封侯千祥，云集百福，骈臻大富贵，亦寿考。"仪顿首拜祝曰："但愿尧天舜日五谷丰登，士农工商万民乐业，庆太平，贺元旦，皇帝万寿无疆，吾忠孝心尽矣。"

这是特殊的表现福星来历传说的年画。

俄罗斯的汉学家对中国文化中有关"福、禄、寿"的解释，在某种程度上都与这一类年画有联系。在俄罗斯学术界，对此类年画的最早的阐释，出自俄罗斯大汉学家、俄罗斯中国年画最系统搜集者阿列克谢耶夫。在《1907年中国纪行》中，他写道：

> 我现在已经可以解释这幅画的意义了。之所以说是寓意，是因为中国艺术，无论高雅还是低俗，都努力追求深刻的寓意。这幅画的寓意是要表达各种美好的祝愿。那额头突出的老者是南极仙翁和寿星。寿星是司延年益寿之神。他胯下所骑之鹿表示高官厚禄之意（因为"鹿"和"禄"二字尽管书写形式不同，但具有相同的发音"Lu"）。胖墩墩的童子手拿一只石榴，果籽外露，祈求的是多子多福（中国人认为没有男性后代

第十一章　中国年画收藏和解读

是不幸和不孝,这种宗教理念在史前就存在)。①

当代俄罗斯汉学家对中国民俗文化的"福、禄、寿"概念的解释,也有迹可寻。在新近出版的《中国精神文化大典》(神话·宗教卷)中,玛丽对"五福"的解释是:

> 五福,是中国文化中特有的对幸福的价值定位。它首先出现在《尚书》的"洪范"中,即:"一曰寿,二曰富,三曰康宁,四曰攸好德,五曰考终命。"在《桓子新论》的一篇中给出了对"五福"的另一种解释,即指寿、福、贵、禄、安乐。这就是说,"五福"不仅关乎人的精神的安宁,还关乎他在世界中的存在,他与周围人们的和谐相处,而且还有在国家里家族的幸福安宁,以及"子孙众多"。

"五福"不但作为中国人的价值定位被保留了下来,而且其形象体现构成了中国传统的艺术形象的重要组成部分。"五福"主要通过一些特殊的汉字来表达,如"福""富""喜""寿""禄"。在各种书写变体中,这些汉字有时会形成一些内容吉祥的合成字或固定词组(成语)。最常见的合成字是由两个"喜"字构成的"囍",它可以充任家庭幸福的象征和婚礼的标志;还有"圆寿",即由环形的"寿"字构成。最常见的吉祥成语有:"寿比南山","福如东海"。

存在着大量的表达"五福"的艺术形象。最普及的是蝙蝠的形象:它同"福"字和"富"字不但在发音上(同音字),而且在书写上(有一个偏旁相同)都相同。五只蝙蝠被画成一个相连的圆圈,或绘有云雾相伴。作为长寿象征,会描绘松树(常绿植物)、蟠桃、丹顶鹤(后两种形象是由较晚近的神话观念产生的)。通过描绘富贵花(牡丹)和鹿来表达仕途通达之愿望。

---

① [俄]米·瓦·阿列克谢耶夫:《1907年中国纪行》,阎国栋译,昆明:云南人民出版社,2001年,第25—26页。

多瓣的植物(如莲花)、石榴(籽实繁多)和鱼的形象成了夫妻幸福和子孙众多的象征。

司幸福的神祇成了"五福"的人格化的体现,他们是五个神:三位神、喜神和财神。后来财神成了独立的神祇。①

从玛丽的这个词条看,她对中国年画的三星形象是了解的,对三星的最早的文献起源的追溯也是准确的。

在同书当中,李福清先生对福星的解释与年画的关系更大:

福星是司幸福的神,它是司幸福的三神——三星之一。关于神祇福星的现实原型有多种说法。最流行的说法是——他是公元6世纪道州(那里出侏儒)的官吏杨成。当时的皇帝喜欢用侏儒来充任后宫,每年都从道州选走不少人。当地的居民十分绝望。杨成为他们呼吁,皇帝只好不再搅扰他们。后来杨成就被神话化成了福星。

照另一种说法,福星是唐代的将军郭子仪(8世纪),他因在平定安禄山叛乱中战功显赫而声誉卓著。据传说,一天晚上,他睡觉时,梦见一位沐浴在光中的妇人坐在床头。时值阴历七月七,他断定这是织女,当天夜里要同她的丈夫相会。郭子仪请求她赐予自己幸福和财富,对此她回答说,他自己就是福星。在民间信仰中,福星有时候又被解释为赐福的天官。在此情形中福星被描绘为这样的形象,他身着文官袍,手持展开的条幅,上书"天官赐福"。在年画中常常描画天官抱着一个小孩。据说,这是郭子仪送子入宫。在大幅的刺绣画上,福

---

① Духовная культура Китая. Энциклопедия. Мифология. Религия. Редакторы М. Титаренко, Б. Л. Рифтин и др. . М. : Восточная литература, 2007, c. 631. 玛丽在自己的《中国艺术史》中也对"五福"概念做了梳理,她还指出汉代的"五福"有不同的含义。参见 Кравцова М. Е. История исскуства Китая. Краснодар, М., СПб.: Лань, 2004, c. 358.

第十一章　中国年画收藏和解读

星通常被描绘成在一系列幸福的象征物的环绕之中,比如蝙蝠(蝙蝠是"福"字的同音词)。在三星都画的情况下,福星被置于中间,其左是寿星,其右是禄星。①

在李福清先生的词条中,直接描述了福星的形象特征和三星在年画中的布局。同时,在介绍福星现实原型的第二种说法时,他谈及了郭子仪成为福星的原委,这就与阿列克谢耶夫购于1907年的《得禄听封富贵延年》年画比较接近了。那幅年画表现郭子仪的得胜还朝成为福星,比较符合郭子仪的身份。

李福清在《世界各民族神话百科全书》中写的寿星词条也与年画有密切关系:

> 寿星,又称"南极老人""南斗",在中国的神话中是司长寿的神,也指长寿星(与欧洲天文学中的老人星相似)。按照古老的占星术观念,该星出现就会带给国王长寿,带给国家长治久安,它在天穹隐去,就会出现战争和灾难。在古代中国就出现了供奉寿星的庙宇。
>
> 寿星在民间被广泛供奉。站立的寿星一只手执拐杖,其上挂着葫芦(象征多子多福)和条幅(象征长寿),另一只手捧着桃子(同样象征长寿)。②

从玛丽和李福清写的词条可以看出,他们对中国年画的有关形象是非常熟悉的,并将从年画中得来的知识,写进了词条。他们这样写词条,这多半与苏联汉学的奠基人阿列克谢耶夫对年画相当重视并开创年画研究的传统相关。

---

① Рифтин Б. Л. Фу-син.//Духовная культура Китая. Энциклопедия. Мифология. Религия. Редакторы М. Титаренко, Б. Л. Рифтин и др.. М.: Восточная литература, 2007, с. 648.

② Главный редактор С. А. Токарев. Мифы народов мира. М.: Большая Российская энциклопедия, 2000, Т. 2, с. 645–646.

下 篇

汉学远眺

第十二章 敦煌文献的入藏和研究

一、历史沿革

敦煌文献的入藏与俄罗斯科学院东方文献研究所的历史密不可分。俄罗斯科学院东方文献研究所（以下简称"东方文献研究所"，Институт восточных рукописей РАН）是世界上主要的敦煌文献庋藏地之一，它的来龙去脉人们未必十分清楚。兹据有关资料对它的历史沿革做一简述。

俄罗斯科学院东方文献研究所的建制起始于1818年建立的皇家科学院亚洲博物馆。亚洲博物馆也有其发展的史前史。彼得大帝（Петр первый 1672—1725，1682年即位）时期，俄罗斯的有关机构就开始收藏有关东方的手稿、文物。17世纪末俄罗斯开始同东方国家有了大量的交往关系。外交官、商人购买了大量的东方书籍，有关国家的外交使节也赠送了大量的图书，当时产生了建立东方语言图书馆的必要。1714年建立的珍宝馆（Кунсткамера）就收藏了来自东方的手稿和刻本。1818年11月11日（旧历23日），皇家科学院院长 С. 乌瓦罗夫（С. Уваров）致信给科学院理事会，希望在科学院内建立东方学研究机构，并任命 X. 弗连（Х. Френ）院士为负责人。同月28日，Х. 弗连收到了科学院理事会的指示，让他从舒别尔特（Ф. Шуберт）手中接受东方的手稿、钱币和金属制品，并在珍宝馆辟专屋建立东方研究室。同年12月,东方博物馆正式获得命名,这样就建立了科学院亚洲博物馆(Азиатский музей Императорской Академии Наук)。亚洲博物馆甫一建立,就吸引了东方学研究者和爱好者的关注,他们将自己搜集的书籍、手稿和其他藏品源源不断地赠予亚洲博物馆。博物馆建立后开始斥资购买东方的手稿。第一批收藏品是花五万一千法郎从法国公使和雅克·卢梭(Jean-Jacques Rousseau)的继承人手中买到的穆斯林的700本手稿。一年以后,亚洲博物馆的首任馆长在圣彼得堡公布了工作计划。这就在彼得堡形成了继喀山大学(Казанский университет)之后的第二个东方学研究机构,这一直持续到1855年圣彼得堡大学(Санкт-Петербургский университет)建立东语系为止。亚洲博物馆还成了俄国沟通东方和西方学者的桥梁,世界第三次国际东方学家大会1876年在圣彼得堡举行,亚洲博物馆就参与其事。到1917年亚洲博物馆已成为世界上最大的东方书籍和文物收藏中心之一。[1]

1930年,根据全俄中央执委会的决定,在科学院的社会科学家学部和东方学家部下设东方学研究所(Институт Востоковедения),谢·鄂登堡(С. Ольденбург)成为第一任所长,亚洲博物馆的收藏品及其学者整体进入东方学研究所。东方学研究所设在科学院图书馆里。一般的说法是,亚洲博物馆转成了东方学研究所。[2] 但另一个说法是,除了亚洲博物馆,还并入了佛教文化研究所(Институт буддийской литературы)和土耳其斯坦学研究室(Туркологический кабинет)。[3] 按照鄂登堡的设想,该所的机构设置和人员编制是:中国—日本—朝鲜等区域研究室,5人;蒙

---

[1] См., Редакционная коллегия. Азиатский музей-Ленинградское отделение института востоковедения АН СССР, М.: Издательство Наука, 1972, с. 15 – 16.

[2] Там же, с. 46 – 60.

[3] См.: Алексеев В. Наука о Востоке, М.: 1982, Наука, с. 390, примечаний 10.

第十二章　敦煌文献的入藏和研究

古—通古斯等区域研究室,3 人;土耳其斯坦学研究室,4 人;印度等区域研究室,4 人;伊朗研究室,4 人;阿拉伯研究室,3 人;以色列—叙利亚研究室 2 人;高加索研究室,3 人;图书馆,7 人;行政,5 人;技术人员,6 人;共 46 人。每个研究室,都以东方学的院士出任主任。① 阿列克谢耶夫院士就长期担任中国研究室主任。1949 年东方学研究所迁出科学院图书馆,搬到现址——宫殿滨河街 18 号的新米哈伊洛夫斯基宫的楼里。

　　第二次世界大战结束后,为了适应为苏联制定针对东方国家的政策的需要,1950 年科学院主席团决定,将东方学研究所从列宁格勒迁到莫斯科。但该所的东方国家手稿收藏和图书馆仍留在列宁格勒,成为该所的手稿部。1956 年手稿部改建为东方学研究所的列宁格勒分部(Ленинградское отделение Института востоковедения),约·奥尔别利(И. Орбели)院士担任分部主任。② 1958—1960 年该所一度更名为亚洲民族研究所列宁格勒分所(Ленинградское отделение Института Народов Азии),其后恢复为东方学研究所的列宁格勒分部。2007 年 6 月,根据俄罗斯科学院主席团的决定,在东方学研究所的列宁格勒分部的基础上建立科学院东方文献研究所。③ 这就是今天的俄罗斯科学院东方文献研究所的来历。

二、东方学手稿研究所所长叙及敦煌文献的入藏

　　伊·波波娃(И. Попова)为现任东方文献研究所的所长,她最

---

① Азиатский музей-Ленинградское отделение института востоковедения АН СССР, М.: Издательство Наука, 1972, с. 48 – 49.
② Там же, с. 68 – 69.
③ 参见俄科学院东方文献研究所网站(http://www.orientalstudies.ru/rus/index.php? option)。

近撰文《俄罗斯科学院东方学研究所的中国收藏》(Китайская коллекция Института Востоковедения РАН),文中的一部分对敦煌写卷入藏东方文献研究所的原委做了记叙。译述如兹,不妨当作我们了解俄藏敦煌遗书来龙去脉的一点旁证材料。

1907—1909 年,彼·科兹洛夫(П. Козлов)的考察活动取得了显著的成果,他们在戈壁滩上已湮灭西夏国的黑水城找到了大量的文物。彼·科兹洛夫考察队的收集藏品先是收藏在沙皇亚历山大三世博物馆,1911 年入藏亚洲博物馆(当时还应称为"珍宝馆"——作者注)。这就形成了闻名世界的西夏收藏——基本是已湮灭的西夏民族的文字。随亚洲博物馆的变迁,这批藏品就留在了东方文献研究所。彼·科兹洛夫的收藏品中还包括了很多汉文文献,它们先后被 А. 伊凡诺夫(А. Иванов)、1910 年访问彼得堡的伯希和(Paul Pelliot)整理,阿列克谢耶夫(В. Алексеев)、聂历山(Н. Невский)、弗卢格(К. Флуг)、孟列夫(Л. Меньшиков)于 1984 年完成了整理,是年发表中国收藏品的完整叙录。① 亚洲博物馆收藏的黑水城出土的中文手稿和刻本有 660 个收藏单位。其中大部分为佛教文献,此外还有史书、儒道文献、辞典、文学作品、雕刻和印章。

俄国驻喀什总领事尼·彼特罗夫斯基(Н. Петровский)在新疆进行了手稿和艺术品的收集工作,他从当地居民手里购买文物,甚至进行考古考察。他的收集活动的范围涵盖了从库车、于阗以西直至喀什噶尔的地域。谢·鄂登堡指出:尼·彼特罗夫斯基可以称为"真正的古代文物收集家"。俄罗斯科学院东方文献研究所的尼·彼特罗夫斯基收藏品,现在登记为 582 个收藏单位,其中 266 个为梵文手稿、297 个为萨基文(Сакский язык),还有数量不大的吐蕃文和藏文手稿残片。

---

① 见 Ф. И. Попова. Китайская коллекция Института Востоковедения РАН. В сборнике 《Санкт-Петербург-Китай три века контактов. Санкт-Петербург》,СПб.:Европейский дом,2006,с. 76 – 84.

第十二章　敦煌文献的入藏和研究

1909年6月,谢·鄂登堡第一次俄罗斯—土耳其斯坦考察队开始工作,主要活动是在东土耳其斯坦北部的绿洲乌耆、吐鲁番和库车展开的,考察了约10个佛教地下或地上的洞窟。谢·鄂登堡方法的特点是利用准确的照片和清晰的计划开展考古发掘工作。为此目的,他的考察队里总会加进第一流的摄影师和发掘工程师。在谢·鄂登堡的第一考察队里有摄影师萨姆伊尔·马尔蒂诺夫·杜丁（Самуил Мартынович Дудин）和发掘工程师德米特里·阿尔谢尼耶维奇·斯米尔诺夫（Дмитрий Арсеньевич Смирнов）。考察队的所获藏品开始是交给科学院人类学与民族学博物馆（Музей антропологии и этнографии）（即珍宝馆）的,在那里进行了初步地整理。1931年至1932年交给了艾尔米塔什博物馆（Эрмитаж）,1935年部分藏品开始展览。第一次科学考察队的收获中有近百卷手稿,它们基本上是以古代印度的婆罗米文（Брахми）写成的手稿残卷。

谢·鄂登堡第二次俄罗斯—土耳其斯坦考察队主要在敦煌附近的千佛洞展开工作。在返回的途中访问了1909年考察过的吐鲁番绿洲的古迹,从敦煌带回的9—11世纪的手稿和残卷保存在俄罗斯科学院东方文献研究所,有18000个收藏单位,其中有很多是很小的碎片。近400个完整的写卷是谢·鄂登堡从当地居民手中得到的,碎片是在洞窟中通过考古发掘发现的。

1929年进入亚洲博物馆的敦煌收藏品绝大多数是谢·鄂登堡从1914—1915年第二次俄罗斯—土耳其斯坦考察中带回的写卷。此外,敦煌收藏品中还加入了部分С. 马洛夫（С. Малов）和田考察所获得的一些手稿,还有个别Н. 克罗特科沃伊（Н. Кротковой）收集的手稿。

对敦煌收藏品的研究开始于20世纪20年代末。20世纪30年代,康·弗卢格开始将收藏品做登记和描述,其结果是他的一系列关于这批收藏中的重要的佛教写卷和非佛教写卷的文章。1957年2月,以孟列夫为首的研究小组恢复了这项工作。一大批中国学家的这项工作的成果是,1963年和1967年分别出版了《敦煌写卷叙录》,它包含了2954个收藏单位,此后由中国的上海古籍出版社出版了中文本。1994年至2002年,由上海古籍出版社影印出版了17卷俄罗斯科学院东方学研究所圣彼得堡分所收藏的敦煌写卷。

下一批中国手稿进入东方学研究所的时间是在1935年前后,当时从苏联科学院远东分部(Дальневосточный филиал Академии Наук СССР)转交来了一批大约是20世纪初年从中国运进俄罗斯的手稿。最初手稿进入符拉迪沃斯托克图书馆,其中包括东方研究所(Восточный институт)和远东大学(Дальневосточный государственный университет)的图书馆,然后运到列宁格勒,进入东方学研究所。①

荣新江在《海外敦煌吐鲁番文献见知录》中指出,要注意鉴别注有 DX 的写本是否出自敦煌,这是很有见地的。从伊·波波娃的文章看,东方学手稿研究所所藏从中国得到的手稿确实有比较庞杂的来历。

三、俄罗斯汉学家对敦煌写卷的语言文学研究

在敦煌学研究中,东方学手稿研究所因有便利,所以在利用敦煌遗书进行深入研究方面取得了众多成果。丘古耶夫斯基展开了对敦煌经济文书的研究,上海古籍出版社2000年已出版他的《敦煌汉文文书》中译本,荣新江在上述书中有评价,在此不赘。

---

① См. Ф. И. Попова. Китайская коллекция Института Востоковедения РАН. В сборнике 《Санкт-Петербург-Китай три века контактов. Санкт-Петербург》, СПТб.: Европейский дом, 2006, с. 76 – 84.

第十二章　敦煌文献的入藏和研究

　　在东方文献研究所从事敦煌写卷研究的诸人中，孟列夫居功至伟。1972 年，莫斯科科学出版社出版东方文献丛书中的一种——孟列夫的《双恩记变文研究》（第一册）（Бяньвэнь о воздаянии за милости, часть 1.）。这是对该所收藏的《双恩记变文》研究的成果。该书分为三部分：作为文学文献的《双恩记变文》；《双恩记变文》第三卷、第八卷和第十一卷的俄语译文；这三卷的注释。还附有表格（甲、特殊写法与错写的汉字表；乙、Ф—96 卷中的俗字表；丙、对特殊写法与错写的汉字表的说明）。在该书的第一部分，孟列夫对《双恩记变文》展开了全面的研究，他首先述评了中国学术界 20 世纪 30 年代以来的变文研究状况，并做了商榷。中国科学院文学所的《中国文学史》中对变文的解释是，"到了唐代，口语转变，就不得不将其前所译经文改成口语，这样就成为所谓变文了"。孟列夫认为，这种说法是错误的。他指出，由于该文学史作者占有的变文资料有限，故其判断不确，因为在变文中有大量前代翻译佛经几乎一字不变的段子；还有大量改动佛经的内容的地方，改动完全不是为了适应晚唐的语言，而是对情节的根本性改动。① 他还指出，北京大学学生编写的《中国文学史》在变文的章节有若干错误。孟列夫还说明，从 20 年代开始郑振铎和孙楷第已经注意到了变文与文学发展的关系。他认为，周绍良和向达的变文研究的价值，反映了中国变文研究的新趋势，他评述了金冈照光等日本学者的变文研究。从这里可以看出俄罗斯汉学界的一种良好的传统，即讨论问题必定要将它置于国际学术界的背景下来展开。从下面佐格拉芙的研究中也可以看出这个特点。

　　孟列夫的《双恩记变文研究》（第一册）对《双恩记》的文本做了非常到位的研究。他通过将变文的汉字用俄文字母拼写出来：

---

① Бяньвэнь о воздаянии замилости, часть 1, Факсимилерукописи, исследование, перевод скитайского языка, комментарий Л. Меньшикова, М.: Наука, 1972, с. 25 – 26.

"正法如佛手,信如众生手。两手既能相接,定出生死之泥。"然后加以分析:"在这两句诗(孟列夫是把一个句号算一句——引者注)中,还没有形成严格的对仗,但创造对仗的意向已可以清楚地感到了。比如在第一句中,从语法和意义上看是对称的:正法——信;佛手——众生手。但算字数,就没有形成对仗。相反,第二句在语法和意义上看都不是对仗句。"①他用俄文字母拼出下一句:"永抛三界之中,不住四生之内。"他分析说:"前半句与后半句是完全对仗的:永——不(副词);抛——住(动词);三界——四生(带数词的名词);之——之(指示代词);中——内(方位名词)。"②如果孟列夫先生针对此句平仄的对仗写上两句,就更完善了。接着孟列夫分析了《双恩记变文》与《大方便佛报恩经·恶友品》的异同,孟列夫认为,变文的意趣与佛经不同,在佛经中佛的得救是在独自静坐中观照此世虚无,"是消极抵抗和静观默察",而变文中的善友王子则找到了积极行动的方法,凭借这种方法他将他国家的人民从苦难中解救出来。然后,孟列夫借助汤普森的《母题——民间故事索引》指出,在变文中,善友王子最终获得了国家和人民带来富足和安康的神奇摩尼珠,这宝珠乃是世界许多地方的民间故事都有的神奇工具,这反映了人们对美好命运的渴望。③ 孟列夫还把《双恩记变文》放在佛教进入中国的伦理道德背景转换的背景下来分析。他认为,中国既有儒家伦理的孝道,也有人民的孝行。佛教为了适应中国的精神土壤,竭力同中国的孝的精神相结合,于是有《父母恩难报经》《孝子经》和《报恩奉盆经》的翻译。在敦煌文献中有《父母恩重经变文》《舜子变》《目连缘起》《目连变文》等表现孝行

---

① Бяньвэнь о воздаянии замилости, часть 1, Факсимилерукописи, исследование, перевод скитайского языка, комментарий Л. Меньшикова, М.: Наука, 1972, с. 47.

② Там же, с. 47.

③ Там же, с. 60 – 72.

第十二章　敦煌文献的入藏和研究

的作品。① 涉及《双恩记变文》的伦理内容,孟列夫指出:

> 这就是具有民主倾向的作品,其思想在很多方面同民间的,或与民间的作品相近似。这里有民间的奇幻情节,其核心是寻找神奇工具,以便人民能够安居乐业;这里有正义的最终胜利;这里有对被压迫者的同情,有他们的利益同豪强的利益的冲突;最后,还有对中国人来说最重要的内容——《双恩记变文》中的孝,与儒家的孝以及佛教对它的理解不同,它是与人民中的孝行相吻合的。②

这里可以看出,孟列夫运用了苏联式的社会历史批评式的文学研究方法来阐释《双恩记变文》的思想内容。方法运用纯熟,自不待言。但是,《大方便佛报恩经》中实际本来就有孟列夫所说的民间的积极因素——为解民苦、入海寻宝珠、宝珠失而复得的情节,并非纯粹是"消极抵抗和静观默察"。孟列夫还分析了该变文的形式特征,它的诗歌对律诗格律的遵循等。

孟列夫还出版过《维摩诘变文〈十恩记〉变文研究》(Бяньвэнь о Вэймоцзе. Бяньвэнь Десять Благих знамений')、《妙法莲华经变文研究》(Бяньвэнь по Лотосовой сутре)等研究敦煌写卷的著作,限于篇幅,不再详加介绍。

东方文献研究所对敦煌变文进行研究的另一位学者是古汉语学家佐格拉芙(И. Зограф),她对《双恩记》进行了全面的语言学研究。佐格拉芙的《双恩记变文研究》(第二册)(Бяньвэнь о воздаянии за милости, часть 2)分为两大部分,第一部分为《双恩记》语法描述,第二部分为《双恩记》词典。在第一部分里,她通过将《双恩记》和其他变文的词汇,同汉译佛经、宋人小说和唐代禅家语录等进行对比,确定变

---

① Бяньвэнь о воздаянии замилости, часть 1, Факсимилерукописи, исследование, перевод скитайского языка, комментарий Л. Меньшикова, М.: Наука, 1972, с. 72–75.

② Там же, с. 91.

文词汇的特点。佐格拉芙认为,唐代在中国语言发展史中具有重要地位,但人们的研究是远远不够充分的。她认为,禅家语录、变文、韵文等体裁比较能反映口语特点,她对蒋礼鸿《敦煌变文字义通释》、王力《汉语史稿》、张相《诗词曲语汇释》等著作非常熟悉,时有引用,甚至还不时与他们商榷。她还利用了高名凯于20世纪40年代发表在《燕京学报》上的《唐代禅家语录所见的语法成分》和20世纪50—60年代《中国语文》上的有关论文。她引用的语料主要来自1957年王重民、王庆菽等编的《敦煌变文集》。作为对比,她还引用了 И. 古列维奇的《3—5世纪汉语语法特征》所使用的语料(佛教文献),还有她自己写的《中古汉语描述》中的宋人小说语料,在对比中分析变文语言的语法特点。

她首先对代词进行了语法描述。分析的第一个代词是第一人称——"我"和"吾"。她指出:变文《双恩记》的佛经引文、散文和韵文中"作为第一人称用了两个代词:'我'和'吾'。两个代词在所有的部分都有,没有观察到这两个词的功能有区别。但统计分析表明:'我'占大多数,出现67次,其中韵文25次;'吾'出现10次,韵文中只出现了3次。如果在变文中引用的佛经,佛经用'我'和'吾'地方保留不变;但是在佛教中用名词的地方,在变文转述的部分则用代词来代替它,必定是用'我'字。如果是变文手稿中转述的佛经文字,则必定只用'我',在非转述佛经的散文中也用'我'。"她引用了写卷诗歌部分用"吾"和"我"的例句:"吾唯有汝偏怜惜""免吾种种疑心起""愿吾来往不磨难";"我眠托弟着心收""我今入海求珠宝""多即我能施满足""发言争使我重问"和"于我无情却是闲,将我珠宝恐伤触"。她指出,在敦煌遗书的《舜子变》中用"我"比用"吾"多3倍。她还指出:与古汉语中"吾"不能充当补语相区别,在中古汉语中"吾"具有一切功能,其中包括作补语。①

---

① Бяньвэнь о воздаянии за милости, часть 2, Грамматический очерк и словарь. И. Зограф, М.: Наука, 1972, с. 15–16.

第十二章　敦煌文献的入藏和研究

佐格拉芙还研究了《双恩记》中的复句,如具有"不但……而且"意义的关联连词,具体讨论了吕叔湘《文法要略》中所指的"先轻后重"的递进关系。关联连词前一成分往往在前一分句的前面,后一成分往往在后一句的前面。但在《双恩记》的手稿与其他同时代的作品这种关联的表达方式是多种多样的。前一句会用"不唯""非空""莫说""非论""非唯""非但""不但""岂空",后一句的开头会用"兼",也用"且""亦",在这些词后还会用一些虚词,如"交""使""已""得""缘"等。显然这些虚词不是关联副词的组成部分,它们也不具备独立的意义。使用它们只是为了补偿前一句中的双音节词。在现代汉语中,"不但""岂但""别说"和"慢说"充当前一部分中的关联词。在《双恩记》的手稿中这种关联连词在韵文中出现了6次,在散文(非引用佛经)出现了一次:"莫嫌人皆智慧人,兼缘地总显贤灵地";"不缘永底无辜地,兼向长途诡主埋";"意地非论毁相仪,心中兼已离恩爱";"非唯探侯闻宫内,兼又传扬动国城";"莫说丰饶一个身,兼供五百贫儿足";"非空饭味人人足,兼得衣裳日日多";"岂空饱一身盲士,兼普济五百贫人"。她还援引了其他变文来做对比:"不但人皆赞叹君,皆交圣贤垂加护";"不但长时逢吉庆,兼交永不见刀兵";"非唯福利千千亿,兼使灾消万万垓"。① 佐格拉芙的研究言之有据,语料运用得当,纯粹以材料说话,每一部分都是先对要研究的词语的特点略做语法描述,然后举《双恩记变文》的语料,然后再举其他变文的资料做对比,戛然而止,在语料排比后就不再做进一步讨论了。甚至整个语法描述结束时也是这样,让期望她的结论或余论的人,略感失望。

第二部分是词典,佐格拉芙将《双恩记变文》语法研究部分涉及的所有的词都写上相应的俄文词,共2500个条目,她对词的解

---

① Бяньвэнь о воздаянии за милости, часть 2, Грамматический очерк и словарь. И. Зограф, М.: Наука, 1972, с. 127 – 130.

释是准确的。当然,有的俄文的注释是可以商榷的,如"正觉"她以俄文词"прозреть"①来解释。"прозреть"是动词,意思是"恢复视力",转意为"恍然大悟"。这里有两个问题:第一是词性不对,正觉是名词,而俄语词是动词;第二是意义不能对应,在佛经和变文中"正觉"是又称"正等觉",是诸佛的无上觉悟,音译为"三藐三菩提"。② 也许俄罗斯去年出版的《中国精神文化大典》(神话·宗教卷)的对"正觉"的翻译比较准确:"关于真正觉醒的学问"(Учение об истинном пробуждении)③。

俄国是世界上敦煌遗书的庋藏地之一,俄罗斯汉学是世界汉学的重镇,但是俄罗斯汉学界其实并没有对敦煌遗书产生应有的兴趣,敦煌写卷并没有成为俄罗斯汉学家进行语言文学研究的对象之一。如苏联时代的大汉学家阿列克谢耶夫院士(В. Алексеев),几度游历中国,对中国年画、楹联和钱币多有收集,其语言文学研究的领域遍及先秦、六朝、唐宋、明清文学,但他未利用过敦煌写卷,他与敦煌发生联系的是,他提到组织学者参加整理俄罗斯探险家在吐鲁番、敦煌和黑水城搜集的文献。他的两卷本的《中国文学论著》(Труды по китайской литературе, 2 т.)收录48种著述,没有一篇引用过敦煌写卷。在前述的《中国精神文化大典》(神话·宗教卷)中,只有"目连"这个词条提及了敦煌变文④,有很多词条,如"地狱""阎王""伍子胥"等均未涉及敦煌遗书。此外俄藏敦煌文献的编目工作取得了人所共知的成就,但是现在即使是在东方文献研究所内也没有人专门从事有关敦煌文献的工作,孟列夫以后俄罗斯敦煌学研究后继乏人已成事实。

---

① Бяньвэнь о воздаянии за милости, часть 2, Грамматический очерк и словарь. И. Зограф, М.: Наука, 1972, с. 191.
② 吴均汝:《佛教大辞典》,台北:商务印书馆国际有限公司,1992 年,第 188 页。
③ Духовная культура Китая. Энциклопедия. Мифология. Религия. Редакторы М. Титаренко, Б. Л. Рифтин и др.. М.: Восточная литература, 2007, с. 408.
④ Там же, с. 525 – 527.

第十三章　李福清院士的研究方法

2013年10月3日知道李福清（Борис Львович Рифтин）先生驾鹤西去后，我禁不住写下了这样的文字：

> 李福清院士，俄大汉学家，治中国文学年画既广且深，几无出其右者。其八十寿诞将至，天大冯骥才艺术院为之暖寿筹会。会期已近，不料噩耗传来。予受益于李院士良多，吟成五古八韵，不计工拙，聊表哀思。
>
> 秋风吹肃气，萧瑟扫疏林。
> 李翁八十寿，津城迓伊临。
> 著文颂学问，莫城传噩音。
> 螃蟹①亦何恶，先摄寿翁心。
> 邮件历历在，语疏意弥真。
> 松云暮恻染，薤露朝悲吟。
> 阴阳隔河汉，泪下沾衣襟。
> 逍遥游龙府，天宫论艺深。

10月3日李福清院士魂归道山后，北京、天津举办了多场李福清院士的追思会。我有幸参加天津大学冯骥才文学艺术研究院举办的筹备已久的"李福清国际学术研讨会"，在会上朗读了这首五古，并做了《李福清先生文学研究方法的启示》的发言。

---

① 俄人呼癌症为螃蟹。俄语"рак"有两个意思：一为癌症，一为螃蟹。

我与李福清先生有缘结识于1991年11月成都举行的"三国文化国际学术会议",至今已有20年有余。后来2001—2002年我在莫斯科大学做高级访问学者,在半年的时间里时常去他位于瓦维洛瓦街的家里请教。我们不拘礼节,有时正好碰到他不定时的午茶或晚餐,我就坐在他的不大的厨房兼餐厅里,陪他喝茶、用餐。再到后来我在俄罗斯师范大学访学期间,他到圣彼得堡查资料,住在朋友家里,约我去跟他见面。他怕我找不到路,大冬天里这位七旬老人专门到地铁站接我。承蒙他安排,我两度旁听莫斯科的汉学家大会。20多年间,尤其是近年来,我们不时有电子邮件相往来。在邮件里,他或者关心我的学术工作,或者通过我跟有著作在俄罗斯出版的学者的后人联系。2013年3月,他来邮件说:"亚丁老友,今年我满八十了,有篇文章请你译,你有没时间?"我当然马上答应,他发来了篇幅可观的《"武十回"年画研究》的俄文稿,我问他什么时候要译稿。他让我问南开大学的阎国栋教授。我一问,才知道,这是李福清先生专门提供给《李福清年画研究论文集》的未刊稿之一,这个论文集是天津大学冯骥才文学艺术研究院为纪念李福清院士八十寿诞专程准备的,将在秋季的李福清国际学术会议上推出。我赶紧认真翻译稿子,初稿出来后,发给李福清先生,请他审核修改。结果得到的却是他学生发来的邮件,说李先生患重病,不能看稿子。2013年7月份得到李先生亲自发的邮件,说他得到什么重病云云。我安慰他,并说他的中国朋友给他祈福。我收到李福清的最后几封邮件是在2013年8月19日,他让我把我采访他的长篇访谈录①发给他,说越南河内出他的八十寿诞纪念文集要采用这个访谈录。我把稿子作为附件发给他,可是他马上回邮件说他怎么也打不开,他又把河内的那位学者的邮址给了我。我发过去后,对方回函说收到了。当晚我给他邮

---

① 刘亚丁:《"我钟爱中国文学"——俄罗斯汉学家李福清通讯院士访谈录》(上、下),《文艺研究》2007年7、8期。

第十三章　李福清院士的研究方法

件说对方已收到访谈录。这就是我们最后的邮件!

对一位学者的最好的纪念,就是对他的学术成就的总结和思考。坎井之蛙,如何蠡测天穹,浅薄后学,岂可妄论先贤? 从他最后的邮件,可以看出他对我做的长篇访谈是认可的。在对他的长篇访谈中,在自己拜读他的学术著作中,在向他请教中,我思考过一些问题,略有一些心得,写下这篇文章,与同行们分享自己关于李福清先生中国文学研究方法的思考,就正于方家。

在我国和俄罗斯,讨论李福清先生的学术成就的文章有若干,如钟敬文先生为李福清先生的《中国神话故事论集》写的序,称赞他"知识的博洽""科学的敏感",他的"分析能力",他的"严肃与公允相结合的态度",同时在一些具体问题上也与李福清商榷。① 马昌仪先生分阶段、历时性地追述李福清先生的学术成就,认为李福清"把苏联历史诗学传统运用于中国文学的分析研究",并认为他重视唯物主义的反映论,重视系统研究,注重从诗学、审美的角度研究文学,并指出他重视资料工作。② 李明滨先生在为《古典小说与传说——李福清汉学论集》的序中概括了李福清学术成就的四个方面:他的研究涉及中国文学的各个领域;中国俗文学和民间文学是他研究的重点领域;他研究中国台湾少数民族文化,并同大陆各民族文化比较;他研究中国民间艺术。③ 2002 年 H. 尼古宁发表的《汉学家、民间文学研究家、文艺学家》一文,纪念李福清七十诞辰,他回顾了李福清先生的学术道路,历时性地概述了他的主要学术著作,没有概评,文末是祝福之言:"新的学术化境在等待着李福清院士"④。对于一位通讯院士,这既是祝愿,也是对寿翁将在学术

---

① ［俄］李福清:《李福清神话故事论集》,台北:学生书局,1984 年,iii—xv。
② 同上书,xvii—xxxviii。
③ ［俄］李福清:《古典小说与传说》,李明滨选编,北京:中华书局,2003 年,序 1—7 页。
④ Никулин Н. И. Юбилей ученого. Синолог, фольклорист, литературовед. К 70 - летию Б. Л. Рифтина//Проблемы Дальнего Востока, 2002, №2.

殿堂升堂入室的暗示。5年后,E.谢列勃利亚科夫在《科学院通讯院士李福清(为七十五诞辰而作)》一文中同样介绍了李福清先生的主要学术著作,他强调:

> 学术界高度评价他对那些中国都不曾予以应有关注的中国文化典籍和问题的大胆探索。解释中国人精神生活特征的不懈的热望,使他总是既对当代作家的艺术作品兴趣盎然,又对数千年的书面文学和口头创作孜孜以求。[1]

这两篇文章还比较详细地介绍了李福清先生对蒙古民间文学的搜集和研究,他对西伯利亚、远东民间文学的研究,对他这方面的成果中国同行基本不了解。这些文章都采用按照时间顺序点评李福清院士的主要学术著作的结构方式,也或多或少涉及他的文学研究方法,但是对这些方法每每点到为止,未及详论。现在不妨在共时的、更宏观的层面上来思考李福清先生的文学研究的路径和方法。尤其应该思考,李福清先生的中国文学研究方法对我们自身的研究有什么启发。

一、从研究基础看,以多语种资料为源,商榷补充推进学术

李福清先生每做一个题目总要竭尽全力在中国搜寻各种资料,这是前述的文章多加赞美的他的优长之处。但我在这里想强调的是,他对世界各语种资源的重视和搜集,总是以中国的文学为核心问题,以世界的学术界对此问题的研究为考察对象。他曾说:

> 我还要指出一点,就是我研究一个问题时尽量穷尽在俄罗斯、中国和西方的资料,既要注意研究对象的原始材料,有时

---

[1] Серебряков Е. А. Член-корреспондент РАН Борис Львович Рифтин (К 75-летию со дня рождения)//Известия РАН. Серия Литературы и языка, No. 006 Т. 66, 2007.

第十三章　李福清院士的研究方法

有关学者发现了新材料,你要注意吸取,又要注意搜集学者新出的研究著作。真正的理论著作是不能根据局部的材料来写的,如同植物学著作,不可以只用一个地区的植物来谈世界植物的分类及其理论问题。普洛普教授的《神奇故事的历史根源》、梅列金斯基教授的《神奇故事人物研究》和《神话诗学》等都用了全世界的民间故事材料。①

在《中国精神文化大典》第二卷《神话·宗教卷》的关于中国神话的序言(长达 77 页)中,李福清先生旁征博引,中、俄、日、欧洲和美国有关中国神话研究的著作一一点评,多有洞见。李福清先生首先介绍俄罗斯汉学家 C. 格奥尔基耶夫斯基发表于 1892 年的《中国人的神话观念与神话》,接着分析了日本学者井上圆了发表于 1882 年的《论儒家的崇拜对象尧舜》和另一位日本学者白鸟库吉相关的研究。李福清先生接着批评 1922 年出版的英国汉学家倭讷(Edward Theodore Chalmers Werner)的《中国神话与传说》,认为其来源甚狭,分类不确。继而较详细介绍鲁迅、沈雁冰、胡适和顾颉刚等中国学者的神话研究。李福清先生详述沈雁冰对中国神话过早消歇的原因的揭示:一是神话的历史化和神话人物的历史化,二是当时社会上没有激动全民族心灵的大事件以诱引"神话诗人"产生。旋即李福清先生介绍了胡适对沈雁冰所述的第二点原因的驳难。这样就使我们能够回到中国神话研究的"现场"。对 1924 年法国汉学家马伯乐(Henri Maspero)对《尚书》中的神话传说的研究,李先生则不吝赞辞。李福清先生谈及德国汉学家何可思(Eduard Erkes)对后羿神话的研究,称赞其将该神话与太平洋周边的相似神话研究,其材料取自巴达人和北美的印第安人。李福清先生叙及德国学者艾伯华(Wolfram Eberhard)的有关研究、瑞典学者高本汉(Klas Bernhard Johannes Karlgren)1946 年出版《古代中国的神话

---

① 刘亚丁:《"我钟爱中国民间故事"——俄罗斯汉学家李福清通讯院士访谈录》(上),《文艺研究》2007 年 7 期。

和崇拜》,还注意到高本汉对这些神话文本展开的历史语文学研究,以及高本汉同闻一多的神话研究的对话。对20世纪50年代的神话研究,李福清先生分析了贝塚茂树的《众神的产生》、芬斯特布(Finsterbusch)的《山海经与造型艺术》。对卜德(Derk Bodde)的《世界神话》、袁珂的《中国神话》、王孝廉的《中国神话传说》等,李福清先生皆有介绍点评。① 这样详尽的学术综述,直接把《神话·宗教卷》中的神话研究部分推到世界中国神话研究的学术前沿。

商榷纠谬,推进学术,是李福清先生广泛征引资料的目的。在《三国演义与民间传说》中,为了考察平话体裁的源流,李福清先生几乎是考镜源流,分别引用中国学者张政烺、鲁迅的观点,刘大杰的《中国文学发展史》,游国恩、王起等的《中国文学史》,美国学者约翰·克兰普赞、捷克学者雅·普实克(Jaroslav Průšek)的观点或材料,与之商榷或驳难,得出了平话与世界流传的"民间读物"相类似的结论。② 虽然其结论未必会得到广泛赞同,但广泛搜求各语种的文献资料,以求其解的精神,是值得我们学习的。此外,在其《从比较神话的角度再论伏羲等几个神话人物》一文中,李福清先生以闻一多的《伏羲考》作为讨论的起点,以比较神话学为理论支撑,广泛征引中国大陆、中国台湾、越南、蒙古的神话传说,使人们对伏羲等神话人物的认识有了新的进展。对于学者的错讹,李福清先生总是能直接指出。比如为纽约国立大学出版社出版的英文版《回族神话和民间故事》写的书评中,李福清指出:收入故事中的《阿丹和好娃》的故事不是回族神话,而是《古兰经》传说。③

---

① Духовная культура Китая. Энциклопедия. Мифология. Религия. Редакторы М. Титаренко, Б. Л. Рифтин и др. . М. : Восточная литература, 2007, с. 16 – 77.

② [俄]李福清:《三国演义与民间文学传统》,上海:上海古籍出版社,1997年,47—50页。

③ Boris Riftin and Boris Parnickel, *Mythology and Folklore of the Hui: A Muslim Chinese People by Li Shujiang and Karl W. Luckert*. Asian Folklore Studies, Vol. 57, No. 1998, p. 371.

第十三章　李福清院士的研究方法

如果我们放眼俄罗斯汉学界,我们会发现,注重多语种资料的搜集和运用并不是李福清先生一人的创举。阿列克谢耶夫院士在《中国史在中国和欧洲》一文中,将他自己对中国史学的历史沿革和流变的准确描述置于当时中国和欧洲学术界对中国史的研究背景之中,点评了梁启超的《中国史学研究法》,以及美国学者凯内思·拉图雷特(Keneth Scott Latourette)、英国汉学家诱讷、法国学者沙宛(Émmanuel-Édouard Chavannes)、伯希和和马伯乐等学者对中国史学的看法。① 孟列夫对《双恩记变文》的研究也是如此,他首先述评了中国学术界 20 世纪 30 年代至 60 年代各种关于"变文"的定义和解释,与之商榷驳难,如中国科学院文学所的《中国文学史》、北京大学学生编写的《中国文学史》。他还转述了郑振铎、刘大杰和谭丕模对变文的研究。孟列夫还关注到了日本学者川口久雄、金光照光的变文观。②

再进一步看,俄罗斯的文学研究界,不乏这样的例证:仅凭一人之力,广泛搜集若干国家的学术资源,完成学术史的写作,而且多有洞见。如什夫曼(Александр Иосифович Шифман)的《列夫·托尔斯泰与东方》,再如康斯坦丁·普里玛(Константин Иванович Прийма)的《〈静静的顿河〉在战斗》。在后译本书中,普里玛分别研究了肖洛霍夫的《静静的顿河》《被开垦的处女地》在欧洲的诸多国家,如亚洲日本和中国、美洲的美国和加拿大的翻译、出版和评论,资料非常详尽,仅直接引用的中国报刊就有:20 世纪 40 年代的《文学月报》《文艺阵地》《野草》《大公报》,20 世纪 50 至 70 年代就有《中国青年》《长江文艺》《秦中日报》《文艺报》《光明日报》《中国青年报》《人民日报》等。1936 年的《文学》从 В. 阿尔

---

① См. Алексеев В. М. Китайская история в Китае и в Европе. Его 《Труды по китайской литературе》. М.: Восточная литература, Книга 1, с. 461 – 488.

② Бяньвэнь о воздаянии за милости, часть 1, Факсимиле рукописи, исследование, перевод с китайского языка, коммертарий Л. Меньшикова, М.: Наука, 1972, с. 25 – 36.

希波夫(Владимир Георгиевич Архипов)为此书写的序言看,普里玛为写此书给国外寄去了上百套《静静的顿河》,写了数千封信。他得到400卷外国出版的各种肖洛霍夫的书(其中包括15个国家出版的肖洛霍夫的书)、近2000种关于这位苏联经典作家的文件。① 李福清先生为写研究孟姜女传说的专著给中国各省的文联写信找资料,成了广为传播的美谈。从普里玛的做法看,在俄苏学术界,这也算不上是李福清先生的专利。

关注多语种学术资源可达到若干目的。第一,在广泛的背景下,才能看清楚什么是前沿问题,什么地方是有待开垦的学术处女地,以便学者本人或后来者尽快进入学术前沿,找到有开掘价值的方向或课题。第二,在梳理已有的学术成果的过程中本身就可以获得材料,或者获得研究思路的启发,如李福清的《中国精神文化大典》中的《神话·宗教卷》的神话部分序言、阿列克谢耶夫的《中国史在中国和欧洲》。第三,与多语种的学术同行对话或商榷,切实推进学术发展,如李福清对各种话本说的探讨、孟列夫对若干变文说的考释。具体而言,李福清在展开对孟姜女的传说系统研究之前,对顾颉刚、路工等学者的孟姜女研究进行梳理,对顾颉刚的孟姜女是《左传》中的杞梁之妻的论断加以驳难②(当然,后来钟敬文又针对李福清之驳难进行再驳难)。第四,要做一个题目,则应以世界主要国家或地区为考察对象,对材料做竭泽而渔式的全面搜罗,做完后大致可以说,这个问题已经有了"阶段性的成果"。以此观之,制约我国学术的瓶颈多,学者外国语言通达有限恐怕难辞其咎,学风不够扎实似乎也不无干系。

---

① Архипов В. Г. О книги Костантина Прийиы. Приийма К. 《Тихий Дон》 сражается. Ростов-на Дону, Ростовское книжное издательство, 1972, с. 9.
② Духовная культура Китая. Энциклопедия. Мифология. Религия. Редакторы М. Титаренко, Б. Л. Рифтин и др.. М.: Восточная литература, 2007, с. 323–327.

第十三章　李福清院士的研究方法

二、从学术渊源看，以广采杂取为法，兼收并蓄卓然成大家

李福清先生转益多师，博采众长，形成了灵活多样的研究路径和研究手法。我觉得李福清先生非常尊敬师长，在跟我谈起他自己的求学经历时，他总是满怀敬意地回忆起他的老师们。1950年，李福清先生考进了列宁格勒大学东方系学习汉语。回顾自己的学术道路，他从阿列克谢耶夫院士说起，谈他听了阿列克谢耶夫院士三个月的课，感到深受启发。他继承了阿列克谢耶夫在中国文化的背景中研究中国民间文学的精神，尤其是发扬光大他在中国和世界广泛深入搜集有关研究资料的学风，继承发展了他搜集研究中国年画的事业。李福清先生谈到，他听了普洛普（Владимир Яковлевич Пропп）的三门课，他认为普洛普的《民间故事类型学》对自己启发很大，在整理中国台湾的民间故事的时候，他就用了普洛普的方法。李福清先生写道：

> 普洛普教授曾告诉我，他写的《俄罗斯神奇故事类型学》，希望研究西欧神奇故事也可以用，但不知研究中国汉族民间故事或其他亚洲民族故事可不可以用。现在我们可以说问题不在欧洲或亚洲故事可不可用，而在发达民族的，或较原始民族的民间故事可不可用。①

李福清先生实际上用自己的学术著作证明：普洛普类型学或母题研究法是可用于中国民间故事的。普洛普本人1957年在编辑阿法纳西耶夫共8辑的《俄罗斯民间故事集》的时候，为该书编制了"情节索引"，每个故事都做了简要的情节概括，并指出该故事

---

① 刘亚丁:《"我钟爱中国民间故事"——俄罗斯汉学家李福清通讯院士访谈录》（上），《文艺研究》2007年7月期；参见[俄]李福清:《神话与鬼话——台湾原住民（台湾少数民族——编者注）神话故事比较研究》，北京，社会科学文献出版社，2001年，第16—17页。

的情节出现在俄罗斯的各种民间故事集的情况。① 借助1911年阿尔奈的《民间故事索引》和1929年经过 Н. П. 安德烈耶夫扩展的《阿尔奈体系童话情节索引》,普洛普将阿法纳西耶夫的俄罗斯民间故事情节同其他俄罗斯民间故事选本情节勾连了起来。对此李福清先生既如法炮制,又发扬光大。在《东干人的民间故事》附录部分,李福清先生编写了"故事情节比较研究",逐一对每个故事的情节元素在世界不同地域的民间故事中重合情况进行比堪。② 这实际上就是对普洛普的"母题"研究法的运用,对他在《俄罗斯民间故事集》中所做的"情节索引"的借鉴和发挥。对东干人的民间故事做母题索引,这也是学普洛普的方法。但普洛普的索引范围仅限于俄罗斯民间故事,内容也比较简略。李福清的比较研究的范围不限于中国民间文学而是放眼世界,同时内容也更为详尽。更广泛地看,在对中国文学的研究中,李福清先生实际上都受到了由阿尔奈的《民间故事索引》的方法论的指引和启发。

李福清还谈道,在列宁格勒大学读书期间,他从雅洪托夫和彼得罗夫那里学到了工具书使用法,对《古今图书集成》等大型丛书的内容和使用方法都有比较深入的了解。李福清还回忆道,在参加工作到高尔基世界文学所后,他受到契切罗夫教授的精心指导。阿列克谢耶夫院士的比较研究法、普洛普的民间故事类型学、梅烈金斯基的神话诗学等,都成了李福清先生有所吸取的学术资源。

正因为李福清先生不划地自囿,而是虚怀若谷,广泛接触、吸纳风格多样、学术思想迥异的学者们的观念和方法,他才能融会贯通,卓然独立,成为风格独特的大家。李福清先生自己认为,从事《三国演义》研究的时候,他利用了各种流派的理论著作。如20世

---

① См. Народые русские сказки А. Н. Афанасьева. Т. 3, М.: ГИХЛ, 1957, с. 458–502.

② 参见李福清编著、海峰用东干语转写、连树声俄语翻译的《东干民间故事传说集》,上海:上海文艺出版社,2011年,第382—502页。

第十三章　李福清院士的研究方法

纪 20 年代俄国形式主义的观点,尽管用得不多,也用了与此相反的资源,如巴赫金(Михаил Михайлович Бахтин)以他朋友的名义出版的《文艺学中的形式主义方法》、以笔名出版的《马克思主义与语言哲学》。在民间文学方面,他多用日尔蒙斯基、普洛普、梅列金斯基的观点。但他不认为自己属于什么理论流派,因为每种流派都有其所长,也有其所短,他用他们理论仅限于适合研究中国文学的观点。

三、从研究方法看,以历史类型学为本,匠心独运豁然贯通

在研究中国文学中,李福清先生成就卓著,是什么达成了他过人的成就,除了上面已经谈及的他对各种语种的材料的超出常人的占有而外,除了他对众多学者的方法的博采众长而外。在我看来,他所运用的具体的研究方法,即类型学和历史诗学相结合而产生的历史类型学功莫大焉。

类型学(Типрлогия)源出于希腊语 Typos,类型学"是一种科学认识方法,它的基础是借助概括的和优化的模型或类型来区分客体的系统和它们的分类。类型学被运用于对在时间中并存的,或是在时间分化的客体组织的重要特征、联系、功能、关系、层次进行比较研究。"①在俄苏化学、生物学、心理学、语言学等广泛使用的类型学研究方法,赫拉普琴科(Михаил Борисович Храпченко)等学者将其运用于文学研究。关于文学中的类型学研究,赫拉普琴科在其《文学的类型学研究》一文中如此写道:文学的类型学研究"揭示文学现象和因素,可以将这些原则和因素称为众所周知的文学—美学共性,归纳为某种同样的类型和种类。""文学中类型学意

---

① Огурцов А. П., Юдин Э. Г. Типология. Большая Советская энциклопедия. М.: Издательство БСЭ, 1976, Т. 25, с. 563 – 564.

义上的统一,不是统计学上的共性,而是动态的共性。与其说它是由同样的链条构成的封闭的环,毋宁说是处于对比中的各种色彩构成的光谱。"① 由苏联科学院高尔基世界文学研究所为责任单位出版,以李福清先生等为编委集体编撰的《东方和西方中世纪文学的类型学与联系》,就是以对文学的类型学研究为主要内容的:"一系列文章本身就是对东方和西方的文学现象的类型学共性和文学发展道路的研究"。② 在这本书里,李福清先生发表了作为代序言的、长达108页的《中世纪文学的类型学和相互联系》。在强调类型学的重要意义的同时,李福清先生清楚地意识到了类型学的比较方法可能被滥用,可能被泛化为无边无际的万能工具:"'类型学'的概念在文学范围有时会在各种各样的意义上使用,有时是不同的文学发展道路的定义,有时与此相反,则是对语言艺术发展中产生的相同的现象的追踪。"③他特别担心的就是,通过将东方的文学现象与已经得到充分研究的西方文学牵强比附的方法。因此他提出给自己的类型学研究规定了具体的范围:"我想,无论在何种情况下,至多在三个层面(水平)上展开:a)意识形态层面;b)描写层面;c)叙述层面(情节组织、讲述的特殊手法)。"④我们将看到,三个层面的类型学研究,就成了李福清先生整个学术研究的基本方法。

正如马昌仪先生所指出的那样,李福清"把苏联历史诗学传统运用于中国文学的分析研究"中。历史诗学是文艺学的分支,它是

---

① Храпченко М. Б. Типологическое изучение в литературе. Его 《Познание литературы и искусства》, М.: Издательство 《Наука》, с. 180, с. 180 – 181.
② Институт мировой литературы им. А. М. Горького Академии наук СССР. Типология и взаимосвязи средневековых литератур Востока и Запада. М.: Издательство 《Наука》, Главная редакция восточной литературы, 1974, с. 3.
③ Там же, с. 48.
④ Там же, с. 48 – 49. 参见[俄]李福清:《三国演义与民间文学传统》,尹锡康等译,上海:上海古籍出版社,1997年,第5页。

第十三章 李福清院士的研究方法

研究文学体裁、文学作品和文学风格的发生学,历史诗学在历时性中研究文学。历史诗学的奠基人是19世纪俄罗斯学者维谢诺夫斯基,在20世纪他曾被当作"世界主义者"受到批判,直到20世纪70年代历史诗学才重新得到关注。普洛普和梅列金斯基等都被当成是维谢洛夫斯基的历史诗学的继承者。类型学本身就不拒绝时间意识,但在李福清先生的类型学研究中,直接引入了历史的维度,时间的重要性被他高度强调。李福清先生自己也谈道:

> 19世纪俄国著名学者维谢洛夫斯基院士很早就开始研究"历史诗学"问题。历史诗学的任务是研究各种文学的种类、体裁、描写方法等的历史发展,"文学"这个概念的演变,诗学的各种历史类型及其与时代的关系。例如,古代文学是一种类型,有自己的特征;中世纪文学是另一种类型,也有自己的特征;近代文学和现代文学又有自己不同的类型特征。①

是否可以说,李福清先生自觉地将历史诗学和类型学相结合,开展了历史类型学研究。他运用历史类型学方法,把研究的范围基本上限定在中世纪内,即中世纪内的横的(不同民族间的、不同体裁间)和纵的(同一题材在不同历史时期的发展演变)研究。

在李福清先生的历史类型学研究中,历史时代的概念非常清晰,他把问题限制在"中世纪"的范围内,所说的编委序言中写道:"本书的中世纪指的是公元初到17世纪末,是由于世界基本宗教——佛教、基督教和伊斯兰教形成过程出现在公元初到17世纪",并明确指出:

> 本书的作者们试图揭示文学联系的各种类型(发生在中世纪的"古老的"和"年轻的"文学间的发生学的联系,经历了

---

① 刘亚丁:《"我钟爱中国民间故事"——俄罗斯科学院李福清通讯院士访谈录》(上),《文艺研究》2007年第7期。

古代时期的不同文化间接触性的联系——区域内的、区域间的联系)、文学中介系统、在中世纪文学接触中双语的作用等等。①

李福清在《神话与鬼话》中对中国中世纪做了具体的表述:中国的中世纪开始于三国时期,持续到19世纪末至20世纪初。②但他在讨论三国题材的发展时所研究的现代的三国故事讲述,就打破了中世纪的时代限制。

不跨越时代,不混淆层面,是李福清先生为历史类型学设定的边界。李福清往往把问题限制在前述的中世纪的范围内,拒绝将中世纪的现象同新时代(即18世纪以后)现象进行类型学的对比。如他明确提出:

> 用比较法一定要注意历史发展阶段,如有中国学者把《三国演义》与托尔斯泰《战争与和平》做比较,那完全无关。前者是典型的中世纪作品,后者是19世纪现实主义的作品,《三国演义》要与其他国家中世纪的作品做比较,如日本"军记物语"、西方(意大利)同时的小说等。③

李福清提供了历史类型学研究的例证,可以说明分清层次的重要性:同样作为中世纪的作品,中国14世纪的书面史诗《三国演义》《水浒传》可以与意大利文艺复兴时期奥里斯托的《罗兰德》和塔索的《解放的耶路撒冷》进行比较,但只能在这样一点上做比较,即中国和意大利的作者都从民间文学中吸取材料,并加以提炼。

---

① Типология и взаимосвязи средневековых литератур Востока и Запада. М.: Издательство 《Наука》, Главная редакция восточной литературы, 1974. c. 3.
② [俄]李福清:《神话与鬼话——台湾原住民神话故事比较研究》,北京:社会科学文献出版社,2001年,第19—20页。
③ 刘亚丁:《"我钟爱中国民间故事"——俄罗斯科学院李福清通讯院士访谈录》,《文艺研究》2007年第7期。

第十三章　李福清院士的研究方法

假如着眼于作者的世界观和思想表达的层面,奥里斯托所表达的讽喻,则在罗贯中的世界观中完全找不到相似的东西。①

通过历史类型学提供的纵横比较方法,李福清先生实际上也发现了中国文化中的一个人们或许忽视的问题:中世纪的中国文学没有从古至今的全世界纪实。李福清指出:在拜占庭—斯拉夫文化中历史作品有两种类型,一种是包含了从"创世纪"至与作者接近的时期的全世界的纪实,一种是王朝和战争的历史。他指出,中国第二种历史很发达,但没有第一种历史,在中国这样典型的儒教国家里,因为儒生们将其他民族(包括其他接受儒教的远东的各民族)视为不知正道的"夷狄",所以中国没有全世界纪实。②

李福清先生优势体现在许多方面,穷尽各语种材料使他站在了学术高点上,能俯瞰全局,用一个不恰当的比喻来说,李福清先生撰文写论著,就像使用圆规的两条足,一足固定,以关注中国文学中的问题为圆心,另一足则左旋右转,进行历史类型学的对比研究,或考察这个问题在不同体裁中形态各异的演绎(如孟姜女、三国这些大的母题),或将某个母题放在世界的不同民族的文学的相似母题的对比中展开极其详尽的比堪,阐释(比如关公、伏羲这些大原型),得出他的结论。就这样,他就像我经常说的那样"走到学术最前沿"。

在对孟姜女的研究中,李福清先生主要是考察孟姜女故事在不同体裁中的旅行。在《万里长城的传说与中国民间文学体裁问题》中,李福清整理、对比、研究各种孟姜女传说,发现了一个很重要的现象:中国汉族的民间文学有一个特点,同一个情节往往会在各种体裁中反复出现,这是中国的一笔极其宝贵的财富。孟姜女

---

① Типология и взаимосвязи средневековых литератур Востока и Запада. М.: Издательство 《Наука》, Главная редакция восточной литературы, 1974, с. 52.

② Там же, с. 16.

的故事,有民歌,有鼓词,有宝卷,还有大量的地方戏等。孟姜女的故事历经13个世纪,其核心内容是比较一致的。李福清先生研究了孟姜女故事在各种体裁中是如何变化的,比如在宝卷中的孟姜女故事有很强的佛教色彩,传说中孟姜女到长城的行程叙述得很简略,而在戏曲里则很详尽,因为在戏曲里,可以用各种唱腔来表达人物在去长城过程中的思绪和情感,孟姜女前去送寒衣的情节被描写得非常细腻。

在《三国演义与民间传统》中,李福清实际上是以三国的题材为核心(圆规的固定足),展开对这个题材的历史类型学的考察。换言之,即是对三国题材的流变史做了类型学考察。考察的范围,基本上没有超越出他给自己划定的类型学的三个层面,即意识形态层、描写层和叙述层。他把《三国志》及裴注、民间的《三国志平话》,作为罗贯中《三国演义》源泉,这就是《三国演义》的来源。在该著作的第二部分,李福清先生则富有洞见地论证了书面的《三国演义》向民间的各种体裁"回流"的问题。为了分析《三国演义》与民间说书的关系,他将《三国演义》同晚期的平话进行了对比。书面的《三国演义》向民间的说书的"回流",这应该是李福清的一大发现,对此俄罗斯和我国的学者都是承认的。H.尼古宁指出:

> 在其关于《三国演义》的专著中,李福清在学术界首次(利用罗贯中的小说的材料)研究了中世纪东方各种文学的主要题材,研究了在这些文学中艺术时间的反映。他非常详尽地研究了中世纪中国文学同民间文学的联系,这对中世纪的中国文学而言是非常重要的,而且他还以展开《三国演义》对民间文学的影响研究来补充了已经足够熟悉的观点(民间文学对书面文学的影响)。李福清详尽分析了非常重要的问题——分析了民间书籍(它们是图文并茂的木刻版图书),分析了它们在形成《三国演义》中的作用。发明新颖的、学术性

第十三章　李福清院士的研究方法

的、揭示过去未曾发现可能性的微型文本分析法,是李福清的成就之一。借助于此法,他成功地描述了历史著述、传记文献、民间评话之间是如何复杂地互相影响,并形成新的审美品质的。李福清在学术界首次描述了这类三国评话的结构,同时分析了书面的文本是如何变形为口头的、由说书人讲述的文本的。对出场人物外貌的分析、对主人公情感、思想、行动和语言的分析补充了意识形态层面的分析。①

此外,从 H. 尼古宁的评价中我们不难看出,李福清的类型学的分层是起了重要作用,并且受到了他的俄罗斯同行的关注和认可。

在李福清先生的历史类型学中,历史诗学和类型学不能分离,如果偶尔出现分离的状况,就会产生疏漏。比如李福清先生对类型学的框架的设计是比较合理的,涉及了意识形态、描写和叙事层,但是对他《三国演义与民间文学传统》中有关三国平话的部分,类型学就同历史诗学分离了。李福清在以类型学来考察《三国演义》之前的三国题材的演变时,有"《三国志平话》的叙事"一节,但他所展开的"艺术时间""说话的影响""情节结构和行为形式"和"叙事中的前提文件的穿插"等部分,并没有从历史诗学的角度说清楚《三国志平话》对《三国演义》的影响,实际上未展开历时性的叙事研究。他在这一部分的讨论从表面上看似乎动态的,但实际是静态的,并没有说明罗贯中的《三国演义》在叙事学的层面上同《三国志平话》有什么关联。② 这或许是因为李福清叙事研究在运用类型学时过于强调"层次性",而略为忽视了"历时性"这一维度。

---

①　Никулин Н. Юбилей ученого. Синолог, фольклорист, литературовед. К 70-летию Б. Л. Рифтина//Проблемы Дальнего Востока, 2002, №2.

②　可参见周兆新的《〈三国演义〉对宋元平话的继承和发展》,该书从题材的选择、叙事的繁简、改编史书的方式和创作思想的提高等方面,历时性地考察了《三国演义》与宋元平话的关系,力图证明,"罗贯中全面继承了宋元平话的优良传统,又发挥了巨大的创造性"。该文载周兆新:《三国演义考评》,北京:北京大学出版社,1990 年,第 55—66 页。

比如在《东方和西方中世纪文学的类型学与联系》这本论文集中,就将"类型学"和"联系"当成了两个严格区分的概念,其中的论文若讨论类型学,则避免谈联系,反之亦然。在这个意义上说,上面引述的H.尼古宁所提及的李福清先生对"联系"的关注,就可以进一步商榷。

从总体上说,李福清先生的历史类型学方法,具有打通东西、纵观古今的宽阔性视野,能发人之所未发,见人之所未见。在他的历史类型学观念中,时间是中世纪,关系是远东与西方。又由于类型学的内在规定性,打破了中国传统文学研究中的文人文学与民间文学的阻隔(这当中也包括了文人文学与民间文学本身之内的体裁的阻隔),也破除了中国文学与周边民族的阻隔(如《从比较神话的角度再论伏羲等几个神话人物》),更突破了中国传统文学研究中以朝代为基本单位,造成的时间阻隔,也突破了以与朝代相联系的基本文学体裁(如唐诗、宋词、明清小说等)之间阻隔。由于李福清先生的历史类型学能够突破这些阻隔,故能贯通。

李福清先生在科研选题的时候,就没有选择作家研究、文本阐释,即向文本的纵深开掘的道路,如维克多·什克洛夫斯基(《赞成与反对:陀思妥耶夫斯基》)、加斯帕洛夫(《俄罗斯诗歌论》),也没有走由对众多本作分析、阐释进而上升到理论层面的道路,如他的老师普洛普(《神奇故事形态学》《神奇故事的历史根源》)、梅列金斯基(《神话诗学》)。他选择了同一题材在不同时代、不同地域或不同体裁中的演变,它们的亚类的发展,它们在不同历史时代中的集中(各种三国题材集中为《三国演义》,孟姜女故事的集中)、分化(《三国演义》向民间评书的分化)。这些都是由他所钟情的历史形态学的研究方法决定的。应该说,李福清先生选择了一条更加艰辛的学术道路,为此他终年奔走于全世界,为他用历史类型学研究中国民间文学(同时也为研究中国年画)寻找大量的第一手资料。

第十四章 《中国精神文化大典》的价值评议

可以从外部和内部来探究俄罗斯汉学界的六卷本《中国精神文化大典》的价值和意义。首先，从世界中国知识生产的途径来看，《大典》既顺应汉学家和思想界合流的趋势，又在中国文化能否适应现代的问题上给予肯定回答，而且以其学科的全面性独具一格。其次，从俄罗斯汉学曲折的发展历程来看，《大典》是对正在复兴的中国文化的正面回应，它继承了俄汉学将中国精神文化研究与国情学相结合的传统。第三，从《大典》本身的内容看，对中国学界而言，它倡导"新欧亚主义"，探讨中国文化的元命题，为我学界的研究提供启发和参照；对于中国社会而言，它正面阐释中国式发展道路，对中国传统文化在现代政治实践中的转换做了论述，为我道路自信提供旁证。

由俄罗斯科学院远东研究所所长季塔连科（М. Титаренко）院士主编，А. 科勃泽夫（А. Кобзев）、А. 卢基扬诺夫（А. Лукьянов）为副主编的《中国精神文化大典》（Духовная культура Китая. Энциклопедия），共六卷，已于2010年出齐。这套大书受到普遍关注和好评。2011年，季塔连科、А. 科勃泽夫、А. 卢基扬诺夫因"在发展祖国和世界汉学中，在编纂具有重大价值的、科学院本的《中国精神文化大典》中的杰出贡献"荣获俄罗斯国家奖。[①]

---

① Указ Президента Российской Федерации от 8 июня 2011 г. № 724//Российская газета，10 июня 2011 г.

2009年3月17日,时任中国国家主席胡锦涛授予《中国精神文化大典》主编季塔连科"中俄关系60周年杰出贡献奖"。① 中国国家主席习近平首次访俄,2013年3月23日在会见俄罗斯汉学家时指出:俄罗斯科学院出版了6卷本《中国精神文化大典》,全面诠释了中国5000多年博大精深的文化,集中体现了俄罗斯汉学研究的成果。②

我们正在翻译这套大书。国内有些同行对这项翻译工作表示不理解:俄罗斯人谈中国的东西,中国人又翻译回来,有什么价值呢?本章从外部因素和内在价值等方面来解读《大典》,尝试解答诸如此类的疑惑。③

一

从世界范围着眼,在历时性的维度上,基督教传教士、思想家和职业汉学家从事中国知识的生产,他们产生的时间有先后,相互影响;从共时性的维度上看,产生中国知识的宗教性面相、思想性

---

① 吴绮敏、张光政:《回顾历史展望未来——记胡锦涛主席出席中俄建交60周年》,《人民日报》2009年6月18日。
② 杜尚泽、施晓慧、林丹雪、谢亚宏:《"文化交流是民心工程、未来工程"——记习近平主席会见俄汉学家、学习汉语的学生和媒体代表》,《人民日报》2013年3月25日。
③ 中国学者介绍、评论《中国精神文化大典》的文章请参见刘亚丁:《鸿篇巨制传友谊》,《人民日报》2010年2月12日;刘亚丁:《"永乐大典"在海外——俄罗斯科学院〈中国精神文化大典〉侧记》,《中外文化交流》2011年4期;刘亚丁:《俄罗斯〈中国精神文化大典〉:翻译与思考》,《俄罗斯文艺》2013年3期;刘亚丁:《探究中国哲学溯源华夏心智——〈中国精神文化大典·哲学卷〉管窥》,《甘肃社会科学》2013年4期;李志强、谢春燕:《踵事增华 汉学奇葩——评〈中国精神文化大典〉》,《中国俄语教学》2010年1期;李明滨:《俄罗斯汉学的百科全书传统》,《国际视野中的中国研究——历史与现状》,北京:中国社会科学出版社,2013年,第99—102页;柳若梅:《评俄罗斯科学院〈中国精神文化大典〉》,《国外社会科学》2009年6期;Лю Ядин. Понимание и диалогичность: значение энциклопедии 《Духовная культура Китая》//Проблемы Дальнего Востока, №4, 2014; Ли Чжицян, Се Чуньянь. Важный мост между культурами. Об энциклопедии 《Духовная культура Китая》//Проблемы Дальнего Востока, №1, 2014.

第十四章 《中国精神文化大典》的价值评议

面相和专业汉学研究面相互相影响。愈到晚近,部分专业汉学家向思想性面相靠近的趋向愈发明显。中国传统文化是否能创造性转换的问题,成为从事中国研究的学者们关注的问题。

世界有关中国知识的生产,由 17 世纪的耶稣会传教士开启。他们通过翻译中国经典和撰写报告、游记等著作来传播他们对中国的认知和解释。他们的主要贡献在于对中国经典的译介以及编写学习汉语的书籍。比如意大利耶稣会传教士利玛窦(Matteo Ricci)用意大利文写的日记,后经比利时耶稣会士金尼阁(Nicolas Trigault)整理翻译为拉丁文,书名为《基督教远征中国史》,于 1615 年出版。① 类似的著作有葡萄牙耶稣会传教士曾德昭(Alvaro Semedo)1643 年出版的《大中国志》②等。毋庸讳言,传教士在谈论中国文化时,往往在不经意间会露出文化偏见。比如利玛窦叙及佛教的世界起源观:

> 看起来,这第二种教派的创始人有些观念是从我们西方哲学家那里得来的。例如,他们只承认四元素,而中国人则很愚蠢地加进了第五个。根据中国人的理论,整个物质世界——人、动植物以及混合体——都是由金、木、水、火、土五种元素构成的。③

这里不难察觉欧洲中心主义的文化傲慢。

传教士对中国文化典籍的翻译也不失为西方中国知识生产途径,利玛窦曾将"四书"翻译成拉丁文,但此稿下落不明,金尼阁的

---

① 参见[意]利玛窦、[比]金尼阁:《利玛窦中国札记》,何济高等译,何兆武校,桂林:广西师范大学出版社,2001 年。该书的原题目为 *On the Christian Mission among the Chinese*。
② 参见[葡]曾德昭:《大中国志》,何济高译,北京:商务印书馆,2012 年。
③ [意]利玛窦、[比]金尼阁:《利玛窦中国札记》,何济高等译,何兆武校,桂林:广西师范大学出版社,2001 年,第 73 页。

"四书"拉丁文译本曾在杭州出版。① 1687 年柏应理(Philippe Couplet)在巴黎出版了拉丁文的《中国哲学家孔子》(《四书直解》),但缺了《孟子》。德国传教士卫礼贤(Richard Wilhelm)把《易经》翻译成了德文。英国传教士理雅各(James Legge)在王韬等人的襄助下将多种中国经典译成了英文,出版了《中国经典》五卷,包括《四书》《五经》《庄子》《道德经》《阴符经》等。这些译文对在西方传播中国精神文化无疑具有积极作用。在对这些文化的传播者满怀敬意之际,也应看到其明显的"文化误译"。有中国学者认为,柏应理的翻译不只是借译宣教,而是在翻译宣扬在中国的文献中早有与天主教教义相一致的地方。② 费乐仁(Lauren Pfister)发现,理雅各对《论语》《大学》和《中庸》翻译中,表现了明显汉学"东方主义"倾向。③

针对西方传教士对中国的研究,牟宗三、徐复观等指出:"其动机乃在向中国传教,所以他们对中国思想之注目点,一方是在中国诗书中言及上帝,与中国古儒之尊天敬神之处,而一方则对宋明儒学之重理重心之思想,极力加以反对。"④美国学者莱·M.詹森(Lionel M. Jensen)也发现了耶稣会士们所传播的中国知识是不可靠的,他以孔子为例做了分析:

"孔子"作为想象的本土因素的等价物,依然是耶稣会士的虚构。对那些作为外人,对当地的环境缺乏亲近感的神父们来说,圣人只是多义的,但有特别意义的指涉对象。"孔子"

---

① 参见张西平:《传教士汉学研究》,郑州:大象出版社,2005 年,第 137 页。
② 吴孟雪:《明清时期欧洲人眼中的中国》,上海:中华书局,2000 年,第 191—192 页。
③ [美]费乐仁:《理雅各〈中国经典〉第一卷引言》,[英]理雅各:《中国经典》,第一卷(*The Chinese Classics*, by James Legge, I),上海:华东师范大学出版社,2011 年,第 11 页。
④ 牟宗三、徐复观、张君劢、唐君毅:《为中国文化敬告世界人士宣言》,封祖盛编:《当代新儒家》,北京:生活·读书·新知三联书店,1989 年,第 4 页。

第十四章 《中国精神文化大典》的价值评议

从他们所研究的中国文化中剥离出来,成了他们发明的前提条件。中国的圣人只是表达耶稣会士的本土化的意愿载体,他已经不是中国的了,而是折射传教士的文化适应性、传达对付梵蒂冈日益增长的疑虑的文化适应性的载体,但这对于欧洲的学者而言却有很高的价值。①

这些讨论,仿佛是某种清醒剂,让人冷静下来,以便进一步认识传教士汉学的复杂性。

传教士和汉学家提供材料,让一些启蒙思想家,如伏尔泰(François-Marie de Voltaire)、魁奈(François Quesnay)等人得以建构"乌托邦中国",以阐发自己的思想。尤其是伏尔泰,在《百科全书》里推崇孔子,在自己的《风论俗》和《路易十四时代的风俗》中构建了"理想国"——中国,将中国构筑成了与西方相反的文化模式。伏尔泰对中国文化满怀敬意,在《风俗论》中征引了耶稣会士宋君荣(Antoine Gaubil)、李明(Louis le Comte)等人的旅华札记。②传教士对思想家产生影响,最有表征性的个案或许是莱布尼兹(Gottfried Wilhelm Leibniz)和荣格(Carl Gustav Jung)。德国哲学家、数学家莱布尼兹从八卦中得到启发,论证了二进制。③

20世纪的汉学出现了明显不同的进路,一部分职业汉学家在中国传统文化的领地深耕,一部分汉学家则更多地关注历史上的

---

① Lionel M. Jensen, *Manufacturing Confucianism: Chinese Traditions and Universal Civilization*, Durhan and London: Duke University Press, 1997, p. 86.
② [法]伏尔泰:《风俗论》,上册,梁守锵译,上海:商务印书馆,1995年,第216—217页。
③ 参见[德]莱布尼兹:《致德雷蒙先生的信:论中国哲学》,何兆武、柳卸林主编:《中国印象:外国名人论中国文化》,北京:中国人民大学出版社,2011年,第119—121页。李约瑟、艾田普以1703年莱布尼兹读到白晋的信时已然发明了二进制为由,否定莱氏受八卦影响发明二进制之说。胡阳、李长铎则论证了1687年底莱布尼兹就读到了包含六十四卦图的柏应理《中国哲学家孔子》。参见他们的《莱布尼兹二进制与伏羲八卦图考》,上海:上海人民出版社,2006年,第1—35页。

中国与今天的世界的关系。

对于学术性的汉学在欧洲出现的时间,学界大致有比较一致的看法,即1914年11月11日法兰西学士院设立汉语鞑靼语满语教授讲座,雷慕沙(Abel Rémusat,1788—1832)成为首席教授。① 职业汉学家对中国研究别开生面,与传教士汉学家相比较,呈现出因专门问题研究而异常深入的特点。在对传统中国展开学术研究方面,法国汉学家马伯乐(Henri Maspero)堪称典范。他从1920年起任法兰西学院中国语言文学的讲席教授,以对汉语、中国史和道教研究为志业,著有《古代中国》(1927),他的弟子整理出版了他的《道教与中国宗教》(1971)。在后一本著作的第一辑《中国宗教及其发展》中,他研究了远古宗教、战国及宗教危机、道教、佛教和儒家。马伯乐善于从学者们忽视的细节入手来研究问题,得出结论。一般人认为,唐代在儒学发展中几无建树。马伯乐首先肯定了孔颖达作"五经"正义的功劳。他还详细介绍了韩愈对人性的分析以及他所提出的解决之道:通过教育来培植善抑制恶,认为韩愈"将人的动机的古老问题置于世界和天性的领域中来思考,主张与其将这个问题放在玄学中,不如放在道德和心理学领域来解决"②。也有评述者将此辑称为"着眼于发生期的关于中国宗教传统的洞见纷呈的概论"③。这实际上是马伯乐研究中国宗教的纲领之作。接下来马伯乐研究了中国现代的神话、古代中国的社会和宗教、佛

---

① Herbert Frake, "Search of China: Some General Remarks on the History of European Sinology", *Europe Studies China*, edited by Ming Wilson and John Cayley, London: Han-Shan Tang Books, 1995, p. 13. 张国刚:《文明对话:中西关系史论》,北京:北京师范大学出版社,2013年,第265—266页。对俄罗斯学术性汉学的产生的历史概括,与此有所不同,即将东正教使团成员的汉学视为学术性汉学的起点,请见下文。

② Henri Maspero, *Taoism and Chinese Religion*, translated by Frank A. Kierman, Jr., Amherst: University of Massachusetts Press, 1981, pp. 68 – 70.

③ J. Russell Kirkland, "Taoism and Chinese Religion", in *The Journal of Asian Studies*, Vol. 42, №2, 1983, p. 395.

第十四章 《中国精神文化大典》的价值评议

教进入中国等问题。

荣格则因为受到卫礼贤翻译的《易经》和《秘密的金花》的影响,改变了其心理学观念。1949 年,荣格为故友卫礼贤的《易经》译文写了长篇序言,分析了鼎、坎、井等卦的爻辞。在他的序言中,可以明显感到《易经》对他的观念的冲击和震荡。他指出:

> 这种假设涉及我所谓同步性的奇异概念,它是同因果关系完全对立的。后者仅仅是统计学上的真相,而非绝对真理,它只是假设一件事是如何从另一件事发展而来的,而同步原理则立足于时间与空间的巧合,这是一种比变化更有意义的现象,它既是事件之间的客观的依赖关系,同时又是一种主观的(心理的),即观察者之间的依赖关系。①

有学者认为正是通过与《易经》等集东方智慧于大成的典籍进行对话,荣格才真正获得了原型假设的跨文化依据和进一步的研究突破。②

汉学家影响思想界的趋势继续保持,同时一些职业汉学家逐渐像一些思想家那样,不但思考中国传统的意义和价值,也考察中国的历史传统是否适应现代的问题,形成了西方汉学和西方思想界研究中国问题的一条重要进路。就汉学界而言,这体现了汉学研究的汇通性和现实性。

从思想界来看,德国学者马克斯·韦伯(Maximilian Karl Emil Weber)的《儒教与道教》值得特别关注。韦伯研究了儒家伦理与东方资本主义发展的精神阻力之间的关系:由于儒教和道教都缺乏

---

① C. G. Jung, Foreword, *The Iching*, *or Book of Changes*, translated by Richard Wilhelm from Chinese into German, rendered into English by Cary F. Baynes, Princeton: Princeton University Press, 1990, p. xxiv.

② 李娟、沈士梅:《荣格的〈易经〉心理学思想探微》,《周易研究》2011 年 5 期,第 59 页。

推动资本主义发展的宗教伦理，因此尽管中国具有发展资本主义的一些有利条件，但没有发展出资本主义。① 罗义俊指出：20 世纪以来，主导西方对中国思想研究倾向的是韦伯，韦伯理论一直为研究现代化课题的学者所推崇，直到后来学界对 20 世纪 70 年代"东亚儒学文化圈"的经济腾飞给予关注，他的影响才有所减弱。② 不但如此，韦伯对中国传统文化若干方面的评断，也是傲慢无礼的。如他对于五行和神话等下的断语：

> 这种中国式的"宇宙一体论"的哲学和宇宙起源论把世界变成了一座魔术园。每一部中国神话都显示出非理性巫术的民间色彩：粗野的没有任何动力来源的机械腾云驾雾，无所不能……③

从职业汉学界来看，集体性、长期性的研究计划的出现，也催生了多人合编、体量宏大的汉学（中国学）研究巨著，费正清（John King Fairbank）主编的《剑桥中国史》与李约瑟（Joseph Terence Montgomery Needham）主编的《中国科学技术史》最为典型。这些汉学家们的史学、科学史著作，实际上可视为与思想面相合流之作。它们在研究中国传统的时候，都以西方的现实为参照系。

费正清主编的《剑桥中国史》，作者阵容强大，且全书引证详尽，参照最新史学成果，又能深入到史实内部，是不可多得的史学巨著。这套书以《晚清史》为全书的逻辑节点。有西方学者在高度肯定《晚清史》价值的同时，也指出了它的不尽如人意之处："在此书中还可以发现其他问题，比如费正清试图将中国现代史简化为

---

① ［德］马克斯·韦伯：《儒教与道教》，王蓉芬译，北京：商务印书馆，2003 年，第 284—301 页。
② 罗义俊：《论当代新儒家的历程和地位》，方克立、李锦全主编：《现代新儒学研究论集》（一），北京：中国社会科学出版社，1984 年，第 46 页。
③ ［德］马克斯·韦伯：《儒教与道教》，王蓉芬译，北京：商务印书馆，2003 年，第 251 页。

第十四章 《中国精神文化大典》的价值评议

一元模式,即黑格尔式的'革命'进程以共产党的胜利而达到顶峰。"①中国学人也在反思这套书的价值和问题。在这套书里,总体上透视出哈佛学派的"冲击—回应"模式,即夸大了西方文明在中国近代化、现代化进程中的积极作用,无视现代中国崛起的内在动因。这种研究方式在研究20世纪中国的历史和革命时,主要关注西方文化和思想对中国的冲击和影响,以及中国对此的回应。②

费正清的学生列文森(Joseph R. Levenson)的《儒教中国及其现代命运》,在研究范式方面继承乃师的"冲击—回应"模式。该模式从20世纪60年代末期开始遭到学术界中年轻一代学者的责难。保罗·柯文(Paul Cohen)推出其批判性著作《在中国发现历史——中国中心观在美国的兴起》,系统地批判了"冲击—回应"模式,标志着这种盛行一时的史学研究模式受到了历史检验。③

李约瑟的《中国科学技术史》是首部对中国传统科学技术做出专题研究的史学巨著。把科学技术置入思想史的纵深层面予以考察,探究科技的文化起源,分析中国社会转型期科技发展或停滞的生发机制,以详尽的材料论证了中国难题的深层结构,是《中国科学技术史》的重要特色。但是李约瑟的研究方法和研究目的之间存在着矛盾:研究中国科学的发展,却以欧洲所产生的近代科学为标准。④ 尽管该巨著也从文明、制度等层面研究中国科学与技术,但就学科而言,重在科学技术的各个分支。

无论是传教士对中国的解释,还是与思想界合流的西方汉学

---

① Thomas A. Metzger, "The Cambridge History of China by John K. Fairbank", in *Pacific Affairs*, Vol. 53, No. 1(Spring, 1980), p. 124.
② 参见侯且岸:《费正清与美国现代中国学》,《史学理论研究》1995年第2期,第108—109页;张铠:《从"西方中心论"到"中国中心观"——当代美国中国史研究的发展趋势》,《中国史研究动态》1994年第11期,第2—10页;冯天瑜、唐文权、罗福惠:《评〈剑桥中国晚清史〉的文化观》,《历史研究》1988年第1期,第87—95页。
③ 参见侯且岸:《费正清与美国现代中国学》,《史学理论研究》1995年第2期。
④ 参见桂质亮:《李约瑟难题究竟问什么?》,《自然辩证法通讯》1997年第6期。

家对中国文化是否适应当今的阐述,往往是在以西方的宗教或社会为人类的基本模式的话语背景下,以西释中,以我化人(当然,也有启蒙思想家借中国的历史来建构自己未来的个案)。今天,这样的中国知识生产模式的局限性已日益显露,其合法性正在受到质疑。

在这样的大背景下,俄罗斯汉学界的《大典》具有突出的意义。在西方汉学以西释中模式的局限性日益显露之际,《大典》既顺应汉学家和思想界合流的趋势,又在中国文化能否适应现代的问题上给予肯定回答,而且以其学科的全面性独具一格。具体而言,首先,《大典》在解释传统中国与今天的中国的关系方面,凭借其区别于西方汉学界话语方式,以"新欧亚主义"为对话的基础,对中国文化在现代社会的转换和对世界的意义等问题上给出了肯定性答案(详见本章第三部分)。其次,它所展示的学科全面性(涉及哲学、神话·宗教、文学、语言与文字、历史思想、政治与法律文化、科技·技术、军事思想、艺术等方面),使它成了俄罗斯汉学和世界汉学绝无仅有的大作品。简而言之,《大典》既有职业汉学的专门性和深刻性,又不乏融合了思想界因素的汉学的汇通性和现实性,这就是本章第三部分展开讨论的前提条件。

二

俄罗斯汉学在整个世界汉学界中举足轻重。研究中国国情和研究中国精神文化并行,是俄罗斯汉学的基本特征。

俄罗斯汉学始终对中国的精神文化和中国国情给予高度关注。俄罗斯的汉学滥觞于俄罗斯开始派遣东正教使团到北京的时

第十四章 《中国精神文化大典》的价值评议

候（1725—1729）。① 俄国汉学从一开始就注重翻译介绍体现中国精神文化精髓的经典,对中国精神文化某些具体领域进行深入研究。阿列克谢·列昂节耶夫（А. Леонтьев）翻译了《大学》《中庸》。② 东正教使团领班、俄罗斯帝国科学院院士比丘林（Н. Бичурин）翻译了《三字经》③,出版了《中国的民众及道德状况》④等著作。东正教使团的随团学生、后来的帝国科学院院士瓦西里耶夫（В. П. Васильев）在文学、历史学等方面都很有建树,他开创了俄罗斯的佛教研究,出版了《东方的宗教儒释道》⑤和《中国文学史纲》⑥。

从今天的国情学的角度来看,俄罗斯的汉学家利用东正教使团成员在中国居留的身份对中国进行全面的研究,发表了大量研究性的报告或译文。1837 年,比丘林发表了《大清帝国统计概述》⑦。В. П. 瓦西里耶夫则根据实地考察写了大量的地理考察记,如 1852 年,他在《国民教育部杂志》发表了《中亚和中国控制的主要山峰》。从 1853 年到 1857 年,他在《俄国皇家地理学会学报》发表了《满洲志》《宁古塔记略》《流入阿穆尔河的河流》《关于满洲火山的存

---

① ［俄］П. 斯卡奇科夫：《俄罗斯汉学史》,柳若梅译,北京：社会科学文献出版社,2011 年,第 67 页；阎国栋：《俄国汉学史》,北京：人民出版社,2006 年,第 105 页。

② Леонтьев Алексей. СЫ ШУ ГЕЫ, КНИГА ПЕРВАЯ. философа Конфуциуса. Санкт‐Петербург: Императоская Академия наук, 1780.

③ Иакинф. Сань-цзы-цзинь или Троесловие. Санкт-Петербург, Типография Х. Киица, 1829.

④ Бичурин Н. Китай в гражданском и нравственном состоянии. Москва, Восточный Дом, 2002.

⑤ Васильев В. Религии Востока: конфуцианство, буддизм и даосизм. Санкт‐Петербург, типография В. С. Балашева, 1873.

⑥ 参见李明滨：《中国文学在俄罗斯传播史》,北京：学苑出版社,2011 年,23—29 页；柳若梅：《沟通中文文化的桥梁——俄罗斯汉学史上的院士汉学家》,北京：外语教学与研究出版社,2010 年,第 183—198 页；赵春梅：《瓦西里耶夫与中国》,北京：学苑出版社,2007 年。

⑦ Иакинф. Статистические сведения о Китае//Журнала Министерства народного просвещения, Т. 16, 1837 г., № 10, с. 227－246.

在》等。① 1899 年，H. 维诺格拉茨基（H. Виноградский）在皇家地理学会的资助下出版了《大清帝国地理学、民族学、统计学概述》。该书以非常详尽的统计数据，对大清国的国境、气候和灌溉、舰队和军队、汉族、蒙古族、藏族、行政区划及其财政等做了描述。② 这些大都是应俄罗斯帝国与大清国各方面交往之需而作的。

在苏联时代，阿列克谢耶夫院士（В. М. Алексеев）把汉学推进到了新的领域。他以中国文学研究和年画搜集研究为主攻方向，旁及儒释道。③ 阿列克谢耶夫翻译了《聊斋志异》中的几乎所有作品，并发表了《〈聊斋志异〉中的儒生悲剧与官吏观念》④等研究《聊斋》的论文。他还翻译了朱熹所注《论语》的前三章。⑤ 在 1937—1938 年的肃反扩大化运动中，从莫斯科到列宁格勒，从喀山到远东，一大批汉学家同其他东方学家一起蒙受迫害，有的被逮捕，有的被处决。如精通多种语言的青年东方学家 Ю. 休茨基（Ю. Щуцкий），翻译了《易经》《抱朴子》，在他答辩博士论文《中国经典〈易经〉语文学研究及翻译》⑥两个月后，于 1937 年 8 月以"间谍罪"被捕，次年 2 月被枪决。750 名东方学家遭到迫害，其中 2/3 的人被枪决或死于关押中。⑦ 苏联汉学界蒙受了难以估量的损失。劫后余生，什图金（А. Штукин）在中风之后依然完成了《诗经》的

---

① Васильев（Василий Павлович）// Энциклопедический словарь Брокгауза и Ефрона, т. Va, Санкт‐Петербург, 1892, c. 607.

② Виноградский Н. Китай. Географическое, этнографическое и статистическое описание Китайской империи, Санкт‐Петербург, Невская типография, 1899.

③ Алексеев В. Наука о Востоке, М.: Изд. наука, 1982, c. 302.

④ Алексеев В. Труды по китайской литературе. М.: Восточная литература РАН, кн. 1, c. 415‐433.

⑤ Алексеев В. Труды по китайской литературе. М.: Восточная литература РАН, кн. 2, c. 161‐248.

⑥ Щуцкий Ю. К. Канон И цзин. СПб., Изд. Дом Нева; М.: Изд. ОЛМО ПРЕСС, 2000.

⑦ Люди и судьбы. Изд. подг. Я. В. Васильков, М. Ю. Сорокина. СПб., Петербургское востоковедение, 2003.

第十四章 《中国精神文化大典》的价值评议

全译本,斯卡奇科夫(П. Скачков)忍辱负重完成了《俄国汉学史》和《汉学书目》。

到了 20 世纪 60 年代末 70 年代初,由于中苏交恶,两国的国家关系跌入冰点,部分苏联汉学家陷于对中国政治批判的狂热之中,如 1977 年远东所就出版了 400 多页的集体著作《毛主义的思想政治实质》①。早在 1967 年,莫斯科就出版了年轻学者的博士论文《是毛主义,还是马克思主义?》。② 直至 1981 年,还有汉学家们在发表论文集《中国霸权主义政策——亚非拉人民的威胁》。③

尽管如此,那些真正的汉学家并未放弃对中国精神文化的探究。即使在中苏关系恶劣的时期,依然可以看到研究中国文化的著作。1972 年,莫斯科出版由杨兴顺(Ян Хиншун)主编、布罗夫(Г. Буров)和季塔连科等任编委的《古代中国哲学》第一卷,包括《诗经》《尚书》《道德经》《论语》《墨子》《孙子》《孟子》《庄子》和《国语》等的译文、提要和注释。④ 1982 年,莫斯科出版了三本苏联汉学家研究中国哲学的集体论文集,涉及儒、释、道等方面,如《儒学在中国》⑤《佛教、国家和社会在中世纪中亚和东亚》⑥和《道与道教在中国》⑦。20 世纪 70 年代,季塔连科倡导在莫斯科大学哲学系开设中国哲学史和汉语课程,他本人和波麦兰采娃(Л. Померанцева,《淮南子》专家)等授

---

① Институт дальнего востока. Идейно-политическая сущность маоизма. М.: Изд. Наука, 1977.
② Бурлацкий Ф. М. Моизм или марксизм? М.: Политиздат, 1967.
③ Гегемонистская политика Китая - угроза народам Азии, Африки и Латинской Америкисборник статей/Отв. ред. М. И. Сладковский. М.: Политиздат, 1981.
④ Древнекитайская философия. М.: Изд. Мысль, 1972.
⑤ Конфуцианство в Китае: Проблемы теории и практики. М.: Изд. Наука, 1982.
⑥ Буддизм и государство и общество в в странах Центральной и Восточной Азии в средние века. М.: Изд. Наука, 1982.
⑦ Дао и Даосизм в Китае. М.: Изд. Наука, 1982.

课,激发了学生对中国哲学和传统文化的浓厚兴趣。从 1985 年起,季塔连科成为俄罗斯科学院远东所所长。1994 年,季塔连科主编的《中国哲学·百科辞典》①出版。从 1995 年开始,远东所坚持举办"东亚哲学与现代文明"大型学术研讨会。

值得注意的是,从 1970 年开始直到现在,苏联/俄罗斯几乎逐年出版《中华人民共和国年鉴》,1970 年至 1986 年由当时的苏联科学院远东所所长斯拉德科夫斯基(М. И. Сладковский)任主编,从 1987 年开始由他的继任者季塔连科任主编。《年鉴》逐年对我国的政治、经济和文化和外交等领域的新进展和新情况做出及时描述。比如 2014 年的《年鉴》就涉及 2012 年的中共十八大和 2013 年的十二届人大一次会议、"中国梦"等问题。② 对中国的国情学研究也是写作《大典》的基础条件。

在世纪之交的时期,注重集体协作的苏联学术传统的余绪在俄罗斯汉学界尚未彻底式微。在苏联时期形成了由学术权威担纲,集体撰写大型学术书籍的传统。③ 在季塔连科的精心组织下,从 20 世纪 90 年代开始,俄罗斯科学院远东所、东方学所等汉学机构和高校众多汉学家鼎力参与,《大典》六卷于 2010 年始告完成。

从俄罗斯汉学艰难的发展历程看,《大典》的问世,既是对正在复兴的中国文化的正面回应,又是俄罗斯汉学发展内在逻辑的结果。当中俄国家关系处于正面发展时期,俄罗斯汉学界对中国文化往往给予正面评价。但是在中俄国家关系处于低谷时,对待中

---

① Китайская философия. Энциклопедический словарь. М.: Изд. Смысль,1994.
② СМ.: Китайская Народная Республика: Политика, экономика, культура: К 65-летию КНР/РАН. Ин-т Дал. Востока; Гл. ред. Титаренко М. Л. -М.: Форум, 2014.
③ 如 20 世纪 50 年代出版了苏联科学院世界史所所长 Е. М. 茹科夫(Е. М. Жуков)院士主编的 10 卷本《世界史》(1953—1965);20 世纪 80 年代由苏联科学院高尔基世界文学所所长 Г. П. 别尔德尼科夫(Г. П. Бердников)通讯院士主编的 8 卷本《世界文学史》(1983—1991)出版,2014 年上海译文出版社出版了由刘魁立、吴元迈两位先生任总主编的该书的中译本。

第十四章 《中国精神文化大典》的价值评议

国文化,俄罗斯汉学界会产生分化,有的会有所肯定,有的会有所贬斥。俄罗斯汉学家在逆境中的坚守,不能不令人肃然起敬。在中国改革开放取得巨大成就的时候,俄罗斯汉学界通过编撰《大典》,阐明中国今天发展同中国数千年的文明史内在关联,这是对俄罗斯汉学将中国精神文化研究与国情学相结合的传统的继承。

"扶正祛邪",既是中国医学的奥妙所在,也是中国学术界对待国外汉学(中国学)的态度。今天,俄罗斯汉学界又面临多重挑战:首先,正在进行的俄罗斯科学院改革,对研究中国传统文化的学术机构和学术人才势必产生冲击;其次,俄罗斯汉学界如同俄罗斯整个学术界一样,正转向更注重现状、更注重对策研究。《大典》的问世,像是俄罗斯老一代汉学家画下了一个比较完满的句号。在这样的背景下,《大典》值得我们倍加珍视。

三

对中国的学术界来说,《大典》具有明显的学术价值。

《大典》倡导"新欧亚主义",展开文化对话。认识《大典》的学术价值,要从中俄两个民族的历史渊源着眼。20 世纪 90 年代以来我本人论证了历史上中俄两大民族文化上曾有的隔膜关系:俄罗斯人自认为是《旧约》中的亚当子孙雅弗的后裔,同时把自己统治者的血脉上溯到罗马王公,因而同处于东方的中国文化异源异流,多有隔膜。[1]《大典》为中俄之间的文化沟通创造了契机。《大典》的作者群体提出了新的理论设想,他们通过提倡"新欧亚主义"来消除中俄文化间的隔膜关系。所谓"新欧亚主义",其核心观念

---

[1] 参见刘亚丁:《苏联文学沉思录》,成都:四川大学出版社,1996 年,第四章第二节"弥赛亚:苏联文学的世界幻想";刘亚丁:《观象之镜:俄罗斯建构中国形象的自我意识》,乐黛云主编:《跨文化对话》第 20 辑(2007 年 2 月)。参见本书绪论部分。

为:俄罗斯在地理上和文化上处于欧洲和亚洲两大板块,因而能够吸收欧洲文化和亚洲文化各自的优长之处,从而形成新的文化空间。在《大典》第一卷——《哲学卷》的总论中,作者指出:

> 俄罗斯精神的自我反思激活并具体化了"新欧亚主义"思想。应该特别指出:当代俄罗斯的"新欧亚主义"是客观的天文事实,是地理学的、人文的、社会的现实。俄罗斯囊括了欧洲和亚洲空间的部分,并将它们结合在欧亚之中,因而它容纳欧洲和亚洲的文化因素于自己的范围内,形成了最高级的、人本学、宇宙学意义上的精神文化合题。①

这种"新欧亚主义"消除了俄罗斯原来自恃的东正教(基督教)文化的傲慢和居高临下。正是在这个意义上,在《大典》中俄罗斯汉学家将中国文化的元命题"道"同其他民族文化的元命题并置。"道"在《哲学卷》中被提到了"本体论"的高度,作者还将它同俄罗斯文化中的"言"(Глагол)相比较。他们认为,俄罗斯的"言"同中国的"道"、印度的"奥义"和希腊的"逻各斯"一样,都是文化的原型。② "新欧亚主义"理论是贯穿《大典》的理论红线,使《大典》弥漫着对历史上的和当今的中国文化的尊敬、理解和赞赏。在这种精神浸润下的《大典》,对俄罗斯而言,使俄罗斯的知识分子和普通民众有了正面理解中国历史和现实的好书、大书;对世界学术界而言,将经过俄罗斯学者阐释的中国经验化为了人类的经验,进而发挥消解西方汉学(中国学)界在解释中国问题上的霸权的作用。在某种意义上说,贯穿着"新欧亚主义"精神的《大典》既有突出的学术价值,又有不容忽视的政治意义。

《大典》探讨中国文化的元命题,为我们认识中华文化的核心

---

① Духовная культура Китая: Энциклопедия. Философия. Редакторы М. Л. Титаренко, А. И. Кобзев, А. Е. Лукьянов, М.: Восточная литература, 2006, с. 29.

② Там же, с. 31.

第十四章 《中国精神文化大典》的价值评议

价值、演进规律以及未来走向提供了独特的参照系。在《大典》中，俄罗斯汉学家对中国精神文化进行逻辑性归纳，为我们认识中国精神文化的价值提供了可贵的参照系。在第一卷《哲学卷》的总论中，作者强调了"道"在中国文化中的基础性的地位。在他们看来：天朝之国的多重文化之书获得了共同的文化命名，这就是"道"。中国的智者和哲学家详尽描绘了"道"的文化功能的有机结构。从中国的古籍来看，道的文化是充盈着肉体的、精神的和理想性品质的活的机体。在原型的层面上看，可以发现建筑在宇宙最高法则"道"基础上的精神文化的一系列特征。第一，在道的文化中可以发现其特有的人与宇宙（天）的统一："天人合一"。其二，在道文化的原型中形成的文明主体言与行的逻辑、行为基础："言行君子之枢机……言行君子之所以动天地也。"《易经》作者借此肯定了宇宙的社会人本学地位，也就是说，人的生命要循徜徉于天地之自然之宫的社会规律而流淌。其三，人是道文化的精神实质的基本承担者。人是中枢，所有的天的理想性的和地的尘世性、肉体性的特征都通过人得到融合，并各归其位。因此可以归结说，道的文化在归一中获得表达，即是说发展着的精神文化与人本中心应当统一。孔子用这样一句话来强调这一点："人能弘道，非道能弘人。"①《大典》的作者还论述了道在中国各种哲学思潮中的地位。以儒家为例，儒家复兴道的方法是发挥人的个体和群体的能动性；其手段是扩展人之德（德乃社会形态之道的精神性相似语，即精神原型"五常"的概括性表达）；其精神领袖是君子；其终极目标是经过"小康"过渡到"大同"。"道"这个概念，在《大典》作者们看来，在中国哲学中，甚至中国精神文化中具有基础性的作用。《大典》还从本

---

① Духовная культура Китая: Энциклопедия. Философия. Редакторы М. Л. Титаренко, А. И. Кобзев, А. Е. Лукьянов, М.: Восточная литература, 2006, с. 20.

体论、认识论、伦理学等角度,阐释了中国文化的 50 对基本范畴。①

《大典》也为中国学界的研究提供了启发和参照。中国学术界在研究中国问题的时候有时会只顾自我沉思,或只同国内同行争鸣对话,而不顾国际同行的相关研究,更遑论与之对话、争鸣,共同将学术推进到新的层面。《大典》在中国文化的若干领域提出了俄罗斯汉学界的独特视角、独特观点,在不少方面足以拓展我们的视野,启发我们的思路,补充我们的研究。比如在《科学·技术·军事思想·卫生·教育卷》,作者论及中国先秦的"象数学"(нумерология)时认为,象数学的深处隐藏着令人震惊的科学材料,《管子》《吕氏春秋》《淮南子》和《山海经》都援引了土地规划者禹的说法:"凡四海之内,东西二万八千里,南北二万六千里。"《大典》的作者将这些数字按照周代的里数换算,然后做了比较:地球东西直径为 12756.28 公里,上述古籍中为 13379.52 里;地球南北直径为 12713.52 公里,上述古籍中为 12423.84 里。《大典》的作者指出:"这些数字,与地球穿过地心的东西直径、南北直径的公里数惊人地近似。"②这是值得中国古代科技史研究者关注的断语。再如,在《哲学卷》和《神话·宗教卷》,俄罗斯的汉学家探讨了道佛互融问题,及儒释道三教和平相处的问题。我国的宗教问题研究者,不应对这些研究置之不理。

对于今天的中国社会而言,《大典》的意义也不容忽视。

《大典》正面阐释中国式发展道路。在《历史思想·政治与法律文化卷》的序言中,作者指出:

> 与区域的其他儒教国家——日本、韩国、新加坡,以及作为

---

① См., Лю Ядин, Понимание и диалогичность: значение эциклопедии《Духовная культура Китая》//Проблемы Дальнего Востока, № 4, 2014, c. 137 – 143.

② Духовная культура Китая. Энциклопедия. Наука, техническая и военная мысль, здравоохранение и образование. Редакторы М. Л. Титаренко, А. И. Кобзев и др.. М.: Восточная литература, 2009, c. 20 – 21.

第十四章 《中国精神文化大典》的价值评议

中国一部分的台湾不同,中华人民共和国在重新阐释早期儒家思想的基础上,建构了世界上从未有过的"中国式的社会主义"模式。①

《大典》的作者表达了寻找中国经验对世界的普遍性意义的意图,《大典》第一卷《哲学卷》的全书总序写道:

> 《大典》是俄罗斯和西方中国学界的第一本著作,它以如此大的规模来展示从古至今的中国文明的特点、多样性和丰富性。与中国的现代化经验的积累、与对中国文化的广泛兴趣的不同寻常的增长相伴随,产生了对现代性的学术和教育需求,编写这样一部百科全书正是为了回应这种需求。这套百科全书的写作者、编纂者认为,中国精神不但对与中国相邻的国家的文化形成产生了影响,而且还有这样的事实,中国文化构成了世界文化宝库的重要组成部分。此外,在实施改革开放的政策中飞速变化的中国正在成为确定人类和世界文明未来的大国之一。②

《大典》对中国传统文化在现代政治实践中的转换做了论述。前面已经叙及,西方汉学(中国学)界曾经流行的一种观点是,以儒家为代表的传统文化在现当代中国已经成了博物馆的陈列物。《大典》的作者群体则阐发了与之相反的观点。在《历史思想·政治与法律文化卷》中有篇研究文章——《中华人民共和国政治中的儒家和法家》,文中分析了儒家和法家在新中国政治中的命运。谈及 1987 年邓小平在中共十三大上描绘小康生活目标时,该文提出

---

① Духовная культура Китая. Энциклопедия. Историческая мысль. Политическая и правовая культура. Редакторы М. Л. Титаренко, Л. С. Переломов и др.. М.: Восточная литература, 2009, с. 15.

② Духовная культура Китая. Энциклопедия. Философия. Редакторы М. Л. Титаренко, А. И. Кобзев, А. Е. Лукьянов, М.: Восточная литература, 2006, с. 13.

了中国特色社会主义与儒家社会乌托邦的合题。① 该文还指出，2001年江泽民在宣传部会议的讲话中强调"以德治国"，然后分析了当年颁布的《公民道德建设实施纲要》中提出的基本道德规范"爱国守法、明礼诚信、团结友善、勤俭自强、敬业奉献"，认为它与汉代董仲舒提出的儒家的"五常"规范，及后来朱元璋、康熙的道德训诫有相似之处。② 作者还分析了胡锦涛在"三个代表"重要思想理论研讨会上的讲话，认为讲话中的"立党之本、执政之基、力量之源"的说法，是借助孟子的"仁政"理论，活用了儒家的术语。③ 该文还分析了胡锦涛的十七大报告，认为报告中"努力使全体人民学有所教、劳有所得、病有所医、老有所养、住有所居，推动建设和谐社会"的提法，体现了儒家的乌托邦思想——"大同"，该文作者指出："事实上，胡锦涛和中共的现今领导层继承了邓小平的传统，创造性地将儒家观念融进中共的意识形态，逐渐由小康向大同迈进。"④在总序中也分析了中共十二大报告对"大同"和"小康"的新阐释。

足见，不论是从世界汉学（中国学）着眼，还是从俄罗斯汉学着眼，《大典》都具有不容忽视的地位。由于它对中国文化和中国现实的深入研究，它对我国的文化建设和学术建设都具有重要的参照价值。所谓"他山之石，可以攻玉"，全面了解俄罗斯汉学家的这些研究成果，有利于提升我们的文化自信和道路自信。

---

① Духовная культура Китая. Энциклопедия. Историческая мысль. Политическая и правовая культура. Редакторы М. Л. Титаренко, Л. С. Переломов и др. . М. : Восточная литература, 2009, с. 212.
② Там же, с. 213.
③ Там же, с. 214.
④ Там же, с. 215 – 216.

第十五章 《中国精神文化大典》的翻译方法

　　四川大学当代俄罗斯研究中心有关人员一直关注《中国精神文化大典》的写作出版，从2010年初开始我和李志强教授分别在《人民日报》《中外文化交流》《中国俄语教学》《俄罗斯中亚东欧研究》等报刊发表有关《大典》的评介文章。2010年9月，我校当代俄罗斯研究中心举行成立仪式，以《大典》副主编A.卢基扬诺夫为团长的俄罗斯汉学家代表团一行八人出席成立仪式，将六卷《大典》赠送当代俄罗斯研究中心。2011年12月，国家社科基金重大项目征集选题时，我代表四川大学当代俄罗斯研究中心提出、论证了"俄罗斯《中国精神文化大典》中文翻译工程"选题。2012年6月，国家社科规划办将该选题列入2012年第三批重大项目举行招标。

　　2012年4月，四川大学当代俄罗斯研究中心同俄罗斯科学院远东所签署了六卷本《中国精神文化大典》的翻译合同，学校有关领导要求我校组织专家将《大典》翻译成精品大书。我们组成了翻译工作班子，由北京师范大学夏忠宪教授、我本人、中国社科院外国文学研究所刘文飞研究员、北京外国语大学俄语学院张建华教授、四川大学当代俄罗斯研究中心主任李志强教授、南开大学文学院王志耕教授等6位俄罗斯文学研究、翻译专家，分别出任《大典》的《哲学卷》《神话·宗教卷》《文学·语言文字卷》《历史思想·政治与法律文化卷》《科学·技术·军事思想·卫生·教育卷》和《艺术卷》的翻译主编。翻译工程聘请国内和俄罗斯的权威学者担任翻译顾问,他们是李明滨教授、吴元迈荣誉学部委员、项楚杰出教授、季塔连科院士、A.卢基扬诺夫教授和 A.科勃泽夫教授。六位主编带领各自的团队(六个子课题,即六卷的翻译队伍)。除了上述五个单位而外,六个子课题组的成员分别来自北京大学、北京第二外国语学院、复旦大学、天津师范大学、哈尔滨工业大学、哈尔滨师范大学、东北师范大学、大连外国语大学、河北师范大学、解放军外国语学院、四川外国语大学,他们是俄罗斯语言文学教学研究的精英,绝大多数都有一次或数次访学俄罗斯的经历。经过会议答辩,2012 年 10 月"俄罗斯《中国精神文化大典》中文翻译工程"获准立项为国家社科基金重大招标项目。中国外国文学学会俄罗斯文学研究会和许多俄罗斯文学翻译研究工作者大力参与支持项目的申报工作,刘文飞会长两次召集有关专家开会,讨论《中国精神文化大典》翻译工作。

《大典》研究的对象是中国文化的十来个学科,在词条和文章中涉及大量的中国相应基本理论和专业知识,在行文中有大量的中国古籍和专业文献的引文;而我们的翻译团队的大部分成员是我国的俄罗斯语言文学的研究者、翻译者,对中国文化相应学科不甚了解,更未做过研究。翻译工作所面临的难点有:

1) **如何解决对中国本土文化的理解**:翻译不仅是语言的对译,而且是对原文所述对象的再阐释。因此,如果我们在《大典》的翻译过程中对中国文化本身理解不到位,则势必会影响翻译的质量。而我们的团队成员在这一点上有着明显的欠缺,所以,解决这一问题,成为整个翻译工程的首要问题。

2) **如何解决对俄罗斯学者学术立场的理解**:翻译不仅是对原文所述对象的再阐释,同时也是对原文作者立场的再阐释。因为

第十五章 《中国精神文化大典》的翻译方法

如果不理解原文作者的文化立场,则无法精细地理解原文所表达的价值观念,也就会影响到翻译的准确性。仅仅做一种文字的对译不是我们的原则,我们的原则是,在翻译过程中准确传达俄罗斯学者的外位视角,从而为我们对本土文化的理解提供参照。因此,解决这一问题,也是保证我们整个工程的关键环节。

3) **如何解决原文还原的问题**:《大典》是对中国传统文化的研究,其中有大量对中国典籍和中国现当代文献原文的征引,在整体阐述中,还有大量中国文化相关术语的移用。以往在国内的翻译作品中出现张冠李戴的现象很多,如果不解决这个问题,就难以体现我们整个翻译工程的严肃性与学术品格。

我们整个翻译工作具有学术严肃性,我们的态度将体现在如何解决上述问题的过程中。我们认为:我们的翻译不是一种普通的文字翻译,甚至也不是一种文学翻译,而是一种文化翻译。我们的学术态度包括三个方面的主要内容:

1) **理解并确立我们自身的中国文化观**:要翻译国外的中国文化研究著作,我们自己首先要成为中国文化的入门者甚至是专家。我们不仅要通过对中国文化典籍的阅读来完善我们的相关知识,还要研究并熟悉本土的中国文化研究学术史,即了解中国本土学者的代表性观点。在这个基础上,我们确立自己的中国文化观。

2) **理解俄罗斯学者的中国文化观**:《大典》是俄罗斯汉学界的研究成果,而不是对中国精神文化的铺叙和介绍,因此,其中渗透着俄罗斯学者的个人立场和文化价值观,而这种立场和价值观与中国本土学者和我们自身的价值观存在着基于不同文化语境的理解差异。因此,这个翻译工程就不仅是简单的文字理解,而是"文化理解"。

3) **在确立我们自身文化观和理解俄罗斯学术文化观的基础上,对原文的文化立场保持一种评判的姿态**。这种评判姿态包括两个方面：一是以"他山之石可以攻玉"的姿态，对俄罗斯学者的观点加以重视和借鉴，借以重新审视我们自身的文化，为国内的文化建设提供一种新的活力；二是以评判者的姿态发现问题，洞悉域外学者在不同文化语境下对中国文化做出的"误读"性理解，其目的不是否定他们的研究，而是理解不同的精神文化结构是如何造成对中国文化传统的理解差异的，从而发现两种文化的差异以及二者可以达成沟通的可能性。

基于上述学术态度，我们的翻译不仅是翻译活动，而且也是复杂的研究活动。为了使这一工程能真正体现我们的学术态度，保证翻译质量，具体有以下九种解决方案：

1)"先学后译"法

《中国精神文化大典》涉及中国的精神文化的若干领域，牵扯到政治、经济、法律、哲学、宗教、文学、自然科学等若干学科。显然，在今天的中国学术界，还无法组成一个既精通俄语、又精通中国文化各领域的学术团队。因此学习有关知识就是本翻译团队的首要任务。这里的学习有广义和狭义之分。

广义的学习，可借用严绍璗先生对从事中国学的学者的要求。他指出作为中国学的研究者应具备四种素质：①必须具备本国文化的素养，包括相关的历史哲学素养；②研究者必须具备特定对象国的素养，也包括历史哲学素养；③必须具备文化学史的基本素养；④研究者必须具备两种以上的语文素养：必须具备汉语素养，同时必须具备对象国的语文素养。[①] 本翻译团队成员的俄文水平很高，对俄罗斯文学和文化有深入的理解，但除了第二项和第四项中的第二部分外，其他知识素养是须刻苦学习才能获得的。总的说，广义的学习就是对所翻译对象的相应知识的整体学习。在进入具体的翻译过程前，不同的翻译团队应针对所译知识领域进行

[①] 严绍璗：《我对 sinology 的理解和思考》，《国际汉学》2006 年第一期。

第十五章 《中国精神文化大典》的翻译方法

全面系统的学习,使译者成为中国相关学科的行家。如翻译《历史思想·政治与法律文化卷》的团队,首先应学习中国的正史,对二十四史的基本内容、对《资治通鉴》等有比较全面的了解,对《唐六典》《唐律疏义》《大明律》《大清会典》《大清律例》等要熟悉研究,使团队对历史思想和政治法律文化等有比较全面的认识和了解。翻译《神话·宗教卷》的团队成员,则应学习研究相关的神话典籍和学术著作,如《庄子》《淮南子》《山海经》《楚辞·天问》《中国神话辞典》等,应学习了解《十三经注疏》《四书章句》《诸子集成》《新编诸子集成》、道藏(《正统道藏》《万历续道藏》)、佛藏(《新修大正藏》《卍续藏经》《中华大藏经》《五灯会元》)等儒释道基本典籍,使自己成为中国神话宗教专家。

其次是狭义的学习。翻译的过程的第一步,是对所译研究文章或词条开列的参考文献进行学习和研究。比如翻译《神话·宗教卷》关于《太上感应经》的词条,就要先研读《太上感应经》的中文原文;翻译《艺术卷》的词条"图画见闻志",就要先研讨郭若虚著、俞剑华注的《图画见闻志》的中文本,最好是俄罗斯作者使用的人民美术社1963年版本,同时还须参考俄罗斯作者所列参考文献《画论丛刊》,对有关《图画见闻志》的部分加以参阅。再如《历史思想·政治与法律文化卷》中的"中国民族学说"部分,翻译前应先阅读其中涉及、征引的梁启超《中国国民之品格》《论中国之将强》等文章,而且尽量用《大典》作者所用的版本,如《饮冰室文集》等。只有经过这种译前学习,才可能准确理解并写出顺畅无误的翻译文本。

2)"以注代评"法

在翻译过程中,我们要对俄专家的客观立场表示尊重,同时表达我们自身的中国文化价值观。对《大典》词条或文章中的知识性"硬伤",我们要以脚注的方式指出。因此,中译本指出《大典》的知识性硬伤后,俄方出《大典》的修订本时可加以参照,予以修订。在翻译过程中对《大典》的文化立场,我们除了对俄专家客观性评价表示尊重外,还可用别的方式表达我们自身的中国文化观。因此,对有关的问题的深入考察,还会产生学术探讨的热情和责任,还要写成论文发表。

3)"讨论求解"法

通过发挥团队的作用解决翻译中遇到的疑难问题。个人在翻译中遇到难点,可先向本卷主编求助。若本卷主编依然难以决断,则可发邮件给本卷的成员,大家讨论解决。甚至可能会有本卷都不能解决的疑难问题,则可发给其他卷的主编或成员,大家集思广益,毕竟会解决疑难问题。各卷的主编在开题会上也表示,遇到疑难问题时,要就近向本单位的文史专家咨询。

4)"顾问解惑"法

在翻译过程中充分发挥担任顾问的李明滨先生、吴元迈先生、项楚先生和季塔连科院士、A.卢基扬诺夫教授和A.科勃泽夫教授的智力咨询作用。一些关键性的疑难问题,可以向他们求教。还可以通过俄方的顾问,直接与《大典》的文章和词条的原作者联系,在与他们的沟通中解决疑难问题。

5)"网络光盘查询"法

翻译中最困难的工作是文章词条中所引中国古籍的还原问题。对《大典》所引中文,要杜绝望文生义,避免猜译。借助"先学后译"法,则可确定俄文作者所使用的中国古籍的范围,而现在几乎所有的中国古籍都有网络版,如"国学宝典"等,通过输入相应的关键词,则可查出俄文所引的原文。如在《哲学卷》"荀子"词条中,俄文作者引用了这样一句话:"благородный муж(цзюнь цзы)почитает находящееся в себе",我觉得很难确定这是《荀子》中的哪句话,不能猜译。于是在互联网上搜索"荀子",在"中青网"的

第十五章 《中国精神文化大典》的翻译方法

"大百科"下有"古典文学",在其下有《荀子》的目录,于是下载"天论篇第十一",通过输入与"благородный муж"对应的中文词"君子"查找,得到"故君子敬其在己者"。经核实,《荀子》中的这句原文,与俄文本句和上下文均吻合。再去找中华书局的整理本,也查到了这句话,于是就可以断定,俄文原作者引的就是这句。用同样方式,找到了"сбережение Небо само приводит к сбережению к Пути-Дао"是"守天,而自为守道也"。

除了网络资源而外,现在《文渊阁四库全书》《四部丛刊》《大正藏》《正统道藏》等都有光盘版,勤查这些光盘,可保证翻译中古籍还原的准确性和正确性。

6)"中俄文典籍对读"法

不少先秦、两汉的古籍都有俄罗斯汉学家的俄译本,如《论语》《大学》《中庸》《孟子》《荀子》《道德经》《庄子》《诗经》《楚辞》《淮南子》等。首席专家收藏了这些典籍的俄译本,向有关子课题提供这些典籍俄译本的复印件。如果翻译者遇到《大典》中一些有俄译本的中国古籍中的引文,可先查俄译本,再根据俄译本的相应的卷号,回查相应的中文本,这样就可以确定《大典》所引中国古籍的准确的中文。同时有一些中国古籍的俄译本在互联网的俄文网站上也有,也可实行俄文的"网络查询"法。

7)"专有名词统一"法

在《大典》的原著每卷的末尾的附录中都包括两个对照索引表,其一是人名、术语对照兼索引表,其二是书刊名对照兼索引表。对照索引表的左端是人名、术语、书名的俄文音译,右端是相应的中文字,如"чань-сюе—禅学";有的还加注俄文的意义,如"Эр я и—《尔雅义疏》(Пояснение к словарю 'Эр я')"。我们翻译遇到原文中所涉及的中国名物的俄文音译时,这两个对照索引表会提供方便。同时我们统一整套书的专有名词时,也可参照每卷这两个对照索引表。但是应该逐一辨别每个名词,因为其中俄文、中文都有误。如前面的《尔雅义疏》中的俄文音译就缺了"шу"——"疏"。尤其要认真辨析《大典》两个对照索引表中不准确、甚至错误的地方。做出音、义完全正确的对照表,用以统一整个《大典》中文翻译中的专有名词,杜绝同一俄文概念或同一中文词的俄文音译在不同的卷中译成不同的中文名词的现象。尤其要注意汉学著作的中文译名,有的汉学著作有汉学家自己定的中文名称,一定用这个中文译名。

8)"引用版本统一"法

我们应充分注意《大典》词条和文章后的参考文献提供的中国古籍的版本,尽量找到这个版本,以它为查中文原文的依据。在《大典》词条和文章没有指定特定的中文古籍的版本情况下,我们在对俄文中所引用的中文古籍和现当代文献进行还原时,要运用上述的"网络光盘查询"法和"中俄文典籍对读"法,找到中文的原文后,最后一步须核对目前通行的学术性版本,如中华书局和上海古籍出版社出的点校本,若无这两家出版社的点校本,则应核对《四部丛刊》《诸子集成》等;其他中文文献原文,也须核对公认的优秀出版社的权威版本,以保证《大典》所引中文文献的准确性、可靠性。

9)"相关学科专家审读"法

四川大学文史学科具有悠久的历史传统和雄厚的科研实力。对一些包含艰深专业知识的文章或词条,在子课题完成译稿后,由首席专家和编委会聘请四川大学相应学科的专家,如哲学、宗教学、历史学、文学、语言学和艺术学等学科专家审稿,发现问题,提出修改建议,及时返回子课题组修改,以确保译文准确无误。如果须审稿的个别学科川大没有相应专家,则应在国内其他高校或学术机构外聘审稿专家。

附 录

附录一
ПОНИМАНИЕ И ДИАЛОГИЧНОСТЬ: ЗНАЧЕНИЕ ЭНЦИКЛОПЕДИИ «ДУХОВНАЯ КУЛЬТУРА КИТАЯ»

Лю Ядин

Значение энциклопедии «Духовная культура Китая» для китайских читателей рассмотрено в русле развития мировой синологии. Авторов энциклопедии отличает глубокое понимание своеобразия китайской культуры в свете "нового евразийства". Они рассматривают категорию *дао* с культурологической точки зрения и дают анализ ее значения во всех сферах общественного сознания и во всех философских учениях Китая на протяжении всей китайской истории.

Ключевая слова: энциклопедия, духовная культура Китая, новое евразийство, дао, творческое преобразование конфуцианства.

I

В преддверии выпуска энциклопедии «Духовная культура Китая» академик М. Л. Титаренко следующим образом охарактеризовал значение этого фундаментального труда для русского читателя: "... Познание опыта развития духовной культуры Китая... имеет принципиальное значение и для России, вырабатывающей в сложнейший для нее период идею национальной самоидентификации"①.

Энциклопедия 《Духовная культура Китая》 имеет особое значение и для китайских специалистов, и для простого народа, активно включившегося в процесс построения "д уховной цивилизации" и "социализма с китайской спецификой". Она помогает увидеть образ человека в китайской культуре и образ самой культуры Китая, отраженный в российской синологии—лучшей в мире, по признанию китайских ученых и политиков.

Факт выхода в свет энциклопедии на русском языке взволновал меня и моих коллег как профессиональных русистов. Волнение наше усилилось, когда мы приступили к переводу на китайский язык этого грандиозного труда, чтобы он стал доступен всему китайскому народу. Поэтому тем более необходим анализ значения энциклопедии для китайских читателей.С одной стороны, цель российских китаистов состояла в том, чтобы ознакомить читателей многонациональной России с пятитысячелетней китайской культурой. С другой стороны, эта энциклопедия открывает путь так называемой народной дипломатии, путь диалогу культур—встрече вековых традиций, взаимопонимания и духовного обогащения. На фоне глобализации и столкновения цивилизаций такой тип диалога, как народная дипломатия, приобретает первостепенное значение.

В последние десятилетия в западных социологических исследованиях культур и цивилизаций большое внимание уделяется "столкновению цивилизаций". Так, С. Хантингтон в своей книге "Столкновение цивилизаций" подчеркивает, что после окончания холодной войны мировая структура детерминируется несколькими основными цивилизациями: китайской, японской, индийской, исламской, западной, православной, латиноамериканской, африканской. С. Хантингтон пишет: "Холодный мир, *холодная война*, торговая война, квази-война,

---

① Титаренко М. Л. Энциклопедия духовной культуры Китая. Духовная культура и симфония культур // Пробл. Дальнего Востока. 2003. N 6. с. 147.

附录一　ПОНИМАНИЕ И ДИАЛОГИЧНОСТЬ

неустойчивый мир, напряженные отношения, острое соперничество, конкурентное сосуществование, гонка вооружений—в подобных выражениях с наибольшей вероятностью описываются взаимоотношения между объектами, относящимися к различным цивилизациям. Доверие и дружба встречаются редко"①. В таких условиях можно ли найти что-либо более ценное, чем равноправный диалог?

Развивая идею "нового евразийства", авторы энциклопедии пошли по пути выявления универсальных черт китайской культуры, начав с истоков духовности и ранней философской мысли китайцев. Эти черты обнаруживались, например, в десяти принципах учения Мо-цзы, таких, как "всеобщая любовь и взаимная выгода", "помощь сильного слабому", "справедливость и польза" и т.д. А в новое время, в 80-90-х годах XIX в., когда было популярно учение *янъу*, универсалии китайской культуры проявлялись в установке на соединение духовно-нравственной культуры Китая с "заморскими" технологиями. Позже, в начале XX в., эту установку продолжил Сунь Ятсен, выступавший за творческое заимствование иностранного опыта—*хуаси* (букв. "китаизация западного"). Те же универсальные черты выражаются в настоящее время в построении "социализма с китайской спецификой" на основе открытости, реформ и модернизации, в построении "социалистической духовной культуры" и "создании человека из материала высокой духовности"②.

Сопоставление нравственных принципов китайской культуры с нравственными принципами других культур евразийского континента приводит к очевидному заключению: китайская культура открыта и готова к диалогу.

Мне кажется, что именно новое евразийство является отправной

---

① Хантингтон С. Столкновение цивилизаций. М. : АСТ, 2003. с. 477.
② Духовная культура Китая. Энциклопедия. Философия. Редакторы М. Л. Титаренко, А. И. Кобзев, А. Е. Лукьянов, М. : Восточная литература, 2006, с. 30.

точкой нравственной логики энциклопедии 《Духовная культура Китая》. Именно в евразийстве авторам удалось найти смысловое пространство, в котором возможен диалог культур. "Вдумчивый читатель, — полагают авторы, — справедливо заметит, что, действительно, со стороны Китая стоит мощная, укорененная в природный ландшафт и китайские этносы культура. Она основана на собственном архетипе, имеет наименование *дао*, занята духовным воспроизводством человека, закладывает в него генетический код подлинной самости. Она помнит свое прошлое и прозревает будущее и тем просвещает своих мудрецов, поэтов и философов и пророчествует их устами. Она пластична и в то же время устойчива, не боится вторжения чужой культуры и готова к диалогу, построенному по согласованию с архетипом партнера"①.

Что касается русской культуры евразийского континента, то авторы не оставили ее безымянной. Они нашли ей имя: Глагол. Оно "стоит вровень с именами китайского Дао, индийского Ом и греческого Логоса, которые тоже имеют основное понятийное значение *глагола*—слово, речь, говорить, глаголать"② Итак, теоретическая основа энциклопедии 《Духовная культура Китая》——это "новое евразийство". Положив конец унизительно-отрицательному подходу, свойственному западной синологии, новая энциклопедия ведет к равноправному диалогу с китайской культурой. В этом многолетнем труде, обобщающем 300-летнее развитие российского китаеведения, китайская духовная культура рассмотрена в общечеловеческом контексте. Энциклопедия рождает в читателе сочувственное понимание китайской духовной культуры.

---

① Духовная культура Китая. Энциклопедия. Философия. Редакторы М. Л. Титаренко, А. И. Кобзев, А. Е. Лукьянов, М.: Восточная литература, 2006, с. 31.

② Там же, с. 31.

附录一　ПОНИМАНИЕ И ДИАЛОГИЧНОСТЬ

II

Назову еще одну из сторон энциклопедии, важную для современного китайского читателя и исследователя. Речь идет о понятиях архетипа культуры и *дао*. Впервые в энциклопедическом издании изложена теория архетипа китайской духовной культуры и дао как закона и процесса ее логического и исторического развертывания, из которого вырастают философско-мировоззренческие ценности китайской культуры—красота и добродетель. По всей видимости, это неотъемлемые качества евразийских культур. Может быть, именно по этой причине русский гений Ф. М. Достоевский говорил, что "красота спасет мир".

Вводя сложные историко-философские категории в описание творческих функций архетипа и дао, авторы, между тем, так используют пластические интуиции китайских текстов, что картина мира становится ощутимой и визуально доступной простому читателю. А для китайского читателя, воспитанного на эстетике иероглифического письма, это очень важно. Вот один из фрагментов такого описания: "В процессе сопряжения элементов архетипа дао выстраивается космос Поднебесной: из идеально-мыслительного качества образуется Небо и сфера разума (ноосфера), из телесного—земля и материальная сфера, из духовного—центр и духовно-нравственная сфера (этосфера)"[①].

Отсюда проистекает и проекция статуарно оформленной космической триады, играющей сегодня роль программного тезиса построения духовной цивилизации в Китае: "Небо и человек—едины, Небо и человек взаимно преодолеваются (влияют друг на друга)". Это

[①] Духовная культура Китая. Энциклопедия. Философия. Редакторы М. Л. Титаренко, А. И. Кобзев, А. Е. Лукьянов, М.: Восточная литература, 2006, с. 19.

тождество развертывается в основную рефлексивную модель мышления, согласно которой живой космос мыслит себя в подобии человеку, а человек мыслит по законодательствующему образцу космоса и достигает искомого интеллектуального единства и просветления, что хорошо иллюстрирует "И цзин" ("Канон перемен"): "Учитель (Конфуций) сказал: Поднебесная как мыслит, как думает? Поднебесная приходит к одному результату, идя разными путями. Единство достигается множеством различных мнений. Поднебесная как мыслит, как думает? Солнце уходит, луна приходит, луна уходит, солнце приходит. Солнце и луна друг с другом чередуются, и просветленность [озарение] рождается".

С точки зрения архетипа дао авторы энциклопедии демонстрируют также связь слов и действий у субъекта культуры. В данном случае им выступает конфуцианский *цзюньцзы*: "Слово и дело—высший метод управления благородного мужа... Слово и дело—это то, посредством чего благородный муж движет Небо и Землю". "Основным носителем духовной сущности культуры *дао* является человек. Он медиум, в котором сходятся, объединяются и от которого расходятся по своим местам небесное идеальное и земное телесное. Без срединной человеческой духовности вся гармоничная конструкция культуры *дао* рассыпается. Поэтому можно заключить, что культура дао в выражении себя в статусе единого есть *развивающаяся духовная культура с антропоморфным центром*. Конфуций закрепил это своим словом: *Человек может развить дао, но дао не может развить человека*"[①].

Каждый раздел энциклопедии отражает развитие духовной культуры *дао* соответственно специфике предмета и метода. В результате *дао* как центральная категория мыслительной системы

---

① Духовная культура Китая. Энциклопедия. Философия. Редакторы М. Л. Титаренко, А. И. Кобзев, А. Е. Лукьянов, М.: Восточная литература, 2006, с. 20.

附录一 ПОНИМАНИЕ И ДИАЛОГИЧНОСТЬ

объясняется в энциклопедии более глубоко и всесторонне, чем это обычно встречается в исследовательской практике. Несомненно, это будет весьма положительным фактором для понимания китайским читателем разносторонности и полноты собственной культуры. Представленные в энциклопедии анализ понятия дао и галерея его художественных образов способствуют расширению и углублению диалога вокруг этой категории. Сходное наблюдается и в мировой синологии. Ученые Китая подчеркивали, что в разные периоды истории и в разных школах понятие дао имело различное наполнение. Например, Цянь Му замечал, что до династии Восточная Хань (25 -220 гг.) в философских построениях большее внимание обращали на *дао*, а после периода Вэй и Цзинь (220 -420 гг.) то же понятие чаще определяли как принци*п ли*[①]. В свою очередь, Чэнь Лифу и Вэй Чжэнтун объясняли сущность *дао*, опираясь на учение конфуцианской школы[②]. Дебора Соммер (Deborah Sommer) сделала попытку всестороннего описания категории дао в синхроническом и диахроническом аспектах на материале "Канона истории", "Изречений" Конфуция (551 - 479 гг. до н.э.), трактатов "Мэн-цзы" и "Сюнь-цзы" (Ⅳ-Ⅲ вв. до н.э.), работ Хань Юя (768 -824 гг.), Чжан Цзая (1020 -1078 гг.), Чэн И (1033 -1107 гг.), Чжу Си (1130 -1200 гг.) и др[③].

Ряд китайских ученых рассматривает дао как категорию высшего уровня, употреблявшуюся во всех сферах мысли на протяжении существования китайской культуры. Так, Ху Вэйси пишет: "*Дао* в китайской философии имеет два значения: *дао* Неба и дао человека.

[①] Цянь Му. Чжунго сысян тунсу цзянхуа [Популярные лекции по китайской мысли]. Бэйцзин: Цзючжоу Чубаньшэ, 2011, с. 6.

[②] См.: Чэнь Лифу. Сышу даогуань [Трактат о дао "Четырехкнижия"]: Бэйцзин, Чжунго юи чу – бань гунсы, 1991, с. 677 – 678; Вэй Чжэнтун. Чжунго чжэсюэ цыдянь дацуань [Энциклопедия китайской философии]. Бэйцзин: Шицзетушучубаньгунсы. 1989, с. 652 – 657.

[③] Sommer D., *Dao. Routledge Curzon Encyclopedia of Confucianism*, ed. by Xinzhong Yao. L., N.Y.: Francis Group, 2003, p. 177 – 179.

Дао означает бесконечность неба, в то время как *дао* человека представляет ограниченность человека. Общее значение даозаключается в том, как достичь бесконечности посредством человеческой ограниченности, то есть достичь единства Неба и человека". Чжан Ливэнь и его соавторы в книге "Дао" проанализировали эволюцию понятия *дао* по эпохам: до периода Цинь *дао* есть *дао* триединства Неба, Земли и человека, выраженное через диаду Небо - Человек (*тянь жэнь хэ и*); в периоды династий Цинь и Хань *дао*есть дао как Великое Единое (*тайи*); в периоды династии Суй и Тан *дао*—это *дао* буддизма; в периоды династий Сун *дао*—это *дао* как принцип (*ли*); в периоды династий Юань и Мин *дао*—это *дао* как сердце (*синь*); в период династии Цин *дао*—это *дао*, определяемое как пневма (*ци*); после Первой опиумной войны, в современный период *дао*—это *дао* гуманизма[①].

Сопоставляя эти трактовки дао, мы обнаруживаем, что авторы энциклопедии 《Духовная культура Китая》 рассматривают *дао* еще и в культурологическом аспекте, что восполняет пробел в мировой философской синологии и позволяет провести сравнительный анализ культур Логоса, Ом и Глагола. Евразийство как философская теория открывает новую страницу методологических изысканий. Таким образом, энциклопедия 《Духовная культура Китая》 входит в библиографический арсенал китаеведения не только как уникальный справочник, но и как глубокое научное исследование.

III

В условиях глобализации один из важных вопросов изучения китайской культуры заключается в том, как соотносятся с современностью конфуцианские ценности, актуальны ли они, или это только дань традиции, своего рода историческая память.

---

① Чжан Ливэнь и др. Дао. Бэйцзин: Чжунгожэньминьдасэючубаньшэ, 1989.

附录一　ПОНИМАНИЕ И ДИАЛОГИЧНОСТЬ

Энциклопедия дает положительный ответ на вопрос об актуальности конфуцианства и освещает активную роль этого учения в социально-экономическом развитии Китая. "В отличие от стран конфуцианского культурного региона, —пишут авторы энциклопедии, —Японии, Южной Кореи, Сингапура и Тайваня как части Китая, построивших *конфуцианский капитализм*, КНР, основываясь на реинтерпретации аналогичных ценностей раннего конфуцианства, строит еще невиданную в мире модель *китайского рыночного социализма*. Начав с претворения концепции *сяокан*, КПК поэтапно развивает эту теорию, насыщая ее базовыми ценностями китайской цивилизации. Последним примером такой поэтапной реинтерпретации являются документы XVII съезда КПК, где уже обсуждалась проблема второй социальной утопии Конфуция - построения общества *Великого единения* (*датун*) с упором на повышение *народного благосостояния*. В материалах съезда уделяется внимание идее гармонии (*хэ*) китайского общества, где человек объявлен основой политики и поставлена долговременная задача построения гармоничного общества. Эта идея сочетается с тезисом древнекитайского философа Мо Ди о *всеобщей любви и всеобщей выгоде*, принципом Конфуция о *гармонии многообразного и исходного*. В теоретические основы новаций входит и традиционная даоская диалектика *раздвоения единого и сочетания двух противоположностей в едином*. Кроме того, преемственность сочетается с инновацией, с учетом реальных особенностей Китая и заимствованных передовых достижений как общественной мысли из-за рубежа, так и исследований китайских обществоведов"[①].

Авторы энциклопедии рассмотрели и ряд конкретных примеров внедрения идей и терминов конфуцианства в современную социально-

---

① Духовная культура Китая: Энциклопедия. Историческая мысль. Политическая и правовая культура. Редакторы М. Л. Титаренко, Л. С. Переломов и др., М.: Восточная литература, 2009, с. 15.

политическую жизнь Китая. Провозглашенная Дэн Сяопином концепция построения общества "малого благоденствия" (*сяокан*) пробудила в кругах китайских обществоведов интерес к конфуцианству как основе политической культуры страны. Активизировались научные разработки в этой области, о чем свидетельствовало, в частности, проведение в 1999 г. в Пекине международной конференции, посвященной 2550-й годовщине со дня рождения Конфуция. Во время заключительной беседы с делегатами конференции в Доме народных собраний член Постоянного комитета Политбюро ЦК КПК председатель НПКСК Ли Жуйхуань в ответ на вопрос: "Как Вы оцениваете конфуцианство?" сказал, что конфуцианство является одним из важнейших элементов китайской духовной традиции, а что касается самого понятия *сяокан*, то оно уже заняло ведущее место в политической культуре КНР. О своей приверженности принципу *сяокан* Дэн Сяопин заявил в 1979 г., вскоре после знаменитого 3-го пленума ЦК КПК 11-го созыва, внесшего кардинальные изменения в методы строительства социализма.

Авторы энциклопедии говорят о том, что если Дэн Сяопин связал свои реформы с первой социальной утопией Конфуция в трактовке Мэн-цзы, то Цзян Цзэминь ввел в политический лексикон возрожденное им в политической культуре новейшего времени конфуцианское понятие дэ. Он официально объявил, что отныне, наряду с концепцией *и фа чжи го* ("управлять страной на основании закона"), второй составляющей социализма с китайской спецификой должна стать концепция *и дэ чжи го* ("управлять страной на основании *дэ*", т.е. морали)[1].

Вступая на пост Председателя КНР, Ху Цзиньтао в своем докладе

---

[1] Духовная культура Китая. Энциклопедия. Историческая мысль. Политическая и правовая культура. Редакторы М. Л. Титаренко, Л. С. Переломов и др.. М.: Восточная литература, 2009, с.212-213.

附录一　ПОНИМАНИЕ И ДИАЛОГИЧНОСТЬ

впервые официально выделил тему "народного благоденствия": "… Делать так, чтобы у всего народа было, где получить образование, зарабатывать себе на жизнь, лечиться и жить, чтобы в старости он был обеспечен, а значит, стимулировать строительство гармоничного общества". Большинство высказанных Ху Цзиньтао формулировок заимствовано из второй социальной концепции Конфуция—общества "великого единения" (*датун*). Ху Цзиньтао и нынешнее руководство КПК, приняв эстафету от Дэн Сяопина, творчески развивали и развивают конфуцианскую составляющую в идеологии КПК и постепенно продвигаются от *сяокан к датун*[①].

Развернувшаяся среди западных и китайских ученых полемика о том, возможно ли творческое преобразование конфуцианства, продолжается уже более ста лет. Например, М. Вебер в книге "Конфуцианство и даосизм" и в других работах писал, что конфуцианская этика противостоит развитию капитализма. По его мнению, в конфуцианском обществе отсутствует дух капитализма, поскольку его члены менее энергичны и менее рациональны, чем протестанты. Немецкий социолог утверждал, что конфуцианское учение по самой своей сути враждебно экономическому развитию и социальной модернизации[②].

Джозеф Левенсон в своем труде "Конфуцианский Китай и его судьба в современном мире" утверждал нечто сходное, предлагая смотреть на конфуцианство как антикварный экспонат, а это будет означать его погибель. Нужно не возрождать конфуцианство, а рассматривать "его как историческую коллекцию в музее…, чтобы его

[①] Духовная культура Китая. Энциклопедия. Историческая мысль. Политическая и правовая культура. Редакторы М. Л. Титаренко, Л. С. Переломов и др.. М.: Восточная литература, 2009, с. 216.

[②] Вэйбо. Жуцзяо хэ даоцзяо. Вань Жуньфэнь и. [Вебер М. Конфуцианство и даосизм. Пер. Ван Жуньфэнь]. Бэйцзин: Шанъу иньшу гуан, 2003. См.: Буров В. Г. Модернизация тайваньского общества. М., 1998(особенно гл. 4. с. 155 – 193).

не было в современной культуре"①.

В течение последних сорока лет западные ученые и политики сосредоточивали внимание на практической роли конфуцианства в современном мире. "С начала 1980 -х годов, — пишут Дэниэл А. Белл и Хам Чхэбон, — было много дискуссий о роли конфуцианства в модернизации Восточной Азии, особенно в экономической сфере. Это западные ученые первоначально назвали конфуцианство разгадкой экономического успеха этого региона. Именно *внешние наблюдатели* стали приписывать успехи Восточной Азии конфуцианству (Макфаркар, Хофхейнц, Колдер, Фогель и др.) Ирония заключалась в том, что мало кто из жителей конфуцианского мира считал, что своим политическим и экономическим успехом они обязаны конфуцианству"②. Конкретный пример действенности конфуцианского мировоззрения западные ученые видели в деятельности сингапурского государственного деятеля Ли Куанъю, который подчеркивал огромное значение конфуцианства и называл его "азиатской ценностью"③.

Другой западный ученый китайского происхождения, Ван Гэнъу, отмечал: "...Для многих западных политиков конфуцианские ценности на самом деле означают китайские... Дискуссия о конфуцианской этике начиналась в Сингапуре. С конфуцианством соотносили чудеса Восточной Азии, прежде всего — Японии, а также индустриальной экономики Южной Кореи, Тайваня, Гонконга и Сингапура, так называемых четырех тигров. Секрет их успеха заключался в конфуцианстве, потому что оно — это единственное, что объединяет

---

① Левэньсэнь. Жуцзяо Чжунго цзици сяньдай минъюнь. Чжэн Дахуа и [Левенсон Дж. Конфуцианский Китай и его современная судьба. Пер. Чжэн Дахуа]. Бэйцзин: Чжунго шэхуй кэсюэ чубаньшэ, 2000, с. 227 – 338.

② Bell D. A. and Hahm Chaibong, *The Contemporary Relevance of Confucianism. Confucianism for the Modern World*, Cambridge Univ. Press, 2003, p. 2.

③ Ibid., p. 3.

附录一 ПОНИМАНИЕ И ДИАЛОГИЧНОСТЬ

эти пять мест. В Китае после 1978 года начался новый *Великий поход*, результатом которого был быстрый экономический рост 1980-х, но он закончился трагедией на площади Тяньаньмэнь в 1989 году. Когда Советский Союз рухнул, после этого стала бессмысленной идеология холодной войны, а конфуцианство быстро стало синонимом китайской энергичности и натиска. Так, в заморских китайцах, независимо от того, верили ли они в конфуцианство или в капитализм... одинаково стали видеть потенциальную поддержку китайской экспансии"①.

Несомненно, что значительную роль в обращении к творческому преобразованию конфуцианства сыграл Ду Вэймин. "Конфуцианская политическая идеология, — пишет он, — обеспечила огромный идеологический ресурс для развивавшихся государств Японии и *четырех малых драконов* — Тайваня, Южной Кореи, Гонконга и Сингапура. Ее влияние отчетливо прослеживается и в политических процессах, имеющих место в Китайской Народной Республике, Северной Корее и Вьетнаме. Поскольку разграничительная линия между капиталистической и социалистической Восточной Азией начинает размываться, общность этических норм, простирающаяся по обе стороны *великого разделения*, прекрасно может быть описана в конфуцианских терминах... Всепроникающая вездесущность таких идей, как сетевой капитализм, мягкий авторитаризм, коллективистский дух и консенсусная политика во всей Восточной Азии (как в экономической сфере, так и в области политики, а также в обществе) доказывает непреходящую значимость конфуцианской традиции для всей восточноазиатской современности в целом"②.

Конечно, здесь отображена весьма малая часть развернувшихся вокруг конфуцианства дискуссий, но уже из приведенных выше

---

① Wang Gungwu, *Joining the Modern World: Inside and Outside China. Singapore*, Singapore Univ. Press, 2000, p.118.
② Ту Вэймин. Подъем "конфуцианской" Восточной Азии: истоки и исторический смысл// Полис, 2012. №1. с.14.

материалов видно, как динамичны эти споры и насколько актуально изучение конфуцианства. В свете этого значение энциклопедии 《Духовная культура Китая》чрезвычайно возрастает: ведь в ней рассматривается конфуцианство во всех его исторических и содержательных трансформациях и, что еще важнее, в русле развития всей китайской культуры. Перевод энциклопедии на китайский язык (а возможно, в дальнейшем и на английский) сделает ее намного доступней для мировой синологии. Энциклопедия всесторонне и убедительно объясняет историческую и современную ценность творческого преобразования китайской культуры.

(Эта статья была опубликована в журнале《Проблемы Дальнего Востока》, №4, 2014, с. 137 – 143.)

附录二 "我钟爱中国民间故事"

[俄]李福清① 刘亚丁译

一、洛阳春色待君来

刘亚丁:您好,李福清先生!谢谢您接受采访。中国传统文化中有"机缘"一说,就是说凡事都有它的时机因缘。我想问的第一个问题是,在您读大学选择专业的时候,是什么促使您选择了学汉语和中国文学?

李福清:说起我开始学汉语的经历,还真有一段缘起。我家里有学外国文化的传统。我伯伯是东方学家,研究巴比伦语言,1945年就去世了,我在卫国战争前见了他最后一面,但后来家里常常谈到他。1949年新中国成立了,那正是我考大学的时候,我想将来苏中关系一定比较密切,希望这辈子有一次访问中国的机会。那是斯大林的时代,除了外交官,差不多没有人可以出国。我就报考了列宁格勒大学东方系学中国文学专业。那时我对中国知道得非常少,大学报名之后马上去旧书店买了一本19世纪末一位德国医生写的介绍中国的书,其他书买不到。从大学一年级起我开始买汉学著作。我

---

① 李福清(Борис Львович Рифтин, 1932—2012),俄罗斯科学院院士,高尔基世界文学研究所首席研究员,著有《中国神话故事论集》《汉文古小说论衡》《〈三国演义〉与民间文学传统》《古典小说与传说(李福清汉学论集)》《神话与民间文学(李福清汉学论集)》等。本访谈录发表于2006年。

常常逛旧书店找关于中国的书,买到了1879年出版的《俄华辞典》,高兴极了,因为当时没有新的词典。阿列克谢耶夫院士给我们介绍1940出版的《中国:历史、经济、文化》论集,他说这是一本非常好的参考书,并说第二次世界大战第一天,运书的火车被炸弹炸毁了,只剩下了给作者寄来的两百本,下课后我就到旧书店买了。大概从那时起我就养成了习惯,见到有关中国的书就买,成了书呆子。现在家里书太多,我夫人天天骂我。但我要研究那么多问题,出版社、图书馆常常打电话问各种问题,没有大量的书,就无法回答。

刘亚丁:您与中国文化的缘分不浅。作为一位著名的汉学大师,您最近又荣获我国教育部颁发的"中国语言文化友谊奖"。我阅读您的文章和著作的时候,明显感到您在大学期间到吉尔吉斯斯坦的东干人村落的事件对您的学术生活产生了重大影响,当时您是怎样"灵机一动",想到要去东干人那里的?与回族人朝夕相处,您得到了些什么东西?您认为这对您后来的学术研究产生了什么影响?

李福清:在我与中国文化相遇的过程中,住在吉尔吉斯斯坦的回族人(东干人)传承的中国民间故事和歌谣成了我学习中国文学,尤其是学习中国民间文学的出发点。可以这样说,我钟爱中国民间故事,就开始于我听到的回族人讲的中国民间故事。我读大学一年级时,由于没有中国教师,口语训练成了问题。我们一年到头天天读孙中山的《三民主义》,老师纠正我们的错误,所以我们只知道《三民主义》中用的词汇,日常生活的词汇就不知道了。我们大学也不用什么汉语教科书,开学后一个星期开始查词典读书,当然每个字都要查。有一天,我在中文教研室里看到一个人,像汉族人。我低声问老师,这是什么人,老师说是回族人。我原来从来未听说过东干这个民族,后来知道他们是19世纪回民起义失败后从甘肃与陕西逃到吉尔吉斯斯坦去的回族后代,至今说甘肃与陕西方言,我决定暑假去那里学甘肃话。有的老师说不要去,怕甘肃话对我的北京话有影响,但我想我有甘肃话的味儿,也比有列宁格勒味儿好。我就决定跟他们学说汉语。1951年夏天我到了位于当时苏联的吉尔吉斯加盟共和国境内的一个叫米粮川的回族村。

在米粮川我一面劳动——在建筑队当泥水匠的帮手,一面学带有甘肃口音的汉语。中午大家在阴凉地休息的时候,老乡们开始唱歌讲故事,让我记下来。我第一次听到《孟姜女哭长城》《蓝桥担水》《十岁郎》等曲子,我用俄文拼音记了下来。一天我走在路上,突然听到一个骑在马上的老人大喊一声:"诸葛亮是谁?是一个聪明人哪!"我就请这个看水的老人讲诸葛亮的故事。我还听到了《韩信的传说》《梁山伯和祝英台》(他们叫"男学生和女学生")、《白蛇传》(他们叫"白蛇和黑蛇"),还有薛平贵、薛仁贵的故事,我深深被中国民间故事迷住了。可以说我对中国民间文学的兴趣就是从米粮川回族村开始的。

1953年、1954年,我又去中亚,继续学习甘肃话、陕西话,并且专心搜集民间口头文学资料,做记录既用拼音,又用汉字。大学的年级论文和毕业论文,我用的就是搜集到的这些材料。比如四年级论文的题目是《东干人(即回族人)民歌初探》,它发表在1956年的《苏联东方学》杂志上。1958年我在科学院《东方学所简报》发表《韩信传说——东干人流行的中国历史传说之一》(现在《兰州大学学报》要用中文重新发表),把我在米粮川记录的传说与书面材料做了比较研究。1977年我与两位东干学者合作,选编了《东干民间故事传说集》,由莫斯科科学出版社出版,我为每篇故事写了详细的附言,并做情节比较研究。我用我记录的《白袍薛仁贵》与平话《薛仁贵征辽事略》、章回小说《薛仁贵征东》以及薛仁贵戏做比较,发现一些故事由平话演变为小说,从小说演变为说书,又从专业说书返回到民间流行,这是个有趣的循环发展过程。现在新疆大学副教授、研究东干话的海峰女士把这些故事从俄罗斯字母记录中文语音的原稿转写成汉字,希望可以在中国出版。现在日本也开始翻译这本书了,去年发表了我的序言。美国也在翻译,一家杂志已经发表了第一个故事的译文,在互联网上发表了有关故事比较的情节分析。

刘亚丁:您曾在列宁格勒大学东方系读书,在那里您接受了研究中国文学、中国文化的系统训练。在著名汉学家阿列克谢耶夫(В. М. Алексеев)院士的女公子班科夫斯卡娅(М. В. Баньковская)的一篇文章中我读到:"阿列克谢耶夫院士去世后,两个大学生,一是李福清,另一个是弗拉基米尔·谢曼诺夫,每晚必定去他的私人的图书馆,在涅瓦河滨河街科学院之家的寓所里,去那里读书、摘录,常常工作到深夜。李福清不仅接受,并且卓有成效地发扬了阿列克谢耶夫心灵中最重要的志向——在中国文化的背景中研究中国民间文学,而且还成了他著作的最有力的宣传者。"后来您被分配到苏联科学院高尔基世界文学所工作,此后您又到北京大学进修,哪些学者对您产生过影响? 当时的列宁格勒或莫斯科的汉学界有哪些优良的学术传统,您自己从中得到什么样的启迪和益处?

李福清:1950年我考进国立列宁格勒大学,正好赶上杰出的汉学家阿列克谢耶夫院士生命的最后时光,人们称他为"阿翰林"。我虽然只听过他3个月的课,但他对我的影响非常大。确实,现在我参与整理出版阿列克谢耶夫的著作,两卷本阿列克谢耶夫《中国文学论》已经出版了,现在预备出版他的巨著《司空图〈诗品〉研究》。这是世界最早的非常详尽的司空图研究著作。还要出版他的《1907年中国行纪》(可参见云南人民出版社2001年出版的中文译本)增订本,加进了他1909年、1912年的行纪。我自己从中得到很多有益的东西,也为俄罗斯的汉学遗产的传播做了一点贡献。给我带来学术思想和方法启迪的,还有一位大学者,这就是普洛普。普洛普的《神奇故事形态学》和《神奇故事的历史根源》等著作,已对民间文学的研究由收集归类进入到科学分析阶段。他从俄罗斯和世界其他各国

附录二 "我钟爱中国民间故事"

大量的民间故事中归纳出具有很强的可操作性的功能形态,也就是将世界的民间文学放在一起来比较。我听普洛普教授的课先后有3年,一共听了3门课。我离开列大后,普洛普教授对我一直很关心。当我完成了副博士论文《万里长城的传说与中国民间文学体裁问题》之后,他亲自担任评委,写了很详尽的评语,给予了很高的评价。当我写好博士论文《中国讲史演义与民间文学传统——论三国故事的口头和书面异体》的时候,他身体已经很不好了,没有担任评委,但还是读完了全书,写了评审意见,给予了很高评价。他的《神奇故事形态学》等书中的方法给我提供了很多帮助,我从他那里学习了许多有关民间文学研究的理论。普洛普教授曾告诉我,他是针对俄罗斯的神奇故事写的形态学,希望研究西欧民族的神奇故事时也可以用,但不知研究中国汉族民间故事或亚洲其他民族故事时可不可以用。在研究中国台湾少数民族的故事时,我用了普洛普教授的方法。

在读大学期间,我还遇到了数位良师。谢·雅洪托夫教授从一年级到五年级都开汉语课,讲授古代汉语、现代汉语、汉语史等课程,他指导学生学习总结汉语的特点。维·彼得罗夫只比我大3岁,他在读大学五年级时就开始给一年级的学生上课。他上"汉学工具书",讲授如何运用《古今图书集成》《佩文韵府》和燕京哈佛学社编撰的例如《论语引得》等文献。维·彼得罗夫要求学生掌握600种中国工具书,要通过它们去查阅资料。这门课的考试是最难的,这对我以后的研究工作大有益处。我们的老师常常说,我们无法知道你们将来会碰到什么问题,但我们要教你们学会查找参考书。这是非常正确的,我常常遇到某些学者(俄国的、西方的、中国的)不知道应该查什么书,怎么迅速解决问题。在列宁格勒大学我受到了系统的汉学训练。

世界文学研究所民间文学组主任 B. 契切罗夫教授对我的精心指导,令我难忘。B. 契切罗夫告诉我:"研究工作要从小题目开始,题目不要大,但挖掘要深。"他的话可以说成了我毕生从事学术研究的座右铭。梅列金斯基继续普洛普的研究,写出了《神奇故事人物研究》《神奇故事结构问题》和《古亚细亚神话叙事诗》等,这些对我帮助很大。我常常引用他的书。我很幸运,因为我遇到了这些好老师。

我还要告诉中国读者,我得到很多中国朋友的支持和帮助。我刚到莫斯科工作时,得到中国留学生陈毓罴(他后来是中国社科院文学研究所研究员)的帮助,当时他是莫斯科大学的研究生,他教我学古文。1959年我第一次到中国访问,认识了中国民间文学研究会的贾芝、路工等。刘锡诚和连树声等同行还陪我到天桥听说书,听了著名评书表演艺术家连阔如说的《长坂坡》。1965年我到北京大学进修10个月,由段宝林老师辅导,听过民间文学、文艺理论、中国戏剧史等课程。后来我还结识了更多的中国朋友。对于他们的支持和帮助,我一直心存感激。

刘亚丁:您的著作有很多学术的闪光点,其中资料翔实是一个非常突出的特点。有人总结说,您用的是归纳法,在列举大量的材料后才得出自己的结论。您收集学术研究资料的方式是非常独特的,我记得,为了研究"孟姜女传说"的第一手资料,您巧妙地调动了中国各省的文联关系。请您谈谈,您当时是如何得到中国这么多机构帮助的。作为一个外国人,您是如何做到每本著作都拥有如此翔实、可靠的资料的?

李福清:1955年,我从列宁格勒大学毕业分配到莫斯科苏联科学院高尔基世界文学研究所担任处级研究员,做研究工作。但由于在回族人那里受到中国民间文学的影响,我决定研究民间文学,开始打算做中国的三大民间传说"孟姜女""梁祝"和"白蛇传"的研究工作,后听从了 B.契切罗夫的建议,小题大做,专心研究孟姜女的故事。在这本书里我想解决两个问题:一是,一个故事在口头传说中可以存活多长时间;二是,一个故事情节在各种体裁中的不同表现。第

附录二 "我钟爱中国民间故事"

一个问题用俄罗斯和西方民族的故事无法解决,因为没有中国那么久远的记录。我很重视第一手资料的搜集工作,研究民间文学,没有大量的第一手资料,什么归纳呀,演绎呀,找规律呀,都谈不上。我研究了苏联所藏顾颉刚等人在20世纪20年代留下的研究孟姜女的资料。那时陈毓罴建议我给每个省文联写信,请他们代我搜集有关孟姜女的材料。不久,几乎每个省都寄来了许多新资料,有民歌、传说、地方戏曲和宝卷等,陕西省文联还专门派了两个人下乡搜集资料。中国民间文艺研究会的连树声和杨堃等也给过我很多帮助。中国朋友的帮助和支持令我非常感动,难以忘怀。郑振铎先生1958年访问莫斯科,我抱着一大堆"孟姜女"资料去请教他,他见我有这么多资料,对我说,假如他以文化部副部长的名义向各省文联要这些资料,他们不一定寄。你李福清比我们中国的领导机关还管用,你几封信得到多少研究资料呀!他鼓励我好好研究这些珍贵资料。

我通过对有关孟姜女的大量材料的搜集、整理、对比、研究,发现了一个很重要的现象,中国汉族的民间文学有一个特点,同一个情节往往会在不同体裁中反复出现,这是中国的一笔极其宝贵的财富。孟姜女的故事,有民歌,有鼓词,有宝卷,还有大量的地方戏等。孟姜女的故事历经13个世纪,其核心内容是比较一致的。我研究孟姜女故事在各种体裁中是如何变化的,宝卷中的孟姜女故事有很强的佛教色彩,传说中孟姜女到长城的行程述说得很简略,而在戏曲里则很详尽,因为在戏曲里,可以用各种唱腔来表达人物在去长城中的思绪和情感,孟姜女前去送寒衣的情节被描写得非常细腻。这就构成了我的副博士论文《万里长城的传说与中国民间文学体裁问题》,发表后受到了苏联和中国同行的关注(苏联几个刊物和捷克、意大利、以色列都发表了述评,中国的马昌仪写了仔细的介绍)。1961年在北京见到顾颉刚教授,他请我把搜集的孟姜女故事材料寄给他,他想编孟姜女资料集,我把一部分材料寄给他,但是中国国内后来情况变了,他无法出版。现在也不知道这些宝贵的材料在哪里。

　　至于搜集学术研究的材料的方法问题,除了上面说的,我还要指出一点,就是我研究一个问题时尽量穷尽在俄罗斯、中国和西方的资料,既要注意研究对象的原始材料,有时有关学者发现了新材料,你要注意吸取,又要注意搜集学者新出的研究著作。真正的理论著作是不能根据局部的材料来写,如同植物学著作,不可以只用一个地区的植物来谈世界植物的分类及其理论问题。普洛普教授的《神奇故事的历史根源》、梅列金斯基教授的《神奇故事人物研究》和《神话诗学》等都用了全世界的民间故事材料。

二、春玩其华秋登实

　　刘亚丁:您研究《三国演义》多年,我觉得您的《中国讲史演义与民间文学传统——论三国故事的口头和书面异体》在理论的运用和具体研究方法的提炼以及材料的搜集等方面都下了很多功夫,您提出并详细加以论证的民间文学与文人文学复杂的互动关系等问题是很有启发性的。您写这本书是出于什么样的学术考量？中国古人有所谓"得失寸心知"的说法,也请你谈谈写这本书的体会和其中甘苦。

　　李福清:我研究《三国演义》有两个原因:首先是因为工作性质。1962年初我调到刚建立的东方文学研究组工作,该组是文学研究组,不同意我研究民间文学,但我又想研究民间文学。我想了想就提出研究与民间文学有关的题目"中国历史演义与民间传统的关系",原想研究《三国演义》《水浒传》及《说岳全传》。后来明白,若要研究这3部小说,即使写3本书,也不能穷究这3部小说,所以才确定研究《三国演义》。第二是学术性原因,20世纪60年代初,捷克著名的汉学家普实克院士与他的学生赫尔立奇科娃争论中国说书问题,普实克院士主张说书人说书不是以小说为依据,而是继续宋元口头传统。赫尔立奇科娃不同意,说今天的说书人说书是根据章回小说。争论很激烈,但双方都不做具体的研究。我想一定要找到当代说书人讲三国评书的记录,拿它们与《三国演义》做仔细比较,才可以解决这个问题。恰好好友陈毓罴先生寄来了中国某杂志发表的扬州著名说书家康重华讲的《看病》(即诸葛亮为周瑜看病)的记录。1965年我又到北大,在段宝林先生指导下搜集有关资料。1966年7月回国后把以前写的两百页都重新改写了一遍,又花3年多时间写了700多俄文打字页的《中国讲史演义与民间文学传统——论三国故事的口头和书面异体》,1970年通过了博士论文答辩。1997年上海古籍出版社出版时书名改为《三国演义与民间文学传统》。

在这本书中我提出其他一些理论问题,如说书人用什么样的底本,到底他们是以文学作品为底本,还是延续宋元(罗贯中以前的)口头文学传统。为解决20世纪60年代捷克汉学家的争论,我做了非常详尽的比较研究,把《三国演义》与扬州、苏州说书记录做比较,证明现代说书人都用《三国演义》为底本,都用17世纪毛宗岗的修改本,同时也阐明了说书的结构。① 这本书中研究《三国志平话》时我也用了新的研究法,分了几个层次:作者思想、人物描写(又分人物外貌描写、感情描写、行为描写、思想活动的描写)、人物的直接引语、说话叙事(也提出了几个问题)。后来专门写了一本研究人物外貌描写的书,题为《从神话到章回小说:中国文学人物肖像演变》(1979年俄文版,现在有希望翻译成中文出版,这本书早被译成了英文,但美国译者J. Kelly找不到出版社出版)。

刘亚丁:学术研究要达到一定的高度,除了资料的丰赡而外,理论的观照和方法的自觉运用也是重要的条件。学术研究范式的转换,可导致学术研究的根本性的变革。理论的观照可以产生新见,会

---

① [俄]李福清:《三国演义与民间文学传统》,尹锡康等译,上海:上海古籍出版社,1997年。

激活故纸,让死的材料活起来;方法的规范和科学,会让论证过程清晰,结论具有雄辩的说服力。在广大的范围内搜集、梳理材料是您研究的基本功,同时您还非常注重对理论和研究方法的深入思考和自觉运用。能谈谈您对文学研究方法的思考吗?

李福清:我在20世纪60年代末从事《三国演义》研究的时候,利用了各种流派的理论著作。如20世纪20年代俄国形式主义的观点,尽管用得不多,也用了与此相反的巴赫金以他朋友的名义出版的《文艺学中的形式主义方法》和以笔名出版的《马克思主义与语言哲学》。民间文学方面多用日尔蒙斯基、普洛普、梅列金斯基和格灵采尔教授的观点。但我自己以为我不属于什么理论流派,因为每种流派都有其所长,也有其所短,我用他们理论中仅限于适合研究中国文学的观点。我的《三国演义与民间文学传统》和《从古代神话到章回小说(中国文学人物描写的演变)》都可以说是历史诗学的研究。俄罗斯研究文学的特点之一是历史性很强。可以说从19世纪下半叶开始,俄国学者就注意到了文学发展的历史阶段的问题,并力图在自己的研究中呈现这样的发展阶段。19世纪俄国著名学者韦谢诺夫斯基院士很早就开始研究"历史诗学"问题。历史诗学的任务是研究各种文学的种类、体裁、描写方法等的历史发展,"文学"这个概念的演变,诗学的各种历史类型及其与时代的关系。例如,古代文学是一种类型,有自己的特征;中世纪文学是另一种类型,也有自己的特征;近代文学和现代文学又有自己不同的类型特征。

刘亚丁:维谢洛夫斯基的《历史诗学》已经出了刘宁先生翻译的中译本。可不可以说维谢洛夫斯基开创了文艺学的一种新的学术研究范式?

李福清:我很高兴得知维谢洛夫斯基院士的《历史诗学》有了中译本。进行比较文学研究一定要注意文学的历史类型,把不同历史类型的作品或文学现象随意放在一起比较,往往会导致非学术性的结论。用比较法一定要注意历史发展阶段,如有中国学者把《三国演义》与托尔斯泰《战争与和平》做比较,那完全无关。前者是典型的中世纪作品,后者是19世纪现实主义的作品;《三国演义》要与其他国家中世纪的作品做比较,如日本《军记物语》,西方同时期的小说等。西方学者不用历史阶段学说,如英国汉学家看了我的论著,说他不明白我用的中世纪文学概念。

俄罗斯研究文学的另一个传统特点是强调从世界文学发展的角度来考察各国文学。我的老师阿列克谢耶夫院士常说:"中国文学是世界文学的组成部分。"他非常重视把中国文学理论放在世界文学的背景下加以考察,将陆机的《文赋》与古罗马贺拉斯的文学理论和法国布瓦洛的诗学理论进行比较研究,也与明代文学理论进行过比较研究。20世纪60年代,苏联科学院世界文学研究所开始编写十卷本的《世界文学史》,这部文学史充分体现了这一传统特点。与西方一些学者编的各民族完全分离的世界文学史不同,这部巨著的主要目的就是要在呈现世界文学的发展规律的同时,呈现每个民族文学各自的特征。这部文学史特别注意文化区的划分,如西欧文化区、伊斯兰教(阿拉伯)文化区、印度文化区、远东(汉字)文化区等,力图显示出各文化区的发展规律、文化区之间和文化区之内的关系。我参加了这项工作,这样的学术经历自然也会影响我自己的研究方法。《中世纪文学类型与相互关系》收录于我在中华书局出版的《古典小说与传说》中,也是这方面的成果之一。现在上海文艺出版社正在翻译出版我们研究所撰写的这部《世界文学史》,听说第六卷已经问世了。

刘亚丁:现在,无论是在读书界还是在学术研究界都出现了所谓的"读图时代",非常有趣的是,这与俄罗斯汉学界的传统、与阿列克谢耶夫院士开创的传统居然不谋而合。在彼得堡国立艾尔米塔什(冬宫)博物馆,萨莫秀克(К. Ф. Самосюк)研究员向我介绍了收藏中国绘画的情况,在俄国科学院彼得堡东方学分所,克恰诺夫

(Е. И. Кычанов)所长和波波娃(И. Ф. Попова)科研秘书向我介绍了所里收藏的阿列克谢耶夫院士搜集的中国碑文拓片。20世纪初,阿列克谢耶夫跟随法国汉学家沙畹在中国考察,沙畹感兴趣的是中国的古迹和石碑,阿列克谢耶夫搜集的重点是年画,也对楹联很感兴趣,当然也带走了拓片。他在旅行札记中常常谈及对中国年画的兴趣,他对年画的题字和寓意的理解是比较准确的。您也非常注意浏览和搜集中国的年画。

李福清:我对年画的兴趣不是偶然的。正如您所知道的那样,我的老师阿列克谢耶夫院士于1906—1909年在中国进修,专门搜集各地年画。1910年,他在彼得堡举办了世界第一个中国年画展览,并发表了关于年画的文章。1966年出版他的《中国民间画研究论集》时,出版社请我写了序言,我也为这本书做了很多注解。从这时起我对年画有了浓厚的兴趣。20世纪80年代,我建议北京的人民美术出版社出版《苏联藏中国民间年画珍品集》。我与年画权威王树村教授和人民美术出版社的刘玉山合作编了这个画册,1990年出版,并出了俄文、中文两种文本。为了编这个画册,我在彼得堡与莫斯科旧书店、古董商店买旧年画(大部分是晚清的),16年间买到了100幅,很多在中国没有保存。现在冯骥才主编的《中国木版年画集成》二十卷将由中华书局出版,聘我当编委,也请我编《俄罗斯藏中国年画卷》(400幅),我私藏的也要选一些。这是非常有趣的工作,但也非常繁杂,要选12个博物馆藏的年画。

刘亚丁:您的新学术著作酝酿于一个绝妙的结合:您将阅览和搜集的大量年画同您原来的学术兴趣结合起来:近年来您一直潜心从事贵国科学院的"中国古典小说与民间年画"项目。去年底您这个项目的初稿已经完成。我相信,这将是一本学理深厚、材料宏富的学术精品。您能向中国读者预先透露透露这本书的主要内容吗?

李福清:我去年10月完成了一个科研项目《中国古典小说与民

间年画》,这本专著研究了中国、日本和西方学者从未涉猎的一个问题:中国古典小说的情节在民间艺术中的反映。中国小说中一些非常流行的情节在民间艺术中,如在年画、泥塑、瓷器、壁画和屏风中得到了广泛反映。这个问题被忽视是因为研究民间艺术的学者,不涉猎传说和小说,搞小说研究的学者又不熟悉民间艺术。前不久出版了美国汉学家黑格(R. Hegel)的学理非常扎实的《中国古典小说绣像》,也绕过了这个问题。在这本著作中我研究了这样一些学术问题:1)古典小说对年画的影响;2)个别情节中的人物绣像与民间英雄人物的肖像描写的关系;3)小说对绘画的直接和间接影响,尤其关注根据小说改编的戏曲所形成的民间绘画作品;4)小说绣像与后来的年画做比较;5)俄罗斯民间树皮版画与中国年画比较;6)中国民间年画对其他国家艺术的影响。您说材料宏富,确实这样,我调查了13个国家——中国、俄罗斯、德国、英国、法国、意大利、奥地利、西班牙、瑞典、日本、捷克、波兰和丹麦收藏的中国年画,也得到了美国藏的年画照片,发现了许多没有发表的、专家没有注意到的民间年画作品。国外中国年画收藏最多的当为俄国艾尔米塔什国家博物馆,有4000幅;俄国珍宝馆,有500幅;俄国地理学会,有300幅;东方各民族艺术博物馆,有500幅;伊尔库茨克州美术馆,有150幅;俄罗斯民俗博物馆,有100幅;圣彼得堡的俄罗斯国立图书馆,有150幅等。这些都是我自己发现的,而且未见他人著录。我曾发表过《三国故事年画图录》(上、下,中国台北《历史文物》,1999年,9卷11、12期),在这篇文章中我著录了468幅三国故事年画。

刘亚丁:您在2003年和2004年都曾到中国,为做这个项目搜集了不少资料,您可以介绍一下有关情况吗?

李福清:在中国国家"汉办"的支持下,我2003年在中国期间搜集了部分《三国演义》插图与"三国"题材年画。2003年中国教育部授予我"中国语言文化友谊奖",利用这个机会,我在2004年访问了山东、天津等地,到一些大学讲学,也搜集年画资料,这一次的搜集重点则是《水浒传》绣像与《水浒传》故事年画资料。2003 年我在济南工艺美术学院博物馆第一次看到所谓的书夹子或书本子,这是见于鲁西南两个地方(红船口与范县城)的年画的变体(范县如今属于河南,但是老城在聊城的莘县)。书夹子后来流传到菏泽一带,所以菏泽博物馆有很多收藏。这些书夹子与地方风俗有关,是放在嫁妆箱内的一种嫁妆。书夹子是用蓝色土布线装的年画本子。宽 30—32 厘米,高 22 厘米。内有年画,但并不以"莲生贵子"等吉祥年画为主,大多是戏曲年画。2004 年访问时,我特别注意这些外表粗糙、民间味道更加浓厚的戏曲年画。我在天津与北京买了 7 个书夹子。我买的书夹子中也有《水浒》年画,如《快活林》《武松杀嫂》,是范县源店年画。这个画店的年画我只看了几幅。《武松杀嫂》这幅年画上女子旁边标注着"潘金莲"三字,而年画权威薄松年教授认为是误会,画上勇士不是武松,而是石秀,杀的是潘巧云,而不是潘金莲,理由是右边站着潘巧云的父亲潘老丈。实际上,在武松杀嫂情节中没有一个头戴苍蝇帽的丑角老人,杀潘巧云的也不是石秀,而是她丈夫杨雄,此时她父亲也不应在场。这幅年画可以与杨家埠东大顺清代《翠屏山》年画(《潍坊杨家埠年画全集》,西苑出版社,1996 年)做比较。两幅都是戏曲年画。杨家埠年画上有杨雄、石秀、潘老丈、潘金莲(应为潘巧云)。可见两幅年画都把潘巧云误称为潘金莲。两幅都有潘老丈,但是石秀画得与武松不同。在其他我所见的年画上,石秀与武松画得是完全不同的。很可能这幅年画的画家把两个类似的情节混淆了。所以,这幅年画的内容还有待考证。山东年画专家谢昌一教授说这还是属于武松年画。一般说来,研究年画的学者不关注早期的小说绣像。由于绣像的故事比年画悠久,所以我将年画与反映同一个情节的绣像加以比较研究。万历年间的《水浒传》(特别是闽版)是上图下文。其他版本不同,只有整页插图,一般一回只有一幅插图,画法也不同。我在天津复印了不少从前未见(俄罗斯未藏)的《水浒传》绣像(如台湾与大陆影印的余象斗评校本、王望如评本、钟伯敬评本等),同时也查看了《西游记》绣像(因为我还研究《西游记》绣像与年画)。除刻本之外,我在山东大学图书馆发现了石印本及早期活字版的《水浒传》插图(如1888年大同书局石印本,广益书局活字本)。在复旦大学我看到不少其他图书馆未藏的《水浒传》插图,如《水浒画谱》《水浒图赞》(羊城百宋斋本)。同时看到了《西游记》稀见版本,如李卓吾评本影印本。我在上海复印了不少各种版本的插图。在济南,我观赏了山东美术博物馆库房收藏的潍坊年画,这里共藏有一千幅旧版新印年画。我重点看了与小说、戏曲有关系的年画,大部分是关于《三国》故事的,《水浒》的只有一幅《翠屏山》年画。这种情况并非偶然,因为《水浒》年画确实没有《三国》题材那样多。

根据搜集的情况,我在书中描述有详有略。因为《三国》年画有500种,我只选两个题材的年画写,如描写战争的"长坂坡"与描写和平生活的"刘备招亲"。因为我知道的《水浒》年画只有80幅,所以根据回目每幅都分析。另外也谈了不少综合性的问题,如年画种类、年画功能、年画题字、年画颜色、年画象征、中国年画与俄罗斯民间版画比较等。

刘亚丁:《神话与鬼话——台湾原住民①神话故事比较研究》是您在台湾所做研究的成果之一,这本书也出了大陆版,您能谈谈有关的情况吗?

李福清:1992年初,中国台湾清华大学邀请我去讲学,并主持一个科研项目,题目是"中国台湾原住民民间文学搜集与比较研究"。这个领域我以前从未涉及过,只看过我国汉学家涅夫斯基(Н. А. Невский,1892—1937,中文名字叫聂历山)于1927年在中国台湾记录的邹族神话故事,仅此而已。等到了中国台湾,我才发现,

---

① 台湾少数民族。——编者注

"高山族"是大陆对中国台湾少数民族的统称。实际上，中国台湾的少数民族是由9个不同民族（邹、布农、泰雅、排湾、卑南、阿美、雅美、赛夏、邵）所构成。这些民族不仅语言各异，而且民间文学、神话传说也不尽相同，没有通用的民族文字，其社会发展阶段也不一致。其中最发达的要数排湾族，已经发展到了初级的阶级社会。在调查这些少数民族的民间神话故事时，我发现了许多值得研究的现象。比如，在世界许多民族的民间故事中都有"精"的概念，像汉族有狐狸精、白骨精、树精之说等，而在台湾的有些民族中却没有这个概念。布农族有个民间故事，说的是一对猎人夫妇，丈夫出外打猎，妻子在家看护地瓜田，防止野猪来偷吃。几天后丈夫回家，发现妻子与野猪有染，一怒之下杀死了他们。但这个野猪不是野猪精，就是作为动物的野猪，妻子肚里怀了小猪。我还发现，这些民族都有自己的神话，但民间故事刚刚开始产生。民间故事分为动物故事、神奇故事、生活故事三种类型。他们有较原始的动物故事，这些故事正在向神奇故事过渡。还有一个现象也很有趣，我发现有的中国台湾少数民族没有情歌，而邹族甚至连"爱"的概念也没有，语言中也没有这个词。我仔细研究了这个现象，发现这同这些民族的社会组织结构有很大关系。阿美族经常举行各种仪式，为青年男女提供接触交往的机会，因而就产生了很多（24类）情歌，而邹族则不举行这样的集会或仪式，男女青年处于隔绝状态，没有产生情歌的社会基础。中国台湾所有的少数民族都没有笑话，对他们来说，讲故事是一件很严肃的事情，原始社会男子在过"成年礼"之前，父辈才会把祖先流传下来的故事郑重地讲给他听，中国台湾少数民族中可以发现这个风俗的痕迹。人们大都不知道，第一个研究邹族语言的是俄罗斯学者涅夫斯基，他曾编写过《邹俄词典》。我与邹族浦忠成先生（现在是中国台湾"原住民文化发展协会"的理事长、台北市立师范学院语文教育系教授）共同在当年涅夫斯基曾经居住过的"特富野"村将这本词典翻译成中文，名叫《台湾邹族语典》,后来在中国台湾出版并获了奖。

1995 年,我在中国台湾清华大学任 3 年客座教授期满回国,接到英国牛津大学邀请,讲座的题目就是"中国台湾原住民神话比较研究"。回到莫斯科刚一进门就接到中国台湾静宜大学的电话,邀请我担任客座教授,并开始全面整理我的研究成果,1998 年 1 月出版了《从神话到鬼话——台湾原住民神话故事比较研究》一书。中国民间文学专家、澳籍华人谭达先博士撰写了书评,发表在中国台湾的《汉学研究》上。大陆的杨利慧先生在《民族文学研究》发表了评论。俄罗斯的库切拉(С. Кучера, 1928—)教授在莫斯科《东方》杂志也发表了很长的书评,捷克罗莫娃教授在布拉格《东方档案》也发表了述评。这些学者对我的研究成果表现出很大兴趣,并充分肯定了我的研究工作。2001 年,中国社会科学文献出版社在大陆出版发行了此书的增订本。《新西伯利亚大学学报》也发表了很长的文章介绍这本书的增订本。

刘亚丁:在《神话与鬼话》中您详尽研究了这样的问题:大陆有的民间故事在中国台湾也有类似的母题,如射日故事、狗女婿故事、田螺故事等,您可以向读者介绍有关的情况吗?

李福清:我写这本书的方法与其他国家学者不同,我做的是比较研究,即将中国台湾原住民的民间故事同中国其他少数民族的民间文学进行比较。我还在静宜大学开设了中国台湾前所未有的一门课——"中国台湾原住民文学",105 个学生选这门课,但系里说,不行,因为最大的教室只有 95 个位子。后来中国台湾清华大学也请我讲这个题目。

中国台湾民间文学有许多特点。从民间文学研究理论角度来看,中国台湾的原住民文学历史要比一般认为最原始的因纽特人、楚克奇人、印第安人以及大洋洲土著的民间文学更加原始。比如布农族没有神的概念,而只有鬼的故事,这说明他们的民间文学更加原始。这对重新审视原有的民间文学理论很有价值。第二,我们可以从中看出民间故事是如何从神话故事发展而来的。比如,中国台湾有的民族"射日"神话有两个说法,第一个讲的不是个人行为,而是集体的功绩,目的是为人类除害,这符合神话的特点。第二个是家庭故事,射日的动机是父亲为了给被太阳晒死的孩子报仇,这是民间故事的情节。这对研究民间文学的形成很有帮助。第三,我通过比较研究发现,中国台湾的神话故事与大陆南部少数民族的故事在情节上有不少相通之处,这说明某些中国台湾少数民族可能来自大陆南部。也与菲律宾山地民族神话故事类似之处特别多,大概菲律宾故事比中国台湾少数民族故事情节发展多。

三、五洋寻珍不辞远

刘亚丁:1964 年您和孟列夫(Л. П. Менбшиков,1926—)在苏联《亚非人民》杂志上发表论文《新发现的〈石头记〉抄本》,介绍了您在列宁格勒发现的《石头记》新的抄本,后来引起了中国方面的重视。中国台湾的潘重规、中国艺术研究院红楼梦研究所的冯其庸、周汝昌等先后阅读研究了这个抄本,1986 年,中华书局出版了由中国艺术研究院红楼梦研究所和俄罗斯科学院东方学所列宁格勒分所合编的这个抄本,同时发表了中方的序言和您与孟列夫代表苏方写的序言,您能谈谈具体的情况吗?

李福清:1963 年初,我到列宁格勒东方研究所,看到我的同学、好友孟列夫在整理那里收藏的敦煌文献。孟列夫说他发现了新的变文,还有其他友人说发现了别的文献。我很羡慕他们。夜间睡下,我就想,是否也试着做点调查,也许能发现什么孤本。我拿孙楷第的《中国通俗小说书目》做比较,看看我们是否有中国和日本没有保存下来的古典小说版本。第二天到东方所,马上发现了 1832 年一位留学生库尔良采夫（Павел Курлянцев）从中国带回的《石头记》八十回抄本（封面上有他写的他自己的名字）。这个抄本很有价值，其中有大量的异文和批注，如第三回就有 47 处眉批和 37 处夹注。我和孟列夫教授合写了《新发现的〈石头记〉抄本》一文，首次对这个抄本做了简要的描述，文章同时提供了俄藏《红楼梦》续作的各种版本的资料。1986 年，中华书局出版了这个抄本的影印本，被称为"列藏本"，前面印了我和孟列夫写的前言，许多学者对这个版本做了研究。

现在在俄罗斯有多种《红楼梦》收藏。入藏的缘由是这样的：到中国的神甫与学生学汉语都用白话文写的《红楼梦》为读本。1820 年俄国第十届传教团启程到北京，随团的有季姆科夫斯基，他是外交部亚洲局的官员，他受命在华购买图书，供彼得堡公共图书馆和亚洲局图书馆以及拟议中的"伊尔库茨克亚洲语言学院"等处收藏。这个使团的团长是卡缅斯基，是俄国科学院通讯院士，精通汉语。估计是他向不懂汉语的季姆科夫斯基推荐了《红楼梦》。这个使团购回两部《红楼梦》，一部是四函，用了八百两银子，为亚洲局图书馆所有；另一部也是四函，只用了一两五钱银子，送到了伊尔库茨克。在列宁格勒大学东方系的图书馆中还有另一个《红楼梦》本子，是萃文书屋本，上面有卡缅斯基的题词，内有他的眉批和其他人的批注，说明卡缅斯基介绍给其他俄国传教士读过这本《红楼梦》。这是俄国收藏《红楼梦》的基础。1830 年第十一届俄国教士团启程到北京。这一届传教团有两名学生对《红楼梦》感兴趣，他们是科万科和库尔良采夫。科万科（Алексей Кованько）是个地质工程师，到中国的目的是研究中国地质，为了尽快掌握汉语，他选择《红楼梦》作为教材，回国后他还在给矿业工程师总部主任的报告中介绍了此书，希望翻译成俄文。可惜他的报告在矿业总部没有得到回应。他也写了较长的《中国旅行记》，连载于俄罗斯《祖国纪事》杂志。在介绍中国教育与科举制的第九篇随笔之后，科万科附录了《红楼梦》第一回前半部分的译文。

这是世界上首次将《红楼梦》译成外文。与他同行的库尔良采夫也从中国带回一本八十回本的《红楼梦》,这就是我在东方所发现的那个版本。

这个抄本共35册,八十回,没有总的题目,但几乎每回都有两个题目,先是书名,然后是本回回目。大部分章回的书名是"石头记",第十回作"红楼梦",另外第六十三、六十四和七十二回回首写的是"石头记",回末又加写了"《红楼梦》卷六三回终"等字样。我们的文章发表后,很快引起了研究者的注意。先是日本著名汉学家小川环树写文章响应,小野理子把我与孟列夫的文章译成了日文。1973年中国台湾的潘重规教授到列宁格勒研究了这个抄本,写了几篇文章,陈庆浩也写了文章。列宁格勒大学的庞英也做了校勘工作。根据这些研究和我们的研究,我们认为:列藏本《石头记》是小说早期印刷前校阅过的最完整的一个本子;它接近于曹雪芹生前抄写过的1759年(己卯本)和1760年(庚辰本)的早期脂评本。但此抄本的正文中又有许多特点,因此又可以把它归入一个单独的系统。1986年中华书局影印此书后,引起了红学家们的极大关注。人们称赞这是中苏文化交流的佳话,是中苏第一次合作出版书。

刘亚丁:发现《石头记》之后,您似乎没有停止寻访中国古籍的工作。

李福清:是的,我发现了《石头记》后,为了查找孙楷第在《中国通俗小说书目》中没有著录的其他小说,继续调查苏联国内的图书馆。1964年,我到莫斯科列宁图书馆抄本部门看看那里藏的中文抄本,老汉学家麦勒纳克尼斯(А. И. Мелнакнис)知道我研究中国文学,就从抄本书库拿出来几部文学作品抄本,并说他自己不是研究文学的,不知道是什么作品。我打开一个较大的纸盒子,里面放的正是24册的小说《姑妄言》抄本。这是汉学家斯卡奇科夫(К. С. Скачков,1821—1883)带回的。他大量搜集各种书与抄本:历史、地理、水利、农业、天文(他是天文学家)书籍和文学作品,小说方面除了四大名著之外,还有一些较罕见的作品,有的版本孙楷第《中国通俗小说书目》及大冢秀高《增补中国通俗小说书目》都没有著录,如三槐堂本《绣像飞龙全传》、孔耕书屋本《增订精忠演义》等,或海外较少见的《三分梦全传》(道光十五年版)、《莲子瓶全传》(道光二十二年版)、《海公大红袍全传》(道光十三年版)、《娱目醒心编》(咸丰二年刊)等。我还见到斯卡奇科夫1848年在北京所买的道光年间的小说版本,他试图较全面地搜集各种小说,所以得到《姑妄言》抄本大概也不是偶然的(其他小说都是刻本)。与其他汉学家不同,他对各方面的书都有兴趣,特别注意抄本。麦勒纳克尼斯1974年出版了《斯卡奇科夫所藏中国抄本与地图目录》,现在北京图书馆出版社要出版中译本。但去年北京图书馆请我继续整理馆藏的中国抄本,我发现它的目录不全,与北京图书馆出版社说好了,我编补遗。

刘亚丁:就是在这些抄本中,您发现了《姑妄言》的抄本吧?

李福清:正是这样。《姑妄言》是章回小说,作者为三韩县的曹去晶,有1730年(雍正八年)自序,林钝翁总评,分24卷。我当时查孙楷第的《中国通俗小说书目》和其他书,都未见著录。我给孙楷第教授写信时,提到这本书,他回答说从未见过,并怀疑它是韩国人用中文写的作品。1966年,我在《亚非民族》发表一篇长文《中国文学各种目录补遗》,补充孙楷第《中国通俗小说书目》及各种俗文学目录,第一次著录了在列宁图书馆发现的《姑妄言》抄本。其实"三韩"是中国的一个县名,清代属热河省,《姑妄言》作者定是三韩县的汉族人。可惜我许多年都查不到关于曹去晶和《姑妄言》的材料。

过了8年,1974年莫斯科东方文学出版社出版麦勒纳克尼斯编的《斯卡奇科夫所藏中国抄本与地图目录》一书,仔细记录斯卡奇科夫所藏的抄本及手绘的地图、风俗画333种。其中245号著录《姑妄言》,注意到抄本是几个人抄的,有人写楷书,有人写行书。第二卷、

第二十一卷有中国收藏家之图章。有的纸是"仁美和记"和"仁利和记"两个纸厂的。每册他都数有多少页,也注意缺哪一页,如第八册缺 17—18 页,哪一页撕掉一块等。可惜麦勒纳克尼斯编的目录很少人注意,苏联用的人很少,国外汉学家及中国学者大概完全没有注意。1989 年至 1991 年间,我在北京与刘世德教授、法国陈庆浩教授讨论过《姑妄言》的影印。我 1992 年到中国台湾教书,中国台湾清华大学王秋桂教授也提到出版《姑妄言》的问题。1993 年俄罗斯国家图书馆馆长菲利波夫到中国台湾参加"中央"图书馆馆庆,王秋桂教授和我与馆长趁此机会终于谈好在《思无邪汇宝》出版《姑妄言》的排印本。2003 年我来北京发现两个大陆的盗版,一本说是在上海发现的,另一本说是在 1730 年抄本总评林钝翁家里发现的,实际上都是从中国台湾版盗印的,印得也不好。这次《姑妄言》小说重新问世,要特别归功于陈庆浩、王秋桂、陈益源三位教授。

刘亚丁:除了上述的发现而外,您对中国古籍流散海外的情况做了大量的调查,请您略做介绍。

李福清:我从 1961 年开始调查各国藏的中国小说、戏曲、俗文学版本,四十多年来调查了俄国、德国、英国、法国、意大利、丹麦、瑞典、挪威、荷兰、奥地利、西班牙、捷克、波兰、越南、蒙古汉籍收藏(在美国只调查了芝加哥大学的收藏,在日本只调查了东京与京都藏的梆子腔版本)。① 四十多年中发现了不少在中国失传的作品与版本,有的已出版了,如我和中国学者合作的《海外孤本晚明戏剧选集三种》。我与江苏社科院文学研究所王长友先生合作,要整理搜集到的材料,编写《海外藏中国小说、戏曲、俗文学书录》。工作很多,我已经发表了 4 篇记述我发现的广东俗曲(木鱼书等)的文章,总计有 10 万字。

---

① 参见[俄]李福清:《梆子戏稀见版本书录》,香港城市大学《九州学林》,2003 年 1 卷 1、2 期;2004 年 2 卷 1 期。

我还在中国买到了日本樽本照雄编的《清末民初小说目录》①一大本,很有用。我在复旦大学图书馆复印了《赵景深先生赠书目录》的小说、俗文学部分(赵景深搜集的鼓词较多,我也发现了不少),现在看到他收藏的目录,得知他藏的大部分是石印本,我发现的都是木刻本。中国社科院文学研究所石昌渝先生送我刚出版的《中国古代小说总目》(山西教育出版社)3大本,编得非常好,我编目录时应该参考,以便确定我所看到的小说哪些是孤本,哪些版本是新发现的。拿到总目我马上查了一些新发现的小说,目录中没有,证明是孤本。最近我开始整理记录俄罗斯国家图书馆藏中国抄本,希望也能够发现孤本。结果真发现了一种不平常的抄本,描写北京风俗(大约嘉庆时期的),每页均有洋人用铅笔画的插图,下面是中国人用毛笔写的释文。中华书局柴剑虹先生来莫斯科,我陪他去图书馆看这个抄本,他说非常有趣,大概可以出版。

四、览古寻幽穷翠微

刘亚丁:我发现您对中国现当代文学也给予关注,您先后向贵国的读者介绍过老舍、叶圣陶、钱钟书、刘白羽、王蒙、谌容和冯骥才等中国现当代作家的作品,您能谈谈有关的情况吗?

李福清:正如您所知道的那样,我曾对中国现当代文学给予过关注,我曾翻译、介绍、编辑过您所说的这些中国作家的作品。我翻译的叶圣陶《稻草人》、老舍《月牙儿》的乌克兰文本在出版时,我做责任编辑并写了《中国讽刺作家老舍》一文。我也在我国的《外国文学》上发表了《评钱钟书的长篇小说〈围城〉》。但我主要的学术兴趣还是在中国民间文学上。

刘亚丁:20世纪80年代中期,苏联杂志的版面主要被"回归文

---

① 参见[日]樽本照雄:《清末民初小说目录》,济南:齐鲁书社,2002年。

学"(即在20世纪50—60年代拒绝发表的作品)和"俄侨民文学"占据。当时中国出了一批反映改革开放的文学作品,也出现了被称为"寻根文学"的作品,中国的这些作品有一定数量被翻译介绍到苏联,似乎填补了某种空白,您本人就参与了翻译编辑介绍当时中国文学作品的工作。

李福清:我自己翻译了冯骥才的《高女人和她的矮丈夫》《意大利小提琴》和《三十七度正常》等作品,写了《论中国当代中篇小说及其作者》和《冯骥才创作三题》等文章。我也目睹了中国现当代作家在苏联受读者欢迎的景况。20世纪80年代中苏关系恢复正常以后,当时的苏联文坛也出现过译介中国现当代文学的热潮。例如,王蒙的作品就很受欢迎,20世纪80年代,他小说的俄文译本的印数达10万册以上。我还可以举我在80年代编的中国当代中篇小说集《人到中年》和《冯骥才短篇小说集》两本书作为例子。冯骥才的那一本,出版社只给了我一本样书,后来我想多买几本送人,跑了好几家书店,才买到3本。有一次我的同事在阿尔巴特街的书店里看到《人到中年》集子上了架,就马上将这消息告诉我,我赶紧跑去买。到了那里,我说要买10本,书店售货员说每人只能买一本。我说我是这本书的责编,她不相信,要我说说《人到中年》的故事情节,我说了其中一篇的大致内容,她才答应卖给我5本。

刘亚丁:我记得您对冯骥才的小说《雕花烟斗》有非常独到的解读,从某种意义上说,你对中国现当代作家的批评打开了一个新的维度,即挖掘现当代作家作品中蕴藏的古代文学因素。这与当时中国批评界对"寻根"问题的探讨具有异曲同工之妙。

李福清:我发现20世纪70年代至80年代,中国作家一方面积极向国外文学学习,一方面又认真借鉴自己的文学和文化传统,寻觅本国文学民族特色的根源。读冯骥才的小说《雕花烟斗》,我自然而然就想起了中国17世纪的话本选《今古奇观》中的"俞伯牙摔琴谢知音"的故事。构成这个故事的古代传说载于公元3世纪的《吕氏春秋》。故事说的是官吏俞伯牙偶然遇到一个能欣赏他琴声的樵夫钟子期,后来当他从京城回来听说樵夫已去世,就摔琴痛悼知音。《雕花烟斗》实际上写的就是这样一种传统。小说发生在"文革"和以后的岁月里,著名画家唐先生备受屈辱,被迫放下画笔,只能在雕刻烟斗这种完全是实用的艺术上施展才华。当时唐先生常到一个花农那里去坐一会,欣赏花农所种的绚丽多彩的凤尾菊。在古代故事中,俞伯牙很清楚,樵夫确实善于欣赏他的高雅艺术。而生活在俞伯牙数千年以后,另一个时代的人——画家唐先生却对一个普通农民是不是他的艺术的真正鉴赏者持怀疑态度。值得注意的是,冯骥才在传达画家这段思绪时用了"知音"二字。"知音"恰恰出自俞伯牙与钟子期交往的故事,因而我的分析是有根据的。老农死后,画家听老农的儿子述说父亲曾吩咐下葬时"千万别忘了把唐先生那只烟斗给俺插在嘴角上"的遗言时,一下子明白,他犯了多大的错误,这位一次次给他送来菊花的老农确实是他的知音。

刘亚丁:我记得,您也写文章分析过阿城的《棋王》。

李福清:阿城的中篇小说《棋王》也是吸收古代传统小说因素的一个很典型的例子。我发现,《棋王》与17世纪凌濛初的《二刻拍案惊奇》中的《小道人一着饶天下,女棋童两局注终身》有内在联系。这里不仅仅是简单的表层上的相似,如两个作品的主人公都是身怀绝技的围棋或象棋高手,而它们的其他相似之处更深刻。尽管两部作品的时代不同,人物活动的社会环境不同,仍然有许多共同因素表明这两部作品之间有着亲缘关系。表层特征是,两者的主人公都是不顾一切地迷上了棋艺的青年,都在寻找旗鼓相当的对手。某老道士或老神仙传授某种绝技是古代中国文学的一个很有代表性的情节,追根溯源,能从大自然的主宰那里获得赐予的原始观念是其源头。在人们的意识中,高超棋艺的获得是与时而以老者的面貌出现、时而以青年的面貌出现的神仙形象相关，如著名的烂柯传说。话本中写国能一次在田畔拾枣，见两名道士对坐安枰下棋，他在一旁观看，道士就枰上指点他下棋。此后国能果然棋艺出众，而且说"所遇必定是仙人"。我们看看阿城又是如何处理这类题材的，《棋王》主人公王一生与国能一样，都是自幼便爱好下棋的青年，王一生后来遇到一个捡破烂卖废纸的老头儿，就是这个老头儿既将自己精湛的棋艺传授给了他，又把一本自家祖传的棋谱送给了他。这里捡破烂的老头自然代替了从前的老道士、老神仙之类的形象，老头儿讲解棋谱完全用的是道家的语言，后来王一生本人讲起这段奇遇时说"我心想怕是遇上异人了"，"异人"在汉语中常常是指跟神仙或是与他界有联系的人。后来王一生听老头儿对以前市里的棋赛哗哗说了一通棋谱的时候，觉得"真的不凡"，这就不是偶然了。古代小说说到与他界相联系的人物时，就常有"不凡"二字。王一生从捡废纸的老头儿那里得到祖传的棋谱这一点就更是中国文学传统情节的处理方法，自然，主人公通过书写的符咒或者口授从而得到魔法是更为早期的现象。中国文化的特点在于文字长期处于优势位置，尤其重视书写的东西，大约这就是何以中国古代就有了主人公通过书本或文章从神仙那儿获得特殊知识的传说，如大禹从河神得到治水之道的传说，《汉书》中有张良经过某一神秘老者的种种考验从而得到兵书的传说。在《棋王》中，捡烂纸的老头儿自然完全是一个尘世中人，在整个情节安排中作家显然将传统文化在他身上现代化了。小说主人公王一生与国能还有一点相似，这就是二人都执着地在寻找一个旗鼓相当的对弈者。这使我们想起那些浪迹天涯、寻找高明对手的古代英雄（特别在民间叙事诗中）。这些都是中国现当代小说运用传统模式的很好例证。我曾经写了篇文章《中国当代小说中的传统因素》在《文艺报》上发表，后来收入江苏古籍出版社 1992 年出版的我的《古小说论衡》、中国台北洪叶公司 1997 年出版的《李福清论中国古典小说》,引起了作家和读者的兴趣。最近新西伯利亚大学一位女学生写了年级论文,把《棋王》与这个话本做比较,她不知道我早提到了这个问题,但只是在中国发表,未在苏联发表。

刘亚丁：中国文学乃至中国文化具有独特的价值,在17世纪以后开始传到俄罗斯,在俄罗斯中国文学的翻译家、研究家(也就是汉学家)代有其人,请您介绍一下中国文学18世纪在俄罗斯传播和研究的情况。

李福清：我前面说到了源远流长的中国文化,具有独特的价值,它不但是中国人民的财富,也可惠及世界人民。我在近年写的《18世纪—19世纪上半叶中国文学在俄国》中介绍了俄罗斯早期接受中国文学的情况。1763年在俄国的《学术情况通讯月刊》上发表的《中国中篇小说》,是从英国作家哥尔德斯密的作品转译过来的,尽管作品人物的姓名不同,但故事源于中国的话本选《今古奇观》中的《庄子休鼓盆成大道》。1788年出版的俄文本《译自各种外文的阿拉伯、土耳其、中国、英国、法国的牧人、神话作品选》中有《善有善报》,是从英文《今古奇观》中的《吕大郎还金完骨肉》转译的。1799年莫斯科的一家杂志还发表了一篇叫《恩人与贤人,中国中篇小说》的作品,讲述皇帝四处寻访贤人的故事,我认为这是一篇仿中国小说的作品。到了19世纪上半叶,俄罗斯翻译的中国作品就更多了,小说有《醒世恒言》中的《两县令竞义婚孤女》,《今古奇观》中的《夸妙术丹客提金》《怀私怨恨仆告主》《羊角哀舍命全交》,《烈女传》中的《孟母三迁》,以及才子佳人小说《好逑传》。翻译改写的戏曲作品有《窦娥冤》《留鞋记》《西厢记》《梅香翰林风月》等。还有辛柯夫斯基的拟中国作品《作家的荣耀》,他还以《好逑传》为蓝本写了《女人佼——中国逸事》。

刘亚丁：到20世纪,中国文学在苏联的传播和研究的规模就更大了。

李福清：20世纪苏联对中国文化的介绍虽然不能与同时期中国介绍俄罗斯文化的规模相比，但是也有很大的发展。在著名学者斯卡奇科夫（П. Е. Скачкоь，1892—1964）1960年重版的《中国书目》（这是一本非常有价值的书）中收录的1730年至1957年间俄苏出版和发表的关于中国的图书和文章就有两万条之多，其中大部分是20世纪的成果。20世纪还涌现出了阿列克谢耶夫院士这样杰出的汉学家。阿列克谢耶夫是20世纪苏联新汉学的奠基人，他一生的研究著述多达260种。1916年，他出版了一部厚达700页的巨著《司空图〈诗品〉研究》。他不仅首次将极难译的《诗品》译成俄文，而且仔细分析了司空图使用的术语和概念，考察了中国文学中特别重要的形象和概念的来源，研究了庄子对司空图的影响等。他还对《诗品》进行了比较研究，强调了它在世界文学中的意义。阿列克谢耶夫可以说是世界汉学界最早开始进行中外文论比较研究的学者。阿列克谢耶夫对中国文学的兴趣开始得很早，他一生翻译了相当多的中国古代文学作品，如屈原、李白、欧阳修等人的诗文；他翻译了两百三十几位作家诗人差不多1000篇作品；他还致力于蒲松龄《聊斋志异》的翻译。20世纪20年代至30年代，他接连编选了四本《聊斋》小说选，深受读者欢迎，他的译本多次再版，印数大概有一百万册。俄国虽然已经有人译过《聊斋志异》中的一些故事，可是未能传达出蒲松龄的语言美，只有阿列克谢耶夫可以做到这一点。最近我专门写了长文研究他的《聊斋志异》翻译，写了一百多页。把他的翻译与早期的英文译本、三种日文译本和三种白话文译文做比较。现在我主持编辑新的三卷本的《阿列克谢耶夫文集》。第一册是《中国文学研究》，有对中国古典诗歌、小说、戏剧、诗论的研究，中西文学的比较研究和翻译研究，还有研究中国现代作家胡适的文章（上、下两本已经出版了）。第二册是《司空图〈诗品〉研究》，除翻译外，还有详尽的注释和评论，今年将出版。第三册是《中国的收藏》，包括了对中国年画、货币和其他民间收藏的研究,他本人收藏的中国年画就有四千多幅。此外,还计划编辑出版阿列克谢耶夫研究中国语言的著述等。出版社也要出版他翻译的古文作品三本,两本今年将问世。

刘亚丁:新中国成立后,由于中苏的特殊关系,中国文学在苏联很受关注,您恰好就是在那个时候加入到了苏联汉学家的行列,因此您对同行的工作是非常清楚的,也写书做过介绍。

李福清:20世纪50年代至90年代对中国文学的研究成就很大。有关情况我曾经在《中国古代文学研究在苏联·小说与戏剧》和《中国现代文学在俄国·翻译与研究》中做过专门的介绍,这里就不详细展开了。我这里只列举其中的一部分研究著作的标题,就可以证明这一点。这一时期出版的文学研究专著有:彼得罗夫的《艾青评传》和《鲁迅生平与创作概述》、索罗金的《茅盾的创作道路》和《13世纪至14世纪的中国古代戏曲》、谢曼诺夫的《鲁迅及其前辈作家》、费什曼的《中国的长篇讽刺小说(启蒙时期)》和《17和18世纪三位中国短篇小说家》、谢列布里亚科夫的《杜甫评传》《陆游生平与创作》和《五代宋初诗词研究》、切尔卡斯基的《中国新诗(19世纪20—30年代)》《马雅可夫斯基在中国》和《艾青研究》、苏霍鲁科夫的《闻一多生平与创作》、热洛霍夫采夫的《话本——中世纪中国的市民小说》、李谢维奇的《中国古代诗歌与民歌》和《古代与中古之交的中国文学思想》、戈雷金娜的《中世纪中国的短篇小说:题材渊源及其演化》《六朝小说》和《中世纪前的中国散文》、乌斯金的《蒲松龄及其小说》、帕夫洛斯卡娅的《新编五代史平话》《大唐三藏取经诗话》、谢罗娃的《中国戏曲与传统社会,16—17世纪》等。那一时期,我也出版过几本专著,如《从神话到章回小说:中国文学中人物形貌的演变》和《中国神话故事论集》等。

刘亚丁:我注意到,近年来中国的古代文化在俄罗斯比较受欢迎,我曾留意儒学在俄罗斯的传播情况。1982年莫斯科出版多人集

《儒家学说在中国》，А. 科勃泽夫（А. И. Кобзев）1986 年在莫斯科出版《伟大的学说——孔子教义问答》，1987 年 И. 谢麦年科（И. И. Семененко）在莫斯科出版《孔子格言》。20 世纪 90 年代以来俄罗斯编写、翻译的儒家著作数量剧增，印数也相当可观。

李福清：确实如此，近年来中国古代文化经典在俄罗斯很受欢迎。彼得堡的"水晶"出版社出版了一本特殊的《论语》译本，每一句话都有 5 位译者的 5 种译法，译者中有阿列克谢耶夫院士这样的大汉学家。第一次印了一万本，我以为卖不完，可是很快售罄。第二年又印了一万。有一次我到医院看病，第一诊室的医生同我谈论孔夫子，第二个诊断室的医生向我请教《易经》。

刘亚丁：作为一位汉学大师，您观照中国文学有自己独特的视野。从一位深谙中国文学的汉学家的角度，从比较宏观的角度出发，您认为先秦以来的中国文学的发展道路可以怎样来描述？

李福清：世界的古代文明中，中国文化保存得最完整。中国文学是世界上为数不多的、有着绵延不绝的文学传统的文学之一。在这样完整的文化传承中，留下了许多珍贵的东西。

中世纪大多数国家都存在三种不同类型的文学：一是民间口头创作；二是所谓的"高雅"文学，一般用有学问的人才懂的语言书写（俄罗斯教会的斯拉夫语，西欧和东欧天主教国家的拉丁语，中国的文言文，日本、朝鲜和越南所称的汉文，中东的阿拉伯语等）；三是以接近日常生活口语写成的作品，从语言和人物描绘的特点看，这种文学处于民间文学与高雅文学之间的位置（市民文学：中国的平话、杂剧和话本等）。民间文学与中世纪书面文学存在着一些基本相同的诗学原则。在中世纪，书面文学和民间文学比近代更容易互相渗透。民间口头创作能够很容易地渗入书面文学作品，正如书面文学有时也能重新回归口头文学。《三国演义》就是一个典型的例子。"三国"体裁经历了复杂的变迁：从史实的记载《三国志》到人物传记的撰写，然后通过说话人的传播进入平话《三国志平话》和戏曲，又在《三国演义》中得到了进一步发展。罗贯中并非自己想象了作品的情节，他依据两种不同的材料，一方面大量利用民间的说话与平话和戏曲，另一方面又采用史书。后来《三国演义》又反过来对"三国评书"和地方戏曲产生了积极影响。一些说书人采用《三国演义》作为说话的底本，于是它就代替了史书在评书创作中起到了重要作用。这样就出现了由演义小说向口头说唱文学回转的逆向过程。中国文学中的后一个现象可能以前人们不太清楚。这样我们就发现了民间文学与文人创作的互动关系。

刘亚丁：您对中国传统文学非常有研究，同时您也在关注中国的现当代文学。站在今天的历史高度，您从一位"旁观者"的角度，能否可以展望中国文学的发展前景？

李福清：我想我不能做出非常准确的推断，但我还是想说点自己的看法。我经常说，中国文学传统延续了数千年，从来没有中断过，在其他古代的文明中，古希腊和埃及都中断了。因此中国古代文学的传统非常珍贵，我曾在冯骥才、阿城和谌容的作品中看到了中国传统文学的深刻影响。今天的中国作家也许不太关注古代文学的传统，但是我相信，随着现代化发展的进程，人们不但不会忘记古代文学的价值，而且会倍加珍视它。近来我注意到在中国进行了关于复兴国学的讨论，我也高兴地看到，一些学者用国学经典在课外教小学生。在这样的背景下，对于中国文学的发展我想说两句话：第一，真正的有思想和艺术价值的文学是既关注现实，又包含着传统的力量和历史的智慧积累的文学。第二，中国的作家负有薪火相传的责任，要把古老的中国文化继承下来，发展下去。

刘亚丁：谢谢您接受我的采访。

附录三 儒学具有很大的机遇

[俄]С.马尔蒂诺夫① 刘亚丁

刘亚丁:С.马尔蒂诺夫先生,您好! 您是近年来俄罗斯从事儒学研究的主要专家之一。我认为,俄罗斯汉学界对儒学的译介起步很早,现在的势头也很旺。俄罗斯汉学界的儒学译介始于18世纪末,持续的时间较长。对儒学入俄的时间起点,我想同一位俄罗斯汉学家略作商榷。马良文在《孔子传》中将俄罗斯第一次出版有关孔子的著作时间定为1796年。我目前掌握的史料证明,儒学入俄的时间可以提前16年。承蒙贵所所长 И.波波娃博士指点和帮助,我找到了俄罗斯最早出版的《四书》,该书1780年由彼得堡皇家科学院出版,是大汉学家阿列克谢·列昂节耶夫从汉文和满文翻译过来的。书名为《四书经·哲学家孔子的第一书》,书前面为康熙皇帝在康熙十六年(1777年)为《四书》写的序的译文,然后是《大学》和《中庸》的译文,每段译文后附有列昂节耶夫的释文,没有《论语》和《孟子》。全书共357页,毛边纸,大32开,可惜未标明印数。列昂节耶夫在《大学》的小序中写道:"学问和律法概念的来龙去脉在这里讲得一清二楚;题名称为'大学':因为在书中提供了进入幸福之门的路径,它还包含这样的意味,倘若不完善地掌握书中所写的内容,不管是想当圣

---

① С.马尔蒂诺夫(Александр Степанович Мартынов,1933—),俄罗斯科学院东方文献研究所首席研究员,著有《儒学研究·〈论语〉翻译》,合著《论意识:朱熹的哲学遗产》等。

附录三 儒学具有很大的机遇

徒,还是想达到主宰大地,都无从谈起。"本书出版后,《圣彼得堡学报》发表书评说:"欧洲人若是忽视中国人的学术,将是非常不公正的。"在 18 世纪,儒学在俄罗斯还有若干译介。如果说 18 世纪末贵国汉学界的儒学译介起步早的话,那么从 20 世纪 80 年代开始,翻译研究进入了新阶段。1982 年莫斯科出版了由杰柳辛主编的《儒学在中国》。我认为,这本书是苏联学术界研究儒学的第一次结集,涉及儒学基本范畴的本源意义、《论语》的语言、《盐铁论》关于人的本性的儒家和法家观点、科举制度、五四运动中的打倒孔家店等学术问题,其中有您的文章,是研究朱熹与中华帝国的官方意识形态问题的。1987 年莫斯科大学出版社出版了 И. 谢麦年科的个人专著《孔子格言》。顺便说一句,最近我到莫大亚非学院访问他,他将这本书送给了我。20 世纪 90 年代以后,俄罗斯对儒学著作的翻译出版达到了一定热度:马良文的《孔子传》1992 年第一版印数 15 万册,第 2001 年第二版印数为 5000 册。由莫斯科和乌克兰哈尔科夫两家出版社联合出版的 A. 什图金的《孔子:睿智的教诲》,印了两次,第一次是 1998 年,印数 11000 册,2003 年重印,未标印数。马斯洛夫《孔子的密码:圣人想传达什么》,在顿河畔罗斯托夫出版。2001 年圣彼得堡一家出版社出版了 1910 年由柏百福(П. Попов)译的《论语》的新版,该书第一次印 1 万册。2004 年又加了一家莫斯科的出版社,印数又是 1 万册。据笔者不完全统计,还有《我信而好古》(2 版)、《论语》(4 种)、《四书》、《中庸》、《春秋》(2 种)、《孟子》(2 种),以及苏联汉学家休茨基 1933 年完成的《易经翻译及其语文学研究》,1960 年出了第一版,20 世纪 90 年代出了 5 种版本,另外还有其他人的 10 种《易经》翻译或研究著作。在您看来,是什么导致了一部分俄罗斯人对儒学产生如此浓厚的兴趣?

马尔蒂诺夫:我从 10 年前开始研究儒学。2001 年我们出版了《经典儒学》,第一部是《儒学研究·〈论语〉翻译》,《论语》是我翻译的,这本书本身又分两卷,您手里的已是修订版了。第二部是《孟子·荀子》,是由佐格拉芙(И. Т. Зограв)翻译注释的。我从事这项工作是因为我持有这样的观点:人类的命运很快会发生巨大的变化,人类面临资源枯竭等一系列问题,人类不得不调整需求,在资源严格限制的条件下,只有那种严格遵守伦理准则的社会才会有渡过危机的巨大可能性。在这种情况下儒学具有很大的机遇,有可能成为未来的人类的重要意识形态之一,成为整个人类伦理生活的一部分。在多大的程度上成为这些,这不是我们可以猜想的,但这个趋势是可以看得出来的。人类的新的选择,是可以感觉到的。正是从这里我看到了儒家对全人类的意义。这里有纯粹的伦理,不考虑任何回报。这是意识形态,这是纯粹的意识形态,没有任何利益考虑。在这里,孔子所表达的伦理可以与德国哲学家康德在《纯粹理性批判》中表达的伦理进行对话。纯粹伦理应该摆脱任何利益考虑,如果人类持有对资源进行无限索取的态度,这是实用主义的态度,不是纯粹伦理。即在摆脱困境时,完全不能考虑回报。但是孔子的伦理观念在欧洲文化的承担者面前有很大的优越性,他更重视人性,在这种情况下我选择了《论语》第十二章的第一句话:"颜渊问仁。子曰:'克己复礼为仁。'"同时,我认为,儒学是建立在人人熟知的基础上的,即建立在家庭关系的基础上的,甚至那些由于各种原因没有建立自己的家庭的人,如果深入了解儒学就也能明白,在这种伦理关系中"正常的"的人只能成长于真诚的亲人之爱的环境中,因此他会终生感激自己的父母。再进一步说,儒学同别的宗教性的意识形态不同,它没有任何具有神话色彩的陈腐之物,因此它是开放性的,可以接纳不同背景的人群。

刘亚丁:您谈的是更广泛的、更宏大的问题,我更加关注近年来俄罗斯部分人群对儒学产生兴趣的问题。认真去寻找背后的原因,我发现:首先,20世纪90年代俄罗斯出现了原有的主流意识形态退席的现实,社会价值观念失范导致严峻的社会、心理危机。当整个社会的主体信仰缺位的时候,知识分子必然会产生重建价值观念的社会使命意识。价值观念重建的时候要调动激活各种精神资源。在此过程中激活了俄罗斯传统文化的资源,东正教的复兴就是一个明显的例证。同时各种社会思潮也纷纷涌现,如自由主义思想、西方化的思潮、"新欧亚主义"的思潮等,在这种背景下,中国的传统文化,尤其是儒家学说,在部分俄罗斯人中,比如汉学家中产生了亲近感。在20世纪90年代前期,亚洲金融危机爆发之前,俄罗斯的学术界曾探讨了东亚地区若干国家和地区经济腾飞的原因,他们认为儒家文化与西方文化的融合,是东亚若干国家和地区经济高速发展的基本动力。20世纪90年代初Б.波斯佩洛夫在发表于《远东问题》上的文章《作为经济发展事实的儒家文化与西方文化的综合》中全面研究了这个问题,他首先指出新加坡、日本、韩国等国家和中国台湾、中国香港等地区取得了非常可观的经济成就。他介绍了儒家文化在处理人际关系和人与国家关系上的基本原则:仁、义、孝、忠、礼,认为它们具有现代价值,他分别分析了在这些国家和地区儒家文化与西方文化相互影响的状况,指出在西方意识形态和道德规范的影响下儒家观点的体系发生了变革。在新加坡、日本、韩国和中国,这种变革的形态不同,但是应该指出,恰恰是东亚大多数国家中两种社会文化互相影响的结果形成了现代工业文明的最重要的因素,这种工业文明被称为人性化的事实,保障这些国家步入了经济发达国家的前列。金融危机之后俄罗斯汉学界并没有放弃这个观点。稽辽拉在他1996年出版的《孔子传·〈论语〉翻译研究》中,在研究儒学的部分,在分析新加坡、日本、韩国等国家和中国台湾、中国香港地区的具体材料时指出,这些地方出现了"儒学资本主义"。去年出版的由贵国科学院远东所所长季塔连科院士主编的《中国精神文化大典》(哲学卷)则指出:在勾画文明形成和发展的"历史轴心"上,俄罗斯联结东方和西方,起到了欧亚大陆生命机体的纽带的作用,因此出现了"新欧亚主义"。在此背景上形成了中国文化和俄罗斯文化的真正的对话,一方面是中国正在形成的高度精神性的人,另一方面是俄罗斯的"新欧亚主义"的人,他们借助于人类的精神词典的语汇来进行对话。正是出于这样的考虑,他们花了很大的工夫,历时10年,撰写了《中国精神文化大典》(哲学卷),并正在撰写《神话·宗教卷》等另外5卷。我发现,在《哲学卷》中您写了"中庸"等条目。这在某种意义上可以解释俄罗斯一些人近年来重视儒学的原因。其次,我认为,文化传播中的互补原则也起着潜在的作用。经营国际双边贸易的人讲究"互通有无",出口对方缺乏的本国特产,购进本国缺乏的对方特产,这样就能使贸易顺畅地进行。其实在文化交流中这个原理也在自发调节着"国际智力贸易"。中国智者、中国传统文化对一些俄罗斯人有些诱惑力,其原因,大概正出于文化上的"互通有无":俄国有文字的历史过于短暂,只能追溯到公元10世纪末。因此俄罗斯未见9世纪前的古圣先贤给子嗣留下睿智明训,而这恰恰就是中国文化之所长。20世纪90年代以来俄罗斯对中国智者形象的建构也是一种"取长补短"的策略在起作用。正如现在中国的知识分子也很喜欢俄罗斯白银时代的宗教哲学著作一样。

马尔蒂诺夫:是的,我从思想观念的角度来讨论问题,我同意稽辽拉的看法。我们现在也正在做一个项目,我们从我们中国研究室抽出四个人,除我而外,还有塔吉亚娜·潘、加丽娜·穆拉强等,我们正在做的这个项目叫"全局性的和地方性的儒学在远东",我们要研究,在中国、日本等国家什么是儒学的共同的、宏大的、特别的东西,哪些是它对现当代有帮助的东西。所以我们同列昂纳尔德·谢尔盖耶维奇(即稽辽拉)是互相理解的。

刘亚丁:在当今儒学已经成了一个国际性的话题,您在宣传儒学价值的时候,难免要与来自其他国家的同行,即别国的儒学研究者进行对话。一方面,您可以找到像杜维明这样的倡导发掘儒学普世价值的同盟者,但另一方面您也会面对观点与您相反的国际同行。比如您强调儒学的现代价值,实际上就是同马克斯·韦伯(Max Weber)和列文森(Joseph R. Levenson)的观点针锋相对的。在《中国的宗教——儒教与道教》(The Religion of China, Confucianism and Taoism)中,韦伯指出:由于儒教的伦理观念,客观化的人事关系至上论的限制倾向把个人始终同宗族同胞绑在一起,在中国,一切信任、一切商业关系的基石建立在明显的亲戚关系,或亲戚式的纯粹个人关系上。相反新教与禁欲教派挣断了宗族纽带,而是在共同信仰的基础上建立优于宗族的伦理关系。因此尽管中国人曾经有很强的追求财富的意识,但终究没有建立起资本主义关系,而在新教文化世界就建立起了资本主义关系。列文森的《儒教中国及其现代命运》(Confusian, China and it's Modern Fate)也从政治文化领域研究和批评儒学的作用。他认为由于儒家强调的"中庸",由于造成了中国文化的长期的稳定性,以及中国士大夫的业余精神,这样再加上儒家与统治者张力关系链条的断裂,儒家就从一种价值变成了博物馆的陈列物。您打算如何来驳难他们,借此进一步发展您的儒教具有现代价值的观点?

马尔蒂诺夫:马克斯·韦伯,自然是在另一个时代写了他的著作,当时意识形态的情势是完全不同的。但是他也认为,1911年中国推翻帝制之后,中国人能够顺利地建立资本主义。但是中国的实际与他的预计完全不同,中国走上了一条新的道路,这些是马克斯·韦伯完全没有料到的。目前,我对马克斯·韦伯对儒学的批判不感兴趣,我感兴趣的是,在我祖国的情形,我的祖国非常需要形成新的精神价值的基础。现在的问题是资本主义正在戕害人的心灵,个人主义造成了太大的灾难,应该形成实行有限的个人主义的新的空间,就像在韩国和日本所实行的那样。

刘亚丁：您的话，让我想起了一个半世纪前贵国的思想家、小说家车尔尼雪夫斯基，他试图建立一种新的人格，提出了合理利己主义的问题。他的表述与您的表述非常接近。

马尔蒂诺夫：那同样也是另一个时代的问题。现在我相信，不同的人群、不同的阶层，在保留自己的利益的前提下，可以达成总体的和谐，这就是《论语》中说的"君子和而不同，小人同而不和"。所以我持有儒学对当代人类非常有益的观点。当然，这并不意味着我赞同孔子的全部观点，赞同儒家的考试制度，如要求年轻人撰写八股文等。这并不重要，重要的是儒学会对现代人类产生巨大的价值。

刘亚丁：我看到莫斯科2004年版《四书》中的《论语》将第二章中的"五十而知天命"译为"В пятьдесят познаю волю Неба"，即"五十而知天的意志"。您的翻译是："В пятьдесят лет я познаю веление Неба"，即"五十而知天的命令"，您又加了一个括弧，注明为"свою судьбу"（自己的命运），即您认为在这里孔子所说的"天命"，实际上是指对自己命运的认识。您为什么要这样译？我要强调的是，这里涉及的不是翻译得正确或不正确的问题，而是文化差异的问题。

马尔蒂诺夫：在孔子的时代，天的概念是非常大的概念。一方面，天是有情感的，天会愤怒，天有激情，在此情况下，天的概念是最高的存在；另一层面，天的概念是自然力量的体现，是自然规律的体现。我想在这两个概念之间寻找一个中间的概念，因为孔子说要走中间道路，讲中庸。所以我在这两种概念中选择中间概念。先前有人将"天命"翻译为"воля Неба"（天的意志），但在俄语中，与"веление"（命令）相比，"воля"（意志）是一个很平淡的词，所以为了代替它，我用了"веление"（命令）这个意义更广泛的词，我想保持天作为命令主体的特色，所以我选择了"веление"这个意义更大的词。

刘亚丁：我记得，在《十三经注疏》中对"天命"是这样解释的：

"天之所禀受者",朱熹的《四书集注》中解释得更清楚:"即天道之所流行而赋于物者",接近于您刚才所说的"天的规律",也比较近似于今天人们所说的"天道"。我发现在柏百福1910年的《论语》译本中将"天命"译为"воля Неба"(天的意志),但在注解中注释"закон Неба"(天的规律),这个注解就比较接近朱熹的意思了。阿列克谢耶夫院士曾经谈到,欧洲人在接触到孔子的"礼"的概念时,在欧洲的文字中找不到一个完全等值的词可以准确地涵盖它在中文中的意义。也许,这就是我所说的文化的差异。

马尔蒂诺夫:我非常敬重阿列克谢耶夫院士,两卷本阿列克谢耶夫《中国文学论集》也吸收我参加整理。但对他所说的翻译中要找完全等值的词的这个说法,我不能完全赞同。在这里我要再次用孔子的说法,这就是"君子和而不同"。恰恰是尊重您说的文化差异,可以形成更高意义上的和谐。

刘亚丁:在您的《儒学研究》部分,我发现,您对宋代的儒学给予了很大的关注,尤其是,您非常全面、详尽地研究了苏轼的政治观点,认为这是杰出的儒家思想的表现。但对西方汉学所说的新儒学的另一个阶段——明代,您却似乎没有给予更多的关注。这是为什么?

马尔蒂诺夫:我认为,北宋时期是中国儒学的黄金时代,在北宋儒学得到了更大的发展、有机的发展,所以我称其为"黄金时代"。到了南宋,情况发生了细微变化,明代的儒学则走上了认识论的道路。遗憾的是,明代儒学没有走朱熹的路,而走了陆九渊的路。比如王阳明认为,意识有自己的原则:心和理是有同等地位的。所以我给予了苏轼和朱熹更多的关注。以苏东坡为例,他是一位达到了政治家高度的大儒,他继承了汉代儒学的传统,在对历史的分析中,尤其是在对尧、舜、禹和文王、周公的分析中,成功地解决了名与实的问题。作为孔子思想的继承人,他认为:官吏对天下的责任首先体现在对人民的关怀中,就是花大工夫借助教化来改善人民的精神面貌。在我看来,此外他还提出了对君主的无限忠诚和造福天下的行政能力。所以我认为,苏东坡是达到了政治思想家高度的最后一位大儒,他在假设的国家管理与圣人之教的自然的统一中建构了自己的观念和具体观点。同时应该看到,苏轼面临着巨大的历史鸿沟,在汉代的儒学传统之后,中国文化已然经历了道学和佛教的洗礼。所以在政治上,苏轼是一位坚定的儒家,在文化修养上他又研究佛教和道教,后一方面,在我看来,非常充分地体现在他的诗文创作中。至于说到朱熹,他经历了由读佛到回归儒学的心路历程。但他那种"即心即佛"的自我完善的方式,确实成了新儒学中"心"的概念占据重要地位的原因之一。但是明代的新儒学主要是受陆九渊影响。

刘亚丁:您对宋代儒学的研究实际上涉及了中国文化中的一个核心问题,就是儒释道的相互关系问题。当然还有民间文化与儒释道的互动关系问题。我自己在爬梳佛教文献时也略为接触了一些类似的个案:在传统佛教中,佛尽管具有超人的智慧和能力,但他本身也不是神,不能预测和左右人的吉凶祸福。然而佛教进入中土,为了赢得士大夫和凡夫俗子的信赖,一方面主动与中土的方术融合,另一方面也调动佛教原有的与方术相似的资源。如《法苑珠林》有"占相篇","占相篇"先引用《坏目因缘经》中讲六道人的面相的偈语,说贵贱有晦明的区别,因此相是可占卜的,这是佛教原有的内容。"占相篇"中作为事实材料首先引用的两个故事都出自班固的《汉书》,一个是邓通,一个是周亚夫,他们都被占相者算定了先大贵后饿死的命运。外来的佛籍与中国的文本在这里毫不抵牾,浑然圆融。在实践层面,同样可以观察到这样的融合。僧众自然地使用我国传统的数术工具,尚昙迁对周易有深入研究,还会演习八卦,敦煌遗书中有不少写卷一面是佛经或僧人杂写,另一面是标明吉凶的具注历日。可见僧人也使用我国传统的具注历日,并以此来推测吉凶。

马尔蒂诺夫:真是有趣,我也发现了类似的现象,在16世纪出现了将三教合一的尝试。一位福建官吏的儿子林兆恩受了很好的传统教育,考取了秀才。他的三教合一的理论是由三才(天、地、人)的世界观派生出来的,在此基础上形成人的三础,就是人的儒教的儒础、道教的道础、佛教的释础。三教以不同的功能和途径达到同一个"道",这就是儒教"立本",道教"入门",释教"进节"。理想的政治情势,在林兆恩看来,就是君主要无为而治,使人民完全感觉不到君主的存在。可是在清朝林兆恩的著作被视为邪门歪道,遭到查禁。后来林兆恩的学说在东南亚得到传播。我还要强调的是,中国的三教是和平相处的,除了极个别的情况以外,中国实际上没有发生过宗教战争,这是值得秉持西方文化的人注意和研究的问题。

刘亚丁:马尔蒂诺夫先生,谢谢您在百忙中抽时间来与我讨论儒学和有关问题。这次谈话使我得到很多新的启示。祝您身体健康,学术工作取得更多成就!

马尔蒂诺夫:刘先生,也祝您在圣彼得堡生活愉快,学术研究有大收获!

跋

本书的缘起有二：

其一，新世纪的前一年，我有幸考到项楚先生门下，就读中国古典文献学专业的博士学位，在先生耳提面命下读子集史乘，读敦煌写卷，受益匪浅。后来项先生亲自出题，我剔抉耙梳，比勘玩味，期冀有所阐发，于2003年通过了《佛教灵验记研究》这篇博士论文的答辩。

其二，正由于对中国传统文化日益浓厚的兴趣，加上对俄罗斯文学究心已久，我申报了研究俄罗斯文学中的中国形象的课题，2004年获准立项为教育部"新世纪优秀人才支持项目"。这就开启了把俄罗斯文学研究与中俄文化交往结合起来考察的学术路径，即所谓"学科交叉"。

中俄之间交往的方式甚多，但文化联系非常重要。研究中俄文化关系，国内有戈宝权先生首开先河，李明滨、蔡鸿生、谷羽、陈建华、吴泽霖、任光宣、李逸津等先生接续用力，阎国栋、柳若梅、汪介之、张冰、查晓燕、陈登科、赵春梅等同侪用功甚勤，也有更年轻的学者加入其中。从他们的研究中我获益良多。

中俄文化关系，兹事体大，不敢说窥其全貌，入其堂奥，但如鱼饮水，冷暖自知。从本书绪论中的两篇文章可以看出，中俄之间的文化差异是非常明显的，从历史着眼，这种差异造成了严重问题。唯其如此，中俄间各种形式的文化互视，是互相理解的重要渠道，值得钩稽考索，以启后来（我本人不辞繁难，发愿并带领团队翻译俄罗斯汉学家群体的六大卷《中国精神文化大典》,也正是基于这样的担忧)。谨从已经发表的文章中选取若干篇,不立框架、建体系,读书有感而录,写作不拘一格,务求略陈管见,为学界和读者提供新资料、新信息,为自己的研究录此存照。形而下的事实联系、形而上的观念错落,本为文化差异、联系的不同层面,应同样着意。微观的短时段事实与宏观的长时期层累,自是文化联系的不同形态,更需综合观照。孔子形象在俄的流变,俄苏作家的中国形象塑造,禅宗文献在俄的传播,俄苏汉学家的贡献等,似乎不服学科"规训",但其有趣性,并不因此而减损。附录收入笔者在《远东问题》(Проблемы Дальнего Востока)2014 年第 4 期发表的俄文论文《理解与对话:〈中国精神文化大典〉的意义》(Понимание и диалогичность: значение энциклопедии 《Духовная культура Китая》)、对两位俄罗斯汉学家的访谈。

  谨向教育部"新世纪优秀人才支持计划"评审专家,四川大学"985 工程"和学科建设办公室的领导,北京大学出版社的张冰主任和责任编辑朱房煦女史,发表过相关论文的杂志的编辑,友生王冉、于立得,致以诚挚谢忱,他们为项目立项、对本书的发表出版给予大力支持,付出了辛勤劳动。感谢我的妻子杨黎和儿子刘擎苍,他们为我的写作提供了环境条件,营造了绝佳的精神氛围。

  研究不易,写作惟艰,读者方家指其错讹,则区区幸甚。诗云:

    北觅南寻叩是家,
    露西墨客慕中华。
    籍经流布须珍重,
    五典和鸣韵孔嘉。

  是为跋。

刘亚丁
丁酉年正月十二